Die geraubte Kunst

Cay Friemuth

Die geraubte Kunst

Der dramatische Wettlauf um die Rettung der Kulturschätze nach dem Zweiten Weltkrieg
(Entführung, Bergung und Restitution europäischen Kulturgutes 1939–1948)

Mit dem Tagebuch des britischen Kunstschutzoffiziers Robert Lonsdale Charles

Herausgegeben in Zusammenarbeit mit Kurt Seeleke im Auftrag der Herzog August Bibliothek Wolfenbüttel

westermann

CIP-Titelaufnahme der Deutschen Bibliothek

Friemuth, Cay:
Die geraubte Kunst: der dramatische Wettlauf um die Rettung der Kulturschätze nach dem Zweiten Weltkrieg; (Entführung, Bergung und Restitution europäischen Kulturgutes 1939–1948) / Cay Friemuth. Mit dem Tagebuch des britschen Kunstschutzoffiziers Robert Lonsdale Charles / in Verbindung mit Kurt Seeleke. [Gesamtw.] hrsg. im Auftr. d. Herzog August Bibliothek Wolfenbüttel. – Braunschweig: Westermann, 1989
ISBN 3-07-50 0060-4
NE: Charles, Robert Lonsdale: Tagebuch

Das Umschlagfoto zeigt (v. l.) Dr. Kurt Seeleke, Restaurator Werner Kump, Kunstschutzoffizier Robert Lonsdale Charles.

Alle englischen Originaltexte wurden übersetzt von Cay Friemuth, der Tagebuchtext unter Verwendung der Übersetzung von Gerd Ohlmer (1912–1987)
Gestaltung und Schutzumschlag: Ruth Gnosa
Reproduktion: büscher repro braunschweig gmbh
Satz: Hagedorn GmbH, Viernheim
Druck und Bindung: westermann druck GmbH, Braunschweig

ISBN 3-07-50 0060-4

Inhalt

Vorwort **7**

I. Teil
Auf dem europäischen Kriegsschauplatz **13**
1. Hitlers Griff nach dem Erbe Europas 15
2. Monuments, Fine Arts and Archives – Kunsthistoriker in Uniform 45
3. Der Wettlauf um die verborgenen Schätze 67
4. Westward Ho – Auf nach Amerika! 103

II. Teil
In der britischen Besatzungszone **119**
5. Im Kronland der Royal Family 121
6. Gentlemen Administrators – Kunstschutz in der Besatzungszeit 141
7. Rollo Charles in Braunschweig – Die Welt des Tagebuchs 163

III. Teil
Das Tagebuch des britischen Kunstschutzoffiziers Robert Lonsdale Charles **179**
Epilog 293

IV. Teil
Die Situation in Hamburg **299**

Quellennachweis **317**
Register **329**

Vorwort

50 Jahre nach Ausbruch des Zweiten Weltkriegs und 40 Jahre nach Gründung der Bundesrepublik Deutschland gibt die Veröffentlichung des bisher unbekannten Tagebuchs des britischen Kunstschutzoffiziers Robert Lonsdale („Rollo") Charles aus dem Jahre 1945 Gelegenheit, an die noble Rettung deutschen Kulturguts in der entstehenden britischen Besatzungszone zu erinnern.

Rollo Charles war, wie bereits der Stil seiner Tagebuchaufzeichnungen zeigt, ein Repräsentant einer ritterlichen Generation von englischen Offizieren, die auf den traditionsreichen hohen Schulen nicht nur eine Erziehung zu Fairneß erhalten hatten. Die Art und Weise, wie der erst 29jährige seine schwierige Aufgabe im zerstörten Norddeutschland im Sommer und Herbst 1945 in Angriff nahm, offenbart außerdem einen Schreiber, den ein natürliches Verständnis für Kunst und Kultur und ein vertrautes Verhältnis zur Geschichte und zu den Menschen des Landes auszeichnete, in dem er als Sieger und Besatzer stationiert war.

Das Tagebuch wirft ein Schlaglicht auf das zerstörte Deutschland im Jahre 1945. Es schildert den Alltag, die Widrigkeiten und kleinen Freuden, die Improvisationen, die Überrumpelungen und das Sichbehaupten in unvorhergesehenen Situationen. Es beschreibt die selbst in einer so ungewöhnlichen Lage gegebene administrative Routine und letzten Endes auch die durch Erziehung und Herkunft gleichbleibende Normalität.

In dem Konservator des ihm zugeteilten besetzten damals noch selbständigen Landes Braunschweig, Kurt Seeleke, begegnete der britische Kunstschutzoffizier einem verwandten Geist, der in den Kriegsjahren und den darauf folgenden Monaten die ihm anvertrauten Kunstgüter mit Besessenheit und unter Einsatz seiner ganzen Persönlichkeit verteidigt und gesichert hatte. Sieger und Besiegte teilten dasselbe Ziel: die Rettung und Rückführung der im Kriege überstürzt verschleppten Archive, Bibliotheken und Museumsschätze, sowie Sicherung und Wiederherstellung der zerbombten Architekturdenkmäler.

Dank beständig gebliebener Verbindung überließ die Witwe des 1977 früh verstorbenen englischen Kunstschutzoffiziers, der sich als Kurator und Kunsthistoriker in seinem Land einen Namen gemacht hatte, das von ihr zufällig aufgefundene Tagebuch dem einstigen deutschen Kollegen. Freunde, denen jene erregenden ersten Nachkriegsjahre unvergessen geblieben sind, überzeugten ihn, den Zögernden, davon, daß es sinnvoll sei, dieses Zeitdokument zu veröffentlichen und den historischen Zusammenhang nachzuzeichnen, in dem es steht.

Da der Partner von einst die durchgestandenen Zeitläufte, die sich in dem Tagebuch spiegeln, vergessen und nicht noch einmal memorieren wollte, gewann er den Autor dieser Veröffentlichung, der heute so alt ist wie seinerzeit Rolle Charles. Er machte ihn mit Augenzeugen von damals bekannt und stellte ihm seine Dokumente zur Verfügung.

Den jungen Kunsthistoriker trieb die ganze Neugier des um Generationen Jüngeren an. Aus dem anfänglichen Auftrag entstand ein eigenes Engagement. Gerade waren in Washington und in London die offiziellen Dokumente über das Kriegsende zugänglich gemacht worden. Aufbauend auf gründliches Aktenstudium interviewte er sämtliche in England und den USA überlebenden Mitglieder der alliierten Kunsttruppe, sammelte Tagebücher, Briefe und Fotodokumente. So entstand eine Art Kriegsgeschichte der europäischen Kulturschätze, die unvermutete historische Zusammenhänge aufzeigt und zahlreiche Neubewertungen enthält.

Hitlers Raubzüge und die Kriegsauslagerung der Museen hatten die seit napoleonischer Zeit gefestigten Verhältnisse der Bewahrung europäischer Kunstwerke vollkommen durcheinander gebracht. Doch auch nach Kriegsende bleiben diese in den Mühlen machtpolitischen Kalküls. Der Autor rekonstruiert die Rolle der Kunst in der Reparationspolitik der Besatzungsmächte und in den aufkommenden Ost-West-Spannungen und verfolgt die Spuren bis heute vermißter Museumsobjekte.

Man kann die Zweifel des überlebenden Partners Charles', der bis zuletzt zögerte, ob er dieser Veröffentlichung zustimmen sollte, allzu gut verstehen: im Rückblick muß die Erinnerung an den Elan seiner Jugend schmerzen, mit dem er in der Zusammenarbeit mit einem ebenso couragierten britischen Kunstschutzoffizier das erhalten gebliebene Kunstgut umsichtig rettete und sicherte. Denn die Bergung verloren geglaubter Kunstwerke sollte der Anfang sein für die Rückgewinnung einer untergegangenen Kultur. Doch im Deutschland der Nachkriegszeit regierte nicht der Sinn für Geschichte, nicht die Vernunft des Denkens, sondern die Hektik des Handelns, der Wiederaufbau ohne Rücksicht auf gewachsene, wenngleich verschüttete Strukturen. Die Zeitgeschichte nahm ihren Lauf anders als jener Landeskonservator und viele mit ihm gewollt hatten.

Als Direktor der Herzog August Bibliothek, die ihre heutige Existenz den im Tagebuch beschriebenen Rettungsanstrengungen verdankt, erfüllt es mich mit Genugtuung, daß das vorliegende Werk unter der Ägide dieses wissenschaftlichen Ortes zur Erforschung der Kultur des alten Europa im Zusammenwirken mit dem Verlag und den Genannten erscheinen kann. Die Herzog August Bibliothek, die sich um die Beschaffung finanzieller Mittel und um die Herstellung wissenschaftlicher Kontakte bemühte, bezieht als Institution ihre Lebensberechtigung aus den Quellen historischer Überlieferung, die durch die im Tagebuch genannten Personen gerettet wurden.

Als ein Zeichen der Dankbarkeit beteiligte sie sich an der Herausgabe dieses Tagebuchs, auch um daran zu erinnern, welchen Gefahren eben diese Überlieferung durch mißbräuchlichen Umgang ausgesetzt gewesen ist und immer wieder ausgesetzt sein könnte.

Daß dieses Buch zustande kommen konnte, haben der Initiator des Werkes, der von ihm geförderte Autor und die Herzog August Bibliothek einer Vielzahl von Menschen zu verdanken: vor allen anderen Joy Griffiths, verwitwete Charles, die das posthum entdeckte Tagebuch zur Veröffentlichung freigab. Dem verstorbenen Gerd Ohlmer ist die Entzifferung der handschriftlichen Tagebuchaufzeichnungen und eine erste Übersetzung zu verdanken. Er war es auch, der die Beteiligten zu zielstrebiger Zusammenarbeit vereinigte.

Zu gedenken ist auch S. K. H. Ernst August Prinz von Hannover, Herzog zu Braunschweig und Lüneburg, der in seinen letzten Lebensjahren die Recherchen in England tatkräftig unterstützte und das Engagement des Welfenhauses bekundete. Erst durch dieses Tagebuch habe er erfahren, so S.K.H. Prinz Georg Wilhelm von Hannover, „welche ungeheure Mühe aufgewendet wurde, um die Kunstschätze zu erhalten. Was für eine noble Haltung einem ‚besiegten' Land gegenüber" (aus einem Brief an den Autor vom 15. 4. 1988).

Als „Allied Forces" im wahrsten Sinne des Wortes bewährten sich durch unvoreingenommene Hilfe die Überlebenden und Hinterbliebenen jener „band of brothers" britischer und amerikanischer Kunstschützer, die im folgenden genannt werden sollen.:

Zu danken ist den Briten Anne Olivier Bell (geborene Popham), Peter Eden, Roger Ellis, William Gear, Cecil Gould, Jerry Granger-Taylor, Donald King, Christopher Norris (†), Ewan Phillips, Mrs. Giles Robertson und Lady Waterhouse. In den Vereinigten Staaten unterstützten diese Arbeit: Walter Farmer, Mason Hammond, Walker Hancock, Frederick Hartt, Robert Koch, Jane Mull, James Plaut, Craig Smyth, John Skilton, Edith Standen sowie Mrs. James Rorimer.

Der Braunschweiger Fotograf Willi Birker, die Norddeutsche Affinerie in Hamburg und Sabine Gräfin Perpancher stellten Abbildungsmaterial zur Verfügung, das im übrigen weitgehend aus Privatbesitz der Kunstschützer stammt.

Wissenschaftliche Unterstützung gab die Historikerin Ragnhild Hatton (London). Meine Kollegin Sabine Solf (Wolfenbüttel) wirkte an der endgültigen Fassung des Textes mit. Der besondere Dank des Autors gilt in diesem Zusammenhang Klaus Goldmann (Berlin), der sich im Auftrage der Stiftung Preußischer Kulturbesitz der Verlagerungsgeschichte preußischen Museumsgutes vor und nach dem Zweiten Weltkrieg widmet. Er hat dem Autor wichtige Dokumente zugänglich gemacht, wissenschaftlichen Rat erteilt und das Manuskript kritisch durchgesehen.

Endlich seien dankbar diejenigen genannt, die außerhalb des Forschungsprogramms der Herzog August Bibliothek die Recherchen des Autors durch finanzielle Zuwendungen ermöglichten: der Braunschweigische Kloster- und Studienfonds, der German

Marshall Fund of the United States, die Deutsche Bank Braunschweig und ein Industrieller und Augenzeuge, Heinz Lange (Braunschweig).

Dieses Buch, das 200 Jahre nach der Proklamation der Menschenrechte erscheint, versteht sich nicht nur als ein interessant zu lesendes historisches Werk, das auf der Grundlage von Interviews, Augenzeugenberichten und Archivstudien Geschichte in ihrer Widersprüchlichkeit und in ihren Zwängen darstellt, sondern als Dank und Huldigung an die Konservatoren und Kunstschützer auf allen Seiten der Front, deren ganzer Einsatz ohne Rücksicht auf Grenzen und politische Formationen und oft gegen das Unverständnis ihrer Umwelt der Rettung und dem Wiedererstehen einer europäischen Kulturnation auf dem Boden des zertrümmerten Hitlerreiches galt.

Paul Raabe

I. Teil

Auf dem europäischen Kriegsschauplatz

„Ich bin nun mal ein Renaissancetyp."

(Hermann Göring am 13. Mai 1945 in Augsburg, von einem französischen Militärbeamten über seine Sammelleidenschaft befragt.)

1. Hitlers Griff nach dem Erbe Europas

1806: Die „Grande Armée" Napoleon Bonapartes hat die Truppen der gegnerischen Kriegskoalition unter Führung des Herzogs Karl Wilhelm Ferdinand von Braunschweig geschlagen, das Herzogtum wird dem neu begründeten Königreich Westfalen einverleibt und Napoleons Bruder Jérôme unterstellt. Aus den fürstlichen Sammlungen Europas werden Handschriften, Gemälde und Antiken ausgewählt und als Kriegstrophäen nach Frankreich gebracht. Es ist die Geburtsstunde des „Musée Napoléon", des heutigen Louvre, und der französischen Nationalbibliothek.

In Braunschweig besorgt der Schriftsteller Stendhal die Auswahl von Bildern aus der Galerie Herzog Anton Ulrichs und von Manuskripten aus der Herzoglichen Bibliothek Wolfenbüttel. 252 Gemälde läßt er zur Ausstattung des neuen westfälischen Königshofes nach Kassel bringen, an die vierhundert Handschriften befindet er für „würdig, die Sammlungen der Kaiserlichen Bibliothek in Paris zu vermehren".[1] Unter den Gemälden, die 1807 im Katalog des Louvre aufgeführt werden, ist auch das berühmte, wie mit einem Spachtel gemalte Familienporträt des späten Rembrandt – „überführt in die wahre Heimat der Künste und der schöpferischen Geister", wie es der französische Beutekommissar Barbier formuliert.[2] Erst nachdem der englische Herzog Wellington der Grande Armée bei Waterloo ihre verheerende Niederlage bereitet hat, regelt der Wiener Kongreß 1815 die Rückführung der geraubten Kulturschätze. Im Geiste des romantischen Patriotismus, der unter der Last der napoleonischen Besatzung allerorten erwacht ist, wird der Kunst dabei erstmalig ein Sonderstatus zuerkannt: als Ausdruck der nationalen und kulturellen Identität eines Volkes. Jedoch längst nicht alle Kunstwerke und Manuskripte kehren nach 1815 an ihren Herkunftsort zurück.

Im Jahre 1939 – Deutschland steht vor einem Eroberungskrieg – erinnert sich Propagandaminister Josef Goebbels der Napoleonischen Feldzüge. Den Generaldirektor der Berliner Museen, Otto Kümmel, beauftragt er mit der Anfertigung eines Untersuchungsberichts über „Kunstwerke und geschichtlich bedeutende Gegenstände, die seit 1500 ohne unseren Willen oder auf Grund zweifelhafter Rechtsgeschäfte in ausländischen Besitz gelangt sind“.[3] Der im Dezember 1940 vorgelegte vorläufige Bericht erinnert an den kulturellen Aderlaß, den Deutschland während des Dreißigjährigen Krieges, unter Ludwig XIV., in den Napoleonischen Kriegen und nicht zuletzt durch den 1919 von den Siegermächten diktierten Friedensvertrag von Versailles erlitten hatte. Die „Schmach von Versailles“, eines der Leitmotive von Hitlers Wahlkampf, hatte die Auslieferung von insgesamt acht altflämischen Altartafeln aus dem Berliner Kaiser Friedrich-Museum und der Münchner Alten Pinakothek an Belgien bestimmt.

Wenigstens symbolisch, so war die Absicht, sollte das kriegsverwüstete Land durch die Vervollständigung zweier Nationalheiligtümer, des Genter Altars der Gebrüder van Eyck sowie des Löwener Altars des Dieric Bouts, für die erlittenen kulturellen Verluste entschädigt werden.

Professor Kümmels Bericht endet mit einer deftigen Schlußfolgerung: Wollte man Frankreich für sämtliche im Laufe der Jahrhunderte geraubte, verschollene und zerstörte Kulturgüter zur Rechenschaft ziehen, so sei es „fraglich, ob der gesamte französische Besitz ausreichen würde, diesen Ersatz zu leisten“. Doch für Goebbels ist diese einseitige Schadensbilanz nur ein Vorwand: Hitlerdeutschland hat einen Krieg entfesselt, der nicht auf Wiedergutmachung, sondern auf die Vollendung der Weltgeschichte in einem universellen Deutschtum zielt – ein Heilsplan, der für die Kulturen Osteuropas Auslöschung bedeutet, für die Kulturen Westeuropas die Freilegung ihrer angeblich germanischen Wurzeln durch Reinigung von „jüdischem Fremdeinfluß“.

Der nationalsozialistische Zugriff auf die Geschichte Europas setzt mit methodischer Präzision bei den künstlerischen und historischen Zeugnissen seiner Völker an. Durch die systematische Zerstörung ihrer Kirchen, Schlösser und Kunstsammlungen, ihrer Bibliotheken und Archive, ja die geplante Auslöschung ganzer Städte wie Leningrad oder Warschau, sollen die „Ostvölker“ der Polen, Russen und Ukrainer ihrer historischen und kulturellen Identität beraubt werden, um nach den von Heinrich Himmler ausgearbeiteten und von Hitler für verbindlich erklärten Plänen der deutschen Wirtschaft für alle Zukunft als analphabetische Saisonarbeiter zur Verfügung zu stehen.[4]

Ganz anders der nationalsozialistische Umgang mit der Kunst der Antike und des alten Europa. (In der Malerei endet sie für Hitler mit dem Einsetzen des französischen Impressionismus.) Wie alle zivilisatorischen Errungenschaften ist diese „Hochkunst“, einer verschwommenen Vorstellung der Nazis zufolge, ihrem Grundcharakter nach germanischen Ursprungs. Die 46 Forschungsinstitute der 1935 gegründeten SS-Stiftung „Ahnenerbe“ suchen in Tausenden oftmals pseudowissenschaftlichen Einzelprojekten den Nachweis dafür zu führen, daß alle schöpferischen Impulse seit der Antike aus dem Norden kommen.*[5]

So gilt der Kunst Süd- und Westeuropas die ganze Sorge der deutschen Invasionstruppen. In den Militärverwaltungen der von Deutschland besetzten Länder (Frankreich, Belgien, Serbien, Griechenland – später auch Italien) werden Kunstschutzabteilungen aufgebaut, in denen wissenschaftlich ausgewiesene Konservatoren und Museumsleute dafür Sorge tragen, daß die zerbrechlichen Objekte vor Kriegsschäden bewahrt oder zumindest schnell und sachgerecht repariert werden.

Modell ist der deutsche Kriegskunstschutz aus dem Ersten Weltkrieg, als unter der Leitung des Rheinischen Provinzialkonservators Paul Clemen im gesamten besetzten Europa Sammlungen ausgelagert, Altäre durch Einmauern vor Luftangriffen geschützt und die Ruinen von Kirchen und Rathäusern umgehend gesichert wurden.[6] Das vom deutschen Heer eingeführte Instrument des Kunstschutzes markiert – ähnlich wie das Rote Kreuz – einen wichtigen Schritt in Richtung auf eine Humanisierung der Kriegführung.

Auch im Zweiten Weltkrieg besteht der deutsche Kunstschutz zum ganz überwiegenden Teil aus integren Persönlichkeiten, die ihr Leben aus Idealismus und ästhetischer Empfindlichkeit der

* Eine schwierige Operation, folgt man dem Wiener Kunsthistoriker Josef Strzygowski, der bereits in den 20er Jahren die These verfocht, das nordische Kunstzentrum liege seit langem unter dem Polareis verborgen.

künstlerischen Überlieferung Europas widmen. Niemals wäre es diesen Leuten in den Sinn gekommen, sich unter Bruch der Haager Landkriegsordnung von 1907 an feindlichem Eigentum zu bereichern.

Bald sollte sich zeigen, daß soviel uneigennütziger Idealismus von den beutehungrigen Naziführern nicht lange geduldet werden würde. Sie schützen die Kunst nur, um sich ihrer hinterher unter den plumpesten Vorwänden zu bemächtigen. Reichsaußenminister Joachim von Ribbentrop läßt französischen Kunstbesitz als Faustpfand für Friedensverhandlungen konfiszieren, der Einsatzstab Reichsleiter Rosenberg (E.R.R.) beschlagnahmt und hortet Kunstwerke aus osteuropäischen und jüdischen Sammlungen. Hitler sichert sich die erste Auswahl für sein Projekt eines Reichsmuseums in Linz und läßt wie Göring von seinen Agenten den europäischen Kunstmarkt schröpfen.

Die Anhäufung europäischer Kulturwerte vollzieht sich im Gleichschritt mit der militärischen Expansion. Allein die Annexion Österreichs mit seinen jüdischen Sammlungen fügt dem Altreichbestand ein Sechstel des europäischen Kunstbesitzes hinzu.

Was von Polen nach den von Stalin und Hitler 1937 in einem Geheimvertrag vereinbarten Gebietsannexionen 1939 noch übrig bleibt, unterstellt Hitler als „Generalgouvernement" seinem Ostminister Hans Frank. Dieser residiert im Schloß der polnischen Könige auf dem Krakauer Wawel und beschlagnahmt, assistiert von Göring und Rosenberg, innerhalb von kaum sechs Monaten den gesamten staatlichen, privaten und kirchlichen Kunstbesitz.[7] In der Staatsbibliothek Krakau und im Warschauer Nationalmuseum werden die beschlagnahmten Gegenstände gehortet und inventarisiert, Kirchenschätze, Archive und Bibliotheksgut zu einem Sammelplatz in der Michaelskirche von Posen gebracht.

Den 13 mal 11 Meter großen Krakauer Marienaltar – in den Jahren 1477 bis 1489 im Auftrag König Kasimirs IV. von dem deutschen Bildschnitzer Veit Stoß geschaffen und eine Art polnisches Nationalheiligtum – fordert die Goebbelspropaganda bereits seit 1938, dem 500. Geburtsjahr des Künstlers, „zurück".[8] Schon am 16. Dezember 1939 wird das Zentralstück, die zwölf vier Meter hohen Apostelfiguren, in den Reichsbanktresor nach Berlin gebracht, die große Altarwand gelangt im Laufe der folgenden Wochen stückweise in einen Nürnberger Bunker.

Die Einrichtung des Königsschlosses in Warschau wird für den Ausbau des Dresdener Zwingers requiriert, das leergeräumte Schloß später in die Luft gesprengt. Hier hatten auch die 25 Ansichten des barocken Warschau von der Hand des Venezianer Malers Canaletto ihren Platz, nach denen die Warschauer Altstadt und das Schloß nach Kriegsende in einer enormen nationalen Kraftanstrengung wieder errichtet werden.

Als Hitler im Juni 1941 die Sowjetunion angreift, richtet sich dieselbe Zerstörungswut gegen die Zeugnisse der Kultur und Geschichte Rußlands.[9] Die als Museen hergerichteten Wohnhäuser Tschaikowskis und Rimski-Korsakows, Puschkins und Tschechows werden geplündert und teilweise in Brand gesteckt. Eine Politik der verbrannten Erde beraubt Tausende von Dörfern ihrer Kirchen. Die Sophienkirche von Nowgorod mit ihrem reichen Freskenschmuck aus dem Jahr 1050 war 1240 wie durch ein Wunder ihrer Zerstörung durch die Goldene Horde entgangen – eine Überschwemmung hatte die von Sümpfen umgebene Stadt von allen Zugangswegen abgeschnitten. Jetzt wird das achthundert Jahre alte Bauwerk von der SS gesprengt.

Die Sommerpaläste in der Umgebung des belagerten Leningrad bergen zahlreiche Kunstschätze westlichen Ursprungs. Ein Einsatzstab unter der Leitung Alfred Rosenbergs organisiert den Abtransport der umfangreichen, größtenteils französischsprachigen Bibliotheken, der Louis-quinze Möbel und sogar der Parkettfußböden aus den Palästen von Pawlowsk und Peterhof, überläßt die geplünderten Gebäude anschließend ihrem Verfall.

Schloß Puschkin beherbergt neben erlesenen Möbeln und einer umfangreichen Bibliothek auch das legendäre Bernsteinzimmer.[10] Dabei handelt es sich um die mehr als hundertteilige Wandverkleidung eines Festsaales, deren Paneele nicht, wie üblich, in Holz eingelegt sind, sondern aus sorgfältig ausgewählten und kunstvoll arrangierten Bernsteinplättchen bestehen. Königsberger, Danziger und Kopenhagener Ebenisten hatten das Kunstwerk zwischen 1701 und 1712 im Auftrag Friedrichs I. von Preußen geschaffen, der es in seinem Berliner Stadtschloß installieren ließ. Die allegorischen Darstellungen kreisen um das Thema der fünf Sinne. Friedrichs Nachfolger, „Soldatenkönig" Friedrich Wilhelm I., schenkte es 1717 Zar Peter dem Großen, der es von seinem italienischen Hofarchitekten Bartolomeo Francesco Rastrelli erweitern und im Stile Ludwigs XIV. mit Spiegeln ergänzen ließ, so daß es einen Saal von der sechsfachen Größe des Berliner Kabinetts ausfüllte. Natürlich bringen die Deutschen einen barocken Nürnberger Neptunsbrunnen aus dem Schloß Peterhof und das Bernsteinzimmer „heim ins Reich". Am 14. Oktober 1941 tritt das Zimmer, sorgfältig in Kisten verpackt, seine Reise nach Königsberg an. Im dortigen Schloß wird es noch ein letztes Mal aufgebaut, bevor es im Februar 1944 auf bis heute ungeklärte Weise „verschwindet".

Was aber schließlich die deutschen Magazine füllt, sind Kunstwerke aus den berühmten jüdischen Privatsammlungen Frankreichs[11], darunter 79 vollständige Sammlungen, an erster Stelle die der Barone Robert, Henri, Meurice und Edouard de Rothschild, der Kunsthändler Gebrüder Seligmann, der Bankiers Wildenstein und Bernstein sowie die Renaissancejuwelen der Baronesse Alexandrine de Rothschild. Ohne auf nennenswerten Widerstand zu stoßen, überrollen die deutschen Truppen Anfang 1940 Norwegen, Dänemark, Holland, Belgien und Luxemburg, und nach nur vierwöchigen Kämpfen ersucht das überwältigte Frankreich um Waffenstillstand.

Diesen Augenblick hatte Hitler seit langem ersehnt. Die Unterzeichnung des Waffenstillstandsvertrags läßt er bis ins Detail so inszenieren, daß sie einer symbolischen Aufhebung der „Schmach von Versailles" gleichkommt: Sie findet am 21. Juni 1940, kurz nach 15 Uhr, in jenem Wald von Compiègne, nordöstlich von Paris, statt, wo der deutschen Delegation nach dem verlorenen Ersten Weltkrieg die Waffenstillstandsbedingungen diktiert worden waren. Den Salonwagen, in dem die historische Begegnung stattgefunden hatte, läßt Hitler eigens aus dem Museum holen und auf die Lichtung bringen, auf der er 1918 gestanden hatte. Er nimmt auf dem Stuhl des seinerzeit siegreichen Marschall Foch Platz. Es ist im Geiste dieses „Anti-Versailles" nur konsequent, daß die im Süden Frankreichs unter Marschall Pétain fortbestehende französische Regierung bald zur Herausgabe des Genter Altars genötigt wird (nicht nur der 1919 an Belgien abgetretenen Tafeln aus dem Berliner Kaiser Friedrich-Museum, sondern des ganzen Altars), den die belgische Kirche vor den anrükkenden deutschen Truppen nach Pau in den Pyrenäen gerettet hatte.

Der Norden Frankreichs wird deutsche Besatzungszone. Als Teil der Militärverwaltung nimmt Anfang Juli in Paris die „Gruppe Kunstschutz" ihre Tätigkeit auf. Sie wird geleitet von Franziskus Graf Wolff Metternich, Konservator der Rheinprovinz, Honorarprofessor in Bonn, seit Beginn des Westfeldzugs Beauftragter für den Kunstschutz beim Oberbefehlshaber des Heeres. Ebenso wie sein Kollege vom Archivschutz, Professor Georg Schnath, muß Metternich rasch erkennen, daß er mit seinen Bemühungen um eine völkerrechtsgetreue Auslegung der Befehle auf verlorenem Posten kämpft. Unversehens gerät er in die peinliche Lage, mitansehen zu müssen, wie seine Landsleute über seinem Schutz anbefohlene Kulturwerte herfallen, ja er sieht sich gezwungen, ihnen dabei auch noch zu assistieren. Nur so hat er eine Chance, die sachkundige Behandlung der empfindlichen Objekte zu überwachen und deren Abtransport nach Deutschland wenn schon nicht ganz zu verhindern, so doch wenigstens zu verzögern.

Metternichs kluge Taktik bewährt sich ganze zwei Jahre, dann wird er im Sommer 1942 wegen seines immer offenkundiger werdenden Widerstands gegen die Kunsttransporte nach Deutschland auf Befehl Hitlers beurlaubt, schließlich entlassen. Unter Metternichs Nachfolger, Baron Hans von Tieschowitz, kann die Gruppe Kunstschutz kaum noch Einfluß nehmen. Nach dem Krieg wird Graf Metternich von General de Gaulle zum Ritter der französischen Ehrenlegion erhoben.

Bis zum Frühjahr 1942 haben sich die Übergriffe deutscher Stellen auf den französischen Kunstbesitz ziemlich lückenlos in den Akten der Gruppe Kunstschutz niedergeschlagen. Diese Dokumente überstanden den größten Teil des Krieges in einem böhmischen Schloß, wurden dann im Herbst 1944 nach Potsdam evakuiert und dienten, bevor sich ihre Spur endgültig verlor, Walter Bargatzky, dem Leiter der Gruppe Justiz in der Pariser Militärverwaltung, im Januar 1945 als Grundlage einer Denkschrift „Über die Wegnahme französischer Kunstschätze durch die deutsche Botschaft und den Einsatzstab Rosenberg in Frankreich" – eine bedrückende Chronik.[12]

Fast gleichzeitig mit der Gruppe Kunstschutz nimmt in der deutschen Botschaft eine Arbeitsgruppe unter der Leitung des SS-Sturmbannführers Legationsrat Baron von Kuensberg ihre Arbeit auf. Im Auftrag des Reichsaußenministers Joachim von Ribbentrop soll sie privaten und öffentlichen Kunstbesitz „als Faustpfand für Friedensverhandlungen“[13] einstweilen in Verwahrung der Besatzungsmacht sicherstellen.

Im Louvre wird ein Sammelplatz eingerichtet, und am Abend des 6. Juli 1940 kann die Geheime Feldpolizei mit der Ausräumung der Pariser Kunst- und Antiquitätenläden beginnen. Danach greift sie auf die Auslagerungsstätten der öffentlichen Museen in den Loireschlössern Chambord, Chéverny und Brissac über. Aber Graf Metternich sieht nicht untätig zu. Inzwischen hat er beim Oberkommando des Heeres (OKH) die Kunstschutzverordnung vom 15. Juli 1940 erwirkt, die allein die Gruppe Kunstschutz zum Transport von Kunstwerken berechtigt – derartige Auseinandersetzungen müssen unter dem Vorwand des Kompetenzkonfliktes geführt werden. Mit derart gebundenen Händen ersucht Botschafter Abetz am 27. Juli telegraphisch um Amtshilfe in Berlin: „Kunstschätze in Schloß Chambord sind sichergestellt... Verbringung der Gegenstände nach Berlin nur auf Grund einer schriftlichen Verfügung der Militärverwaltung in Frankreich möglich.“[14] Aber das OKH rückt vorerst nicht von seiner Haltung ab, und am 28. September muß Botschafter Abetz schließlich einwilligen, die Operation endgültig einzustellen und die vom Arbeitsstab Kuensberg entnommenen Kunstwerke der Militärverwaltung auszuhändigen.

Kaum ist es der Gruppe Kunstschutz gelungen, den Arbeitsstab Kuensberg in seine Schranken zu weisen, da betritt ein anderer, mächtigerer Kunsträuber die Bühne: Reichsleiter Alfred Rosenberg, Chefideologe der NSDAP, Autor von „Der Mythus des 20. Jahrhunderts“. Er kommt mit dem Führerauftrag, in Bibliotheken und Archiven Beweise für die angebliche Kriegsschuld von Juden und Freimaurern sicherzustellen – Studienmaterial für sein Projekt einer „Hohen Schule“ der NSDAP. Zielt die Zweckforschung der SS-Stiftung „Ahnenerbe“ darauf, die Überlegenheit der germanischen Rasse zu belegen, so soll Rosenbergs Institut die ideologische Auseinandersetzung mit den historischen Gegnern des Germanentums führen: „Juden, Freimaurer und die mit ihnen verbündeten weltanschaulichen Gegner des Nationalsozialismus“, so der Führer, „sind die Urheber des jetzigen gegen das Reich gerichteten Krieges. Die planmäßige geistige Bekämpfung dieser Mächte ist eine kriegsnotwendige Aufgabe.“[15]

In Wirklichkeit hat der Einsatzstab Reichsleiter Rosenberg (E.R.R.), dessen Aktivitäten über Polen, Rußland, die baltischen Staaten, die Ukraine und Ungarn bis nach Griechenland reichen, sich längst auch in der Beschlagnahmung von Kirchenschätzen und Möbeln bewährt. Am 17. September 1940 wird Graf Metternich davon unterrichtet, Reichsleiter Rosenberg habe „hinsichtlich des Zugriffsrechts eindeutige Weisungen vom Führer persönlich; er ist ermächtigt, die ihm wertvoll erscheinenden Kulturgüter nach Deutschland abzutransportieren. Über ihre Verwendung hat der Führer sich die Entscheidung vorbehalten."[16]

Der Beschlagnahmebefehl zielt, wie später spezifiziert wird, auf „Kulturgüter, die im Besitz oder Eigentum von Juden, herrenlos oder nicht einwandfrei zu klärender Herkunft sind".[17] Nachdem die bekannten Kunstsammlungen konfisziert sind, gehen Rosenbergs Leute daran, auf der Suche nach jüdischem Eigentum systematisch die besseren Pariser Wohngegenden zu durchkämmen. Allein in Paris werden über 38 000 Wohnungen inventarisiert und versiegelt.[18] Sechzig deutsche Spezialisten – Kunsthistoriker, Bibliothekare, Archivare, Fotografen – sowie zahlreiche Sekretärinnen sind allein in Frankreich mit der Beschlagnahmeoperation beschäftigt. Sammeltransporte zugunsten der „Hohen Schule" gehen laufend nach Deutschland ab. Die Werke der bildenden Kunst werden vorerst im Louvre und im benachbarten Musée du Jeu de Paume zusammengetragen.

Eine Protestnote der französischen Regierung, die selber Anspruch auf das Eigentum der ihrer Staatsbürgerschaft enthobenen Juden erhebt, wird vom E.R.R. im Juli 1941 mit der Begründung zurückgewiesen, schließlich habe „die Deutsche Wehrmacht... den französischen Staat und das französische Volk von dem Einfluß des internationalen Judentums befreit. Der Waffenstillstand mit dem französischen Staat und Volk wurde nicht geschlossen mit den Juden in Frankreich."[19]

Der E.R.R. hat seine Tätigkeit kaum aufgenommen, da erscheint Reichsmarschall Hermann Göring in Paris, um sich die schönsten Stücke für seine Privatsammlung auszuwählen. Göring, preußischer Ministerpräsident, Chef der Luftwaffe und Stellvertreter des Führers, ist nach Hitler der mächtigste Mann im Reich, und er verfügt über grenzenlose Transportkapazitäten. Der blasse, in den eigenen Reihen wenig ernst genommene Philosoph Rosenberg kann sich gegen ihn nicht durchsetzen. Selbstherrlich diktiert Göring am 5. November 1940 folgenden, kurz darauf von Hitler sanktionierten Befehl[20]:

„Mit den in den Louvre gebrachten Kunstgegenständen wird in der folgenden Weise verfahren:

1. Diejenigen Kunstgegenstände, über deren weitere Verwendung sich der Führer das Bestimmungsrecht vorbehalten wird,
2. diejenigen Kunstgegenstände, die zur Vervollständigung der Sammlungen des Reichsmarschalls dienen,
3. diejenigen Kunstgegenstände und Bibliotheksbestände, deren Verwendung beim Aufbau der Hohen Schule und im Aufgabenbereich des Reichsleiters Rosenberg angebracht erscheinen,
4. diejenigen Kunstgegenstände, die geeignet sind, deutschen Museen zugeleitet zu werden,

werden unverzüglich durch den Einsatzstab Rosenberg ordnungsgemäß inventarisiert, verpackt und mit Unterstützung der Luftwaffe nach Deutschland gebracht.

5. Diejenigen Kunstgegenstände, die geeignet sind, den französischen Museen und dem deutschen und französischen Kunsthandel zugeleitet zu werden, werden an einem noch zu bestimmenden Zeitpunkt versteigert und der dafür einkommende Erlös dem französischen Staat zugunsten der französischen Kriegshinterbliebenen überlassen."

Göring hat damit die Befehlsgewalt über die Beute an sich gebracht. Soldaten von Görings Luftwaffe und Gestapo-Offiziere lösen die Posten der Militärverwaltung ab. Der Transport nach Deutschland kann beginnen.

Bis zum November 1942 werden im Jeu de Paume vom E.R.R. allein vierzehn Ausstellungen aufgebaut, die dem einzigen Zweck dienen, Hermann Göring eine sorgfältige Auswahl von Kunstwerken für seine Privatsammlung zu ermöglichen. Im Vorfeld einer der ersten Göring-Ausstellungen kommt es am 5. Februar 1941 zu einer Auseinandersetzung mit Graf Metternich, der den Reichsmarschall auf rechtliche Bedenken gegen die anstehenden Kunsttransporte hinweist und darauf die ungerührte Antwort erhält: „Der höchste Jurist im Staate bin ich."[21] Auf die Anwesenheit Metternichs bei der Begehung wird dankend verzichtet. Das fortan übliche Ritual beginnt: Begleitet von Walter Andreas Hofer, einem gewitzten Berliner Kunsthändler, der seine Stellung als Leiter der Göringschen Kunstsammlungen auch zu privaten Geschäften nutzt, durchschreitet Göring, Sekt trinkend, die stilvoll hergerichteten Säle, wählt aus, läßt die Gegenstände schätzen und anschreiben (ohne aber je dafür zu bezahlen) und schließlich – zusammen mit den „legalen" Erwerbungen seiner Agenten auf dem Pariser Kunstmarkt – in einem seiner vier Sonderzüge in eine seiner acht Residenzen bringen.

Mittelpunkt des Göringschen Kunstimperiums ist der Landsitz Karinhall, sechzig Kilometer nördlich von Berlin, der mitsamt der darin enthaltenen Gemälde, Skulpturen und Möbel zu seinem 60. Geburtstag als Nationalmonument in den Besitz des deutschen Volkes übergehen soll. Für den Besucherstrom aus Berlin ist eine Bahnverbindung geplant, zu der der Führer bereits seine Zustimmung erteilt hat.

Verblüffen mag Görings Sammlungsschwerpunkt, der weder sonderlich deutsch noch sonderlich martialisch ist. Der Reichsmarschall liebt Frauenakte der Renaissance und des Barock – ein Genre, für das in der deutschen Kunst vor allem Lucas Cranach, Sohn und Vater, zuständig sind. Ihnen werden allein 52 meist qualitativ minderwertige Gemälde der Göringsammlung zugeschrieben – immer wieder die gleichen Evas und Lucrezias, wie sie langbeinig, blaß und gelangweilt vor schwarzen Hintergründen posieren. Des Reichsmarschalls heimliches Laster sind einige „degenerierte" Gemälde, die er im Luftschutzkeller von Karinhall versteckt hält: einen Corot, einen Cézanne, zwei van Goghs sowie Ballettmädchen von Degas und von Renoir. Sein ganzer Stolz aber ist Johannes Vermeers „Jesus und die Ehebrecherin". Galeriedirektor Hofer hat das Bild 1944 in Holland entdeckt und im Tausch gegen 150 alte Meister erworben. 1945 stellt es sich als eine moderne Fälschung des Holländers Hans van Meegeren heraus.

Ähnlich fürstlich ausgestattet wie Karinhall sind auch Görings sieben weitere Residenzen: das nahebei gelegene Landhaus Ringenwalde, sein Berliner Stadthaus, sein Jagdschloß im ostpreußischen Rominten, seine Festung Veldenstein bei Bayreuth aus dem 16. Jahrhundert, das Landhaus Mautendorf bei Salzburg, die Modellfarm Gollin und schließlich sein „Sommerpalast" bei Berchtesgaden, unweit Hitlers „Berghof" auf dem Obersalzberg.

Entgegen Punkt 5 seiner eigenen Anordnung vom 5. November 1940 wird kein einziges der vom E.R.R. beschlagnahmten und für deutsche Sammler uninteressanten Gemälde zugunsten französischer Kriegshinterbliebener versteigert. Stattdessen nötigt Göring den Pariser Kunsthändler Gustave Rochlitz zu einem Tauschgeschäft: „degenerierte" gegen „hohe" Kunst.[22] Zahllose Renoirs, Degas, Cézannes, Sisleys, Monets, Manets, Bonnards, Matisses usw., zu einem beträchtlichen Teil aus den jüdischen Sammlungen David Weill, Alphonse Kann und Paul Rosenberg, dienen ihm als Zahlungsmittel für alles in allem 72 alte Meister. Rochlitz kann einen Teil der Bilder vermutlich auf dem Schweizer Kunstmarkt weiterverkaufen. Ganz abgesehen von den Skulpturen, Tapisserien, Möbeln, Teppichen usw., bezieht Göring ungefähr siebenhundert, also etwa die Hälfte seiner bei Kriegsende auf 1375 Gemälde angewachsenen Galerie aus den Quellen des E.R.R.[23]

Göring verprellt nicht nur französische Witwen und Waisen. Er lenkt darüber hinaus die besten Stücke aus der Beute des E.R.R. an den Agenten Adolf Hitlers vorbei direkt in seine eigenen Sammlungen. Außer 53 Gemälden aus den verschiedenen Rothschildsammlungen und der Sammlung Seligmann, die noch im September 1940 für Hitler beiseite geschafft werden, bleibt für den Führer nicht die angeordnete erste, sondern eine notorische zweite Wahl.

Ein klärendes Donnerwetter ist unabwendbar, denn der in seiner Jugend als Maler gescheiterte Hitler verfolgt eigene, bislang als Geheimsache behandelte Museumspläne, weit anspruchsvoller als die des Reichsmarschalls: In seiner oberösterreichischen Vaterstadt Linz soll ein deutsches Reichsmuseum entstehen, dessen Sammlungen die des Louvre und des New Yorker Metropolitan Museum in den Schatten stellen.[24] Der monumentale, neoklassizistische Entwurf seines Leibarchitekten Albert Speer sieht eine Prachtstraße vor, an der sich Museen, Bibliotheken und Theater tempelartig aneinanderreihen. Neben Hitlers Lieblingsmalern, den Lokalgrößen Makart, Waldmüller und Böcklin, soll in der Galerie nur allererste Wahl vertreten sein: alte Meister der deutschen, niederländischen und italienischen Renaissance, holländischer und flämischer Barock. Hitlers Ankaufsfonds besteht zum einen aus der alljährlichen „Adolf-Hitler-Spende der deutschen Industrie", zum anderen aus einem Honorar, das die Reichspost für den Abdruck seines Porträts auf den Briefmarken an ihn entrichtet.

Seit Juli 1939 ist Hans Posse, der Galeriedirektor des Dresdner Zwingers, als Akquisiteur für Hitler unterwegs. Er requiriert nur die allerkostbarsten Stücke. Aus dem gesamten polnischen Beutegut allein das Krakauer Trio: Leonardos „Dame mit dem Hermelin", Rembrandts „Der heilige Samariter" und das bis heute verschollene „Bildnis eines jungen Mannes" von Raffael, alle aus der Sammlung Czartoryski. Auf Auktionen in Italien, Frankreich, Belgien und Holland ist für Posse kein Gebot zu hoch, wenn ein Bild seinen strengen Qualitätsmaßstäben standhält. Die Devisenkonten in Rom, Paris, Rotterdam und Brüssel müssen von der Reichskanzlei mehrfach aufgefüllt werden.

Politischen Drucks bedarf es gegenüber solchen Sammlern, die allzusehr an ihren Bildern hängen. Die österreichische Adelsfamilie Czernin etwa muß Vermeers berühmtes Gemälde „Der Maler und sein Modell" schließlich für nur 1,4 Millionen Reichsmark an Hitler abtreten, obwohl der amerikanische Millionär Andrew Mellon zuvor vergeblich sechs Millionen Dollar geboten hatte, um es für die von ihm gestiftete Nationalgalerie in der amerikanischen Bundeshauptstadt zu erwerben. Ausgeschlossen bleibt Posse nur von den Machenschaften des E.R.R. in Paris, wo die wertvollste Ware umgeschlagen wird. Er macht einen großen Bogen um das Musée du Jeu de Paume und weicht so dem Konflikt mit Göring beständig aus. Im Dezember 1942 erliegt der überanstrengte, bis zuletzt mit ganzer Kraft seiner Aufgabe hingegebene Hans Posse seinem Krebsleiden. Hitler ordnet ein Staatsbegräbnis an, die Trauerrede hält Propagandaminister Goebbels. Erst drei Monate später kann sich Hitler dazu durchringen, einen Nachfolger zu bestimmen. Die Wahl fällt auf den Wiesbadener Museumsmann Hermann Voss.

Schon naht der 20. April 1943, Führers Geburtstag. Wie jedes Jahr sinnen die Nazigrößen darüber nach, mit welcher Gabe sie sich die Gunst des Führers erhalten beziehungsweise zurückgewinnen können. Letzteres Motiv trifft auf den unpopulären Rosenberg zu, der sich seit neun Monaten vergeblich beim Führer um eine Audienz bemüht. Rosenberg läßt die vom E.R.R. nach Deutschland gebrachten Gemälde, Plastiken, Möbel und Tapisserien – natürlich ohne die von Göring abgezweigten Objekte – für den Führer fotografieren und in luxuriöse Alben fassen. Die ersten 39 heute im Nationalarchiv in Washington verwahrten Exemplare dieses auf 400 Bände angelegten Projektes übergibt er dem Führer als Geburtstagsgeschenk „in der Hoffnung, daß durch diese kurze Beschäftigung mit den schönen Dingen der Ihnen so am Herzen liegenden Kunst ein Strahl von Schönheit und Freude in die Schwere und Größe Ihres gegenwärtigen Lebens fallen möge".[25]

Hitlers Reaktion ist alles andere als die gewünschte. Erst jetzt wird ihm so richtig bewußt, wie sich Göring mit Duldung Rosenbergs jahrelang auf seine Kosten bereichert hat. Eine Woche darauf erhält Rosenberg kommentarlos sein Entlassungsschreiben als Leiter der „Sicherstellung" jüdischen Kunstbesitzes. Sämtliche beschlagnahmten Gegenstände, auch die nicht für Linz bestimmten, sind unverzüglich dem Stab von Hermann Voss zu übergeben, die Operation wird damit zur Führersache. Mit den Sonderausstellungen für Hermann Göring ist nun Schluß, die Beute rollt fortan ungeteilt in den Führerbau am Münchner Königsplatz. Hier wird sortiert, inventarisiert und das Beste für Hitlers Linzmuseum im Luftschutzkeller zurückgehalten.

Zweite Wahl, Möbel und Kunstgewerbe, werden in die romantischen Schlösser des bayrischen Märchenkönigs Ludwig II., Neuschwanstein und Herrenchiemsee weiter transportiert. In der Kartause von Buxheim bei Memmingen unterhält der E.R.R. eine Restaurierungswerkstatt, in Nikolsburg (Tschechoslowakei), in Kogl, Seisenegg und Hohenfurth (Österreich) weitere Depots. Im Juli 1944, einen Monat vor der Befreiung von Paris, legt der Stab einen vorläufigen Abschlußbericht vor: Von März 1941 bis Juli 1944 gingen 29 große Kunsttransporte, umfassend 137 Waggons mit 4174 Kisten, ins Reich. Die bis zu diesem Zeitpunkt inventarisierten 21903 Gegenstände setzen sich wie folgt zusammen:

5281 Gemälde, Pastelle, Aquarelle, Zeichnungen
684 Miniaturen und Handschriften
583 Plastiken und Medaillen
2477 Möbel mit kunstgeschichtlichem Wert
5825 kunsthandwerkliche Gegenstände
1286 Ostasiatika
259 Antiken

Unberücksichtigt sind bei dieser Bilanz die Transporte von Archiven und Bibliotheken, von jüdischen Schriftrollen und jüdischem Kultgerät sowie die gigantische, im Februar 1942 auf Vorschlag Rosenbergs von Hitler angeordnete „Aktion M".[26] 69 641 Wohnungen von Juden in Frankreich, Belgien und Holland, deren Bewohner längst geflohen oder deportiert sind, werden dieser sich bis in das Jahr 1944 hineinziehenden Operation zugunsten von Ritterkreuzträgern und ausgebombten Familien in Deutschland ihrer Möbel und ihres Hausrats beraubt – ein Transportvolumen von 26 984 Güterwaggons. Allein für die Ausräumung der 38 000 jüdischen Wohnungen in Paris werden sämtliche Speditionsfirmen herangezogen, um mit bis zu 150 Fahrzeugen und bis zu 1500 Arbeitern täglich die enorme Transportmasse zu den Verladestellen zu bringen.

Gleichzeitig werden Zehntausende französischer Kirchenglocken und Bronzemonumente von Plätzen und öffentlichen Anlagen auf Anordnung Hermann Görings nach Hamburg gebracht und dort als Rohstoff für die deutsche Rüstung verhüttet. Am 14. August 1944 feiert Paris seine Befreiung durch britische und amerikanische Truppen.

Großbritannien

Während das innenpolitisch zerstrittene Frankreich für Hitler eine leichte Beute ist, setzt England seinen strategischen Plänen eisernen Widerstand entgegen. Spätestens mit Einführung der allgemeinen Wehrpflicht und der Wahl Winston Churchills zum Premier (am 10. Mai 1940, dem Tag von Hitlers Angriff auf den Westen) muß Hitlers Plan, England auf eine neutrale Zuschauerrolle zu verpflichten, als gescheitert gelten. Jetzt versucht Hitler mit U-Booten die Versorgung der Insel über den Atlantik abzuschneiden und das Land durch Luftangriffe für eine Invasion mürbe zu machen.

Im Auftrage des Barons von Kuensberg, dessen Arbeitsstab sich ab Sommer 1940 durch die Beschlagnahmung französischen Kunstbesitzes hervortut, wird auch für England eine geheime Liste von Schlössern und Landsitzen erstellt, deren Inhalt bei der geplanten Invasion des Landes in „Sicherheitsverwahrung" zu nehmen ist.[27]

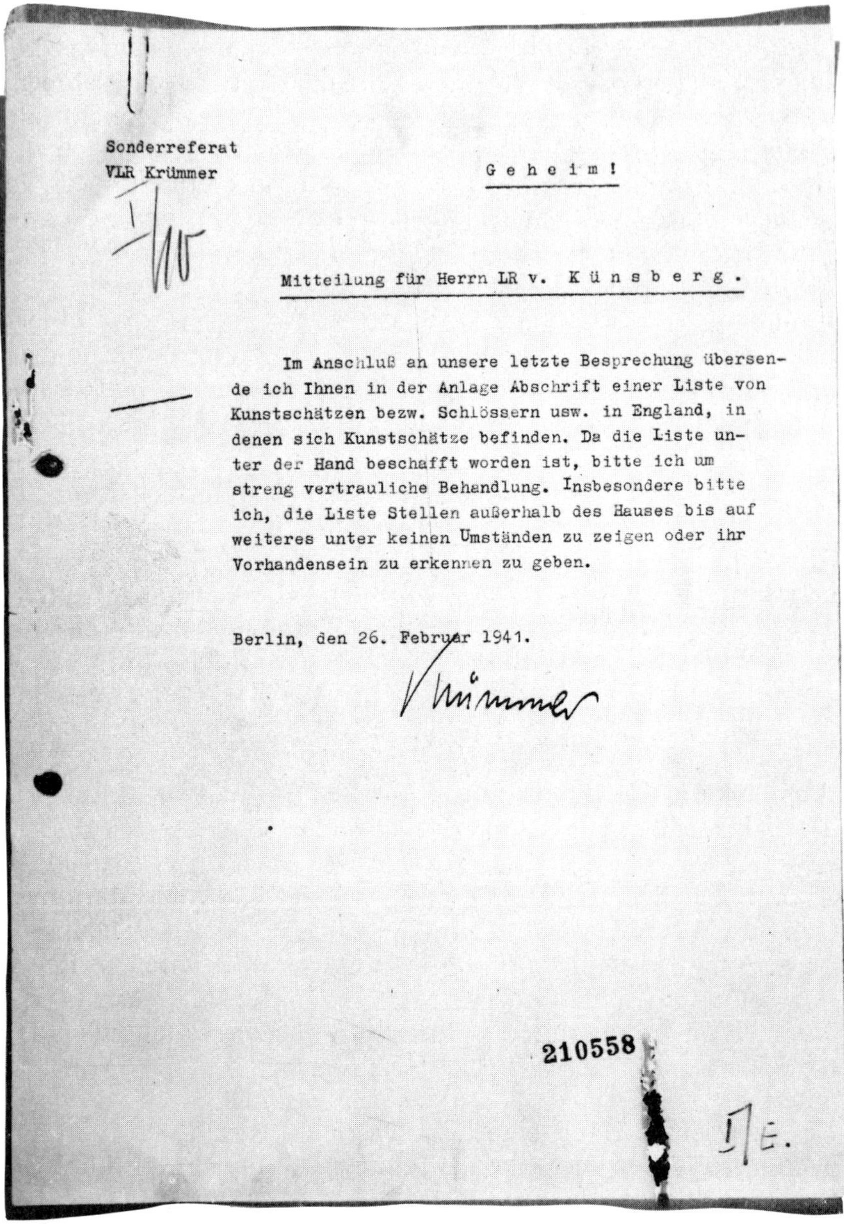

Sonderreferat
VLR Krümmer

Geheim!

Mitteilung für Herrn LR v. Künsberg.

Im Anschluß an unsere letzte Besprechung übersende ich Ihnen in der Anlage Abschrift einer Liste von Kunstschätzen bezw. Schlössern usw. in England, in denen sich Kunstschätze befinden. Da die Liste unter der Hand beschafft worden ist, bitte ich um streng vertrauliche Behandlung. Insbesondere bitte ich, die Liste Stellen außerhalb des Hauses bis auf weiteres unter keinen Umständen zu zeigen oder ihr Vorhandensein zu erkennen zu geben.

Berlin, den 26. Februar 1941.

Krümmer

210558

Deckblatt des im Auftrage Baron von Kuensbergs erstellten Geheimberichts über sicherzustellende Kunstsammlungen in England

Doch England verteidigt sich zäh, die monatelangen Bombenangriffe auf Industrieanlagen und Großstädte („the Blitz") werden für Görings Luftwaffe zu einem verlustreichen Unternehmen, auch der U-Boot-Krieg („Atlantikschlacht") zeigt nicht die gewünschte Wirkung, Hitler sieht sich schließlich gezwungen, die Invasionspläne (Operation „Seelöwe") auf unbestimmte Zeit zu vertagen und zunächst die Sowjetunion anzugreifen. So kann England zur Operationsbasis der angloamerikanischen Verbände werden, die im Juni 1944 mit der Landung in der Normandie die Endphase des Krieges einleiten. Noch in den Wochen vor seinem Selbstmord ergeht sich Hitler darüber, wie „dieser trunksüchtige und verjudete Halbamerikaner"[28] Churchill die Idee eines deutsch-englischen Bündnisses und damit sein ganzes Lebenswerk zu Fall gebracht hat.

Italien

Ein sehr wechselhaftes Szenario entfaltet sich in Italien. Für den jungen Hitler ist es ein faschistisches Musterland, Benito Mussolini sein politisches Vorbild, bald auch sein Verbündeter. Ab 1940 erweist sich Italien dann als ein nur wenig schlagkräftiger Waffenbruder. Nach Mussolinis Absetzung durch König und Parlament im Sommer 1943 und dem wenig später geschlossenen Waffenstillstand mit den Alliierten wird das Land über Nacht von deutschen Truppen besetzt, Bozen und Trient werden dem Gau Tirol, Belluno und Udine Kärnten zugeschlagen, der gefangengesetzte Mussolini von Fallschirmjägern befreit und als Chef eines Marionettenkabinetts in Norditalien eingesetzt. Hitler läßt die italienische Armee entwaffnen und 600 000 Mann zur Zwangsarbeit ins Reich verschleppen. Bis Kriegsende ist Italien dann Schauplatz verlustreicher Rückzugsgefechte gegen die von Tunesien aus den Stiefel hinaufdrängenden Alliierten.

Hitler verehrt die Malerei der italienischen Renaissance. Es gibt von seiner Hand eine dem Original verblüffend ähnliche, nach historischen Techniken angefertigte Kopie eines Bildes von Sandro Botticelli. Als er am 8. Mai 1938 gemeinsam mit Mussolini die Florentiner Uffizien besucht, verweilt Hitler über drei Stunden vor den Bildern, während der Duce, ohne rot zu werden, zugibt, daß er das Museum noch nie betreten hat. Doch der Ankauf von

Bildern in diesem verbündeten und auf sein künstlerisches Erbe so stolzen Land erfordert großes taktisches Geschick.[29]

Neben dem Linz-Akquisiteur Hans Posse fungiert Prinz Philipp von Hessen, Schwiegersohn des italienischen Königs Viktor Emanuel III. und SA-Führer, für Hitler als Mittelsmann zum italienischen Kunsthandel. Neben Prinz Philipp und Posse reisen auch Görings Agenten regelmäßig über die Alpen und schröpfen den Kunstmarkt in einem Maße, daß Erziehungsminister Bottai schließlich beim deutschen Botschafter von Mackensen vorstellig wird. Einen allgemeinen Ausverkauf ohne deutsche und französische Kunstäquivalente, so der Minister, könne er unmöglich hinnehmen.

Doch die italienische Regierung, die wegen ihrer mangelnden Fortune auf den Kriegsschauplätzen Nordafrikas und Griechenlands militärisch immer stärker in deutsche Abhängigkeit gerät, kann die Ausfuhrgenehmigungen schlecht verweigern, ja erläßt Hermann Göring auf dessen Drängen im Sommer 1941 sogar die Exportabgaben. Das monumentale Breitwandgemälde „Die Pest in Florenz" des von Hitler so geschätzten Salonmalers Hans Makart wird von der italienischen Regierung im September 1940 eigens bei seinen jüdischen Eigentümern, der mit den Rothschilds verwandten Familie Landau-Finaly, beschlagnahmt, um als „Geschenk des Duce" in die Linz-Sammlung einzugehen.* Hermann Göring, der seit langem die Angewohnheit hat, seine künstlerischen Geburtstagswünsche rechtzeitig vor dem 12. Januar bekanntzugeben, läßt sich 1942 den Sterzinger Marienaltar des Hans Multscher (1400–1467), herausragendes Einzelstück der altdeutschen Malerei und Schnitzkunst, vom Duce zum Geburtstag schenken und beraubt auf diese Weise Südtirol eines seiner bedeutendsten Wahrzeichen.

Auf die Besetzung Italiens durch deutsche Truppen folgt im November 1943 die Einrichtung eines deutschen Kunstschutzes für Italien[30]. Unter Druck der vorrückenden angloamerikanischen Front wird er von Rom über Florenz, Verona nach Bergamo zurückverlegt. Diese Organisation versucht vergeblich, die unermeßlichen Architektur- und Kunstwerke Italiens aus dem Kampf-

* Heute hängt das Bild in der Neuen Pinakothek in München.

geschehen herauszuhalten. Dabei haben die deutschen Kunsthistoriker ihren italienischen Kollegen lediglich voraus, daß sie als Teil der Wehrmacht wenigstens vorerst noch über Transportmittel, Treibstoff und Arbeitskräfte verfügen. So kann die Leitung des deutschen Kunstschutzes unter den Berliner Archäologen SS-Oberst Alexander Langsdorff, dessen beiden Stellvertretern, dem Berliner Ägyptologen Gerhard Evers und dem aus Braunschweig stammenden Kunsthistoriker Leopold Reidemeister (eines Neffen Wilhelm von Bodes), gegen den Willen der italienischen Kollegen, dem Führerbefehl folgend, den Massentransport Florentiner Museumsschätze bis in die Nähe der deutsch-österreichischen Grenze ausführen.

Das nordöstlich von Neapel gelegene Benediktinerkloster Montecassino[31] – im Jahre 529 von Benedikt von Nursia gegründet und Ausgangspunkt des abendländischen Mönchtums überhaupt – beherbergt die besten Stücke der neapolitanischen Museen Capodimonte, Museo Nazionale, San Martino sowie die aus ganz Italien zusammengetragenen Schaustücke der 1940 in Neapel veranstalteten „Überseeausstellung". Noch rechtzeitig bevor die Alliierten das über dem Eingang eines Tales strategisch günstig gelegene Kloster, in dem sie irrtümlich einen deutschen Aussichtsposten vermuteten, im Februar 1944 unter 450 Tonnen Sprengstoff begraben, werden die (einschließlich der Klosterbibliothek) 187 Museumskisten von der Division Hermann Göring ab Oktober 1943 in den Vatikan verlagert. Später stellt sich heraus, daß die Division fünfzehn der Kisten als Geburtstagsgeschenk für ihren Namenspatron abgezweigt und nach Karinhall gebracht hat – darunter Breughels „Blindenzug", Tizians „Danae" und Colantonios „Hieronymus in der Klause". Hermann Göring, der bei seiner Sammlertätigkeit peinlichst auf einen Anschein von Legalität achtet, weigert sich allerdings, dieses Geschenk anzunehmen und läßt es in einem Nebengebäude unterstellen.

Glücklicherweise sehen die deutschen Besatzer in Italien von der systematischen Plünderung jüdischen Eigentums ab. Überhaupt ist festzustellen, daß zumindest bis Juli 1944 sämtliche bekanntgewordenen Fälle unrechtmäßiger Kunstaneignung ohne Wissen und Einverständnis des Kunstschutzes erfolgen. Filippo Serlupi, Botschafter von San Marino beim Heiligen Stuhl, verbirgt den jüdisch-amerikanischen Kunstwissenschaftler Bernard

Berenson mit wertvollen Teilen von dessen Sammlung mit Hilfe des Direktors des deutschen kunstwissenschaftlichen Instituts in Florenz, Kriegbaum, über ein Jahr in seiner Villa. So wird die Florentiner Privatsammlung Finaly im Juli 1944 am Kunstschutz vorbei durch eine Fallschirmjägereinheit, die Sammlung des Grafen Bourbon-Parma durch eine SS-Panzerdivision in die Residenzen von Militärgouverneur SS-Obersturmbannführer Karl Wolff in Bozen und Meran gebracht. Hier finden sich nach dem Krieg auch die Münzsammlung des italienischen Königshauses und die abessinische Kaiserkrone an (selber ein Beutestück der Italiener). Hinter dem Kunstraub in Italien scheint demnach die SS Heinrich Himmlers zu stehen, deren Befehlskette auch der Himmlervertraute SS-Obergruppenführer General Wolff und – wie sich noch zeigen soll – auch Kunstschutzchef SS-Oberst Alexander Langsdorff unterstehen. Im Sommer des Jahres 1944 geht diese SS nun daran, den deutschen Kunstschutz mitsamt seinen integren Mitarbeitern widerstandslos für ihre eigenen Ziele einzusetzen.

Erst auf einer Besprechung, die kurz nach dem Fall von Rom am 18. Juni 1944 im Palazzo Pitti stattfindet, fassen Langsdorff und sein Mitarbeiter Ludwig Heydenreich gemeinsam mit dem Generaldirektor der Florentiner Museen und Monumente Giovanni Poggi den Beschluß, die zu diesem Zeitpunkt noch nicht in die Stadt zurückgebrachten Gemälde und Skulpturen der Florentiner Museen fortan in ihren ländlichen Depots zu belassen, um sie nicht einem angesichts der näherrückenden Front ständig zunehmenden Transportrisiko auszusetzen.[32]

Nur wenige Tage später muß Oberst Langsdorff den SS-Befehl erhalten haben, die Schätze der Florentiner Museen, koste es, was es wolle, aus ihren toskanischen Auslagerungsdepots mit noch unbestimmtem Ziel Richtung Norden zu schaffen. Bereits am 3. Juli begibt er sich auch in das Depot Montagnana, läßt 291 aus den Uffizien und dem Palazzo Pitti stammende Gemälde, in Wolldecken geschlagen und mit Stroh gepolstert, in Armeelaster verladen und in ein provisorisches Quartier bei Bologna bringen.

Einem weiteren Befehl folgend, begibt sich Langsdorff etwa zur gleichen Zeit nach Oliveto und entnimmt aus dem dortigen Depot der Uffizien die beiden Cranachgemälde „Adam“ und „Eva“ – deutsche Kunst heim ins Reich. Während die Gemälde in seinem Hotelzimmer stehen, verspricht Langsdorff Poggi, der durch deren Verschwinden alarmiert ist, er wolle bei der Wiederauffindung helfen.

Bis Ende August 1944 befinden sich 153 Kisten mit Skulpturen – darunter Donatellos Heiliger Georg und Michelangelos Bacchus aus dem Bargello, sowie 532 zum Teil unverpackte Gemälde – auf dem Weg nach Norden. Fest steht zu diesem Zeitpunkt nur, wohin die Kunstwerke nicht gebracht werden sollen: in das offizielle Depot des Mussolinistaates auf der Isola Bella im Lago Maggiore. General Wolff und Franz Hofer, Gauleiter in dem vom Reich annektierten Südtirol, kommen schließlich überein, die Ladung in einem Munitionsdepot am Ochsenkopf unterzustellen. Doch Leopold Reidemeister, der den Transport leitet, erkennt rasch, daß dieser feuchte und explosionsgefährdete Ort zur Unterbringung von Kunstwerken denkbar ungeeignet ist.

Vom 7. bis zum 9. August warten die beladenen Lastwagen auf dem Marktplatz von Bozen, bis Reidemeister halbwegs akzeptable Ausweichquartiere gefunden hat: für die Skulpturen ein ehemaliges Gefängnis in San Leonardo bei Meran, für die Gemälde Schloß Neumelans oberhalb von Bozen. Mitte September sind dort sämtliche Werke untergestellt. Den Inspektoren der Mussoliniregierung, die vergeblich dagegen protestiert hatte, daß die italienischen Kunstwerke auf von Deutschen verwaltetes Gebiet gebracht werden, verweigert Gauleiter Hofer bis zum 28. November den Zutritt. Dann wird Carlo Anti, dem Kulturintendanten der Mussoliniregierung, eine Inspektion gestattet. Am 11. Dezember strahlt der Rundfunk Antis Gefälligkeitsgutachten aus: Die Bilder befänden sich an ihrem geheimen Aufenthaltsort in guten Händen.

Einen Tag darauf erscheint in Schloß Neumelans eine hochrangige Delegation aus dem Reich. Neben dem Sekretär von Hitlers Kanzleichef Martin Bormann (Helmut von Hummel) gehört ihr auch Leopold Ruprecht an, der Akquisiteur für Waffen und Rüstungen für Hitlers Linz-Sammlung, deren Auslagerung in die Salzmine Alt Aussee bei Salzburg zu diesem Zeitpunkt bereits in vollem Gange ist. Sicher steht dieser Besuch in Zusammenhang mit dem etwa gleichzeitigen Befehl Himmlers an General Wolff, auch die italienischen Kunstwerke aus Schloß Neumelans und aus San Leonardo nach Alt Aussee zu überführen, wo noch umfangreicher Lagerraum zur Verfügung steht. Diesen Weg hatte bereits im September das Archiv des englischen Theaterwissenschaftlers Gordon Craig aus Verona genommen.

Doch Wolff sieht sich zur Ausführung des Transportbefehls angesichts eines permanenten Mangels an Fahrzeugen und Treibstoff nicht mehr in der Lage. Als hilflose Geste der Besitzergreifung wird am 18. Dezember stattdessen angeordnet, die Kunstwerke „auf Wunsch des Reichsleiters SS Heinrich Himmler" wieder einmal zu fotografieren – natürlich als Geburtstagsgeschenk für den Führer. Kunstschutzfotograf Hans Werner Schmidt muß auf Befehl einige Bilder, der Belichtung wegen, im Schnee fotografieren.[33]

Torschlußpanik

In der zweiten Jahreshälfte 1944 unternimmt die SS nicht nur in Italien, sondern auch in Belgien und Frankreich forcierte Anstrengungen, Einmaliges und Herausragendes – nunmehr ohne jede Rücksicht auf die Eigentumsverhältnisse – auf deutsches Territorium zu bringen. Nur wenige Tage nach Landung der Alliierten in der Normandie erhält Baron von Tieschowitz die Anweisung, den im 11. Jahrhundert entstandenen Teppich von Bayeux nach Berlin zu schicken. Dieser 50 Zentimeter breite und – nach Teilverlusten – immer noch 70 Meter lange Wandteppich erzählt in gestickten Bildern kurioserweise das genaue Gegenteil der gegenwärtigen Ereignisse: nicht die Landung der Engländer in der Normandie, sondern die Landung der Normannen in England und seine Bezwingung 1066 in der Schlacht von Hastings. Unter dem Vorwand, der Teppich müsse noch präpariert werden, gelingt es von Tieschowitz, ihn bis zur Befreiung von Paris im Louvre zurückzuhalten.

Im Monat September bemächtigt sich eine Einsatzgruppe der gotischen Glasfenster des Straßburger Münsters und bringt sie, in 73 Kisten verpackt, aus ihrem südfranzösischen Versteck in ein Salzbergwerk bei Heilbronn. Ebenfalls im September erlebt die Kathedrale von Brügge eine Plünderung durch Piraten: Eine Marineeinheit raubt Michelangelos Brügger Madonna – ein Jugendwerk des Künstlers, das 1506 als Stiftung eines flämischen Tuchhändlers dorthin gelangt war – sowie 14 religiöse Gemälde und bringt sie auf dem Seeweg nach Deutschland.

Im Reich herrscht Torschlußpanik. Längst schon zeichnet sich die militärische Niederlage an der Ostfront ab. Seit Ende 1942 bombardieren Briten und Amerikaner deutsche Industrieanlagen und Großstädte, wenig später bröckelt mit dem „Umfall“ Italiens und der Landung der Alliierten in Sizilien die Südfront. Aber wirklich absehbar wird die militärische Niederlage erst im Juni 1944, als es der Wehrmacht nicht gelingt, die Landung in der Normandie und damit die Eröffnung einer dritten Kriegsfront zu verhindern: In Millionenstärke drängen mit modernsten Waffen ausgerüstete Truppen auf den Kontinent.

Unter der Oberfläche der Durchhalteparolen macht sich im Innern des Nazireichs Nervosität breit. Ein großer Teil der deutschen Eliten ist nicht gewillt, an der Seite eines dem Wahnsinn verfallenen Führers weiter in den Untergang zu gehen. Selbst Hitler beginnt im stillen Alternativen zu seinem proklamierten Kriegsziel vom „totalen Sieg“ zu entwickeln. Je aussichtsloser sich die militärische Lage gestaltet, desto stärker klammert er sich an die Hoffnung, die Allianz möge zerbrechen und das historische Bündnis mit den Westmächten doch noch zustande kommen. Deutsche, Engländer und Amerikaner würden dann gemeinsam nach Moskau marschieren und den Bolschewismus auslöschen.

Auch Heinrich Himmler denkt über einen Separatfrieden mit den Westmächten nach. (Sein Vertrauter General Wolff wird im März 1945 in Bern als erster Geheimverhandlungen mit dem US-Geheimdienst über einen Separatfrieden in Italien aufnehmen, Himmler selbst am 28. April über Schweden ein Waffenstillstandsgesuch an die Westmächte richten.)

Aber welche Trümpfe kann Deutschland der eisernen Forderung nach bedingungsloser Kapitulation überhaupt entgegensetzen? Das zusammengeraffte Gold der europäischen Staatsbanken? Die Bestände der deutschen Museen? Die Kulturschätze aus dem besetzten Europa?

Überall im Reich treffen Denkmalämter und Museen, Archive, Bibliotheken und Banken, Hitlers Wehrmacht und Himmlers SS, Reichsmarschall Göring und Linzakquisiteur Voss Anstalten, die beweglichen Schätze an sicheren Orten zu konzentrieren und dem Zugriff der Kriegsgegner zu entziehen. Einzig sicherer Zufluchtsort sind die Bergwerke. Ein Großteil der Rüstungsindustrie ist bereits vor den Bomben unter Tage geflüchtet (hier montieren Zwangsarbeiter Hitlers Wunderwaffe V2), und schon seit Herbst 1941 haben einzelne Archive bei den Bergämtern um Auslagerungsflächen nachgesucht. 1944 verschwinden Museumsschätze, Universitätsbibliotheken und Archive, schließlich die Gold- und Devisenreserven des Reiches in den bis zu 1000 Meter tiefen, trockenen und warmen Salzminen Mitteldeutschlands und der Alpen.

In Österreich dienen die Salinen von Hallein und Kochl als Auslagerungsorte, das Bergwerk Lauffen bei Bad Ischl beherbergt das wertvollste Kunstgut der Museen der Stadt Wien. In dem ausgedehnten Tunnelsystem des Bergwerks Heilbronn-Weinsberg sind neben einer Flugzeug- und einer Giftgasfabrik auch Kunst- und Bibliotheksgut aus Metz und aus dem Elsaß eingelagert, darunter die 73, erst im September 1944 aus ihrem südfranzösischen Depot geraubten Kisten mit den Fenstern des Straßburger Münsters, außerdem die Bibliothek des deutschen kunsthistorischen Instituts in Florenz sowie Bestände der Mannheimer und der Karlsruher Kunsthalle. Nicht weit davon, in der Kochendorfmine am Neckar, haben die Bilder der Staatsgalerie Stuttgart, die Stuttgarter Weltkriegsbücherei sowie Kunstwerke aus den Museen von Ulm, Heidelberg und Köln Zuflucht gefunden.

Nürnberg kann die Schätze des Deutschen Nationalmuseums und seiner Kirchen mitten in der Stadt in den Gewölben unter der alten Burg einlagern und dort außerdem noch Platz für Münchner Museumsgut erübrigen. Im thüringischen Unterbreitzbach und in Salzdetfurth bei Hildesheim sind das Staatsarchiv Koblenz und anderes deutsches Archivgut untergebracht. In zwei auf Anordnung Görings errichteten Luftschutzbunkern in Bad Wildungen finden u. a. Bilder der Kasseler Wilhelmshöhe, des Landesmuseums Hannover und des Frankfurter Städel Zuflucht.

Im Rheinland dient die „Bleibergmine" bei Mechernich, in Westfalen das Kupferbergwerk unter der Stadt Siegen als Auslagerungsort. Dort liegen Museumsbestände aus Bonn, Köln, Wuppertal, Essen und Münster sowie Kirchenschätze aus dem Rheinland und aus Metz. Da es sich nicht um eine trockene Salzmine handelt, muß das Depot permanent durch die Abluft einer darüberliegenden Fabrik beheizt und belüftet werden. Als ein Luftangriff im März 1945 deren Betrieb lahmlegt, fangen die Kunstwerke in der Mine an zu modern. Die Museen der Hansestadt Hamburg verfügen in den Hochbunkern auf dem Heiliggeistfeld über sichere Abstellflächen mitten in der Stadt. Weiter im Osten, verstaut die Dresdner Gemäldegalerie dreihundert ihrer berühmtesten Bilder – darunter Raffaels Sixtinische Madonna – in einem Eisenbahntunnel bei Pirna.

In Berlin als der ehemaligen Hauptstadt Preußens und des Deutschen Kaiserreichs sind in allen Bereichen der Kunst- und Naturgeschichte zum Teil international einzigartige Sammlungen entstanden.[34] Die Sammlungen für Islamische, Indische und Ostasiatische Kunst, das Ägyptische und das Antikenmuseum, das Schloßmuseum, die Museen für Vor- und Frühgeschichte und für Völkerkunde, das Kaiser Friedrich-Museum und die Nationalgalerie – jedes für sich ausgestattet mit einer erstklassigen Fachbibliothek und mit der Berliner Kunstbibliothek zur gemeinsamen Benutzung. Das ungeheure Volumen dieser Sammlungen findet erst 1944/45 Schutz in der hessischen Saline Ransbach und im thüringischen Merkers (wo auch die aus ganz Europa zusammengerafften Gold- und Devisenreserven der Reichsbank lagern), in der Saline Schönebeck bei Magdeburg und in dem verworrenen Gängesystem des Steinsalzbergwerks von Grasleben im Braunschweiger Land, wo außerdem die Archive aus Polen und dem deutschen Osten konzentriert sind.

Neben einer unterirdischen Munitionsfabrik sind im Bergwerk Bernterode im Thüringer Wald sämtliche Symbole des Aufstiegs und Ruhms Preußens in einen Seitenraum eingemauert: aus den Hohenzollernschlössern in Berlin und Potsdam ca. 200 Gemälde und die Bibliotheken Friedrichs des Großen, aus der Potsdamer Garnisonskirche die Särge des Monarchen und seines Vaters Friedrich Wilhelm des I., die preußischen Kroninsignien und 225 Traditionsfahnen der preußischen Armee, aus dem Tannenbergdenkmal die sterblichen Überreste Generalfeldmarschalls Hindenburg und seiner Frau. Auch die beiden Cranach-Gemälde der Uffizien, die Alexander Langsdorff ohne Wissen der italienischen Kollegen im Juli 1944 aus ihrem Depot bei Florenz entwendet hat, sind Teil dieses gespenstischen Arrangements. Irgendjemand hat mit Kreide an die Wand geschrieben „DIE LETZTEN MOHIKANER". Die Staatsbibliothek Berlin wird im hessischen Ransbach ausgelagert, in Volpriehausen die Bibliothek der Universität Göttingen. Die besten Schaustücke allerdings deponieren die Direktoren der vierzehn Berliner Museen vorerst in den bombensicheren Flaktürmen am Zoo und am Friedrichshain sowie im Tresor der Neuen Münze.

Erst als der deutschen Führung im Frühjahr 1945 eine Karte in die Hände fällt, der die vorgesehene Einteilung Deutschlands in verschiedene Besatzungszonen zu entnehmen ist, erteilt Hitler am 6. März den Befehl, auch diese wertvollsten Teile der preußischen Kunstsammlungen aus der Sicherheit der Berliner Flaktürme in den Westen zu schaffen. Die Transporte sind durch Tieffliegerangriffe bedroht und werden von den Direktoren der betroffenen Museen, denen mehr am Erhalt als am Besitz dieser Gegenstände liegt, fast einhellig abgelehnt. Aber den Russen soll nichts in die Hände fallen.

Gerade im deutschen Osten, wohin viele Museen auf Weisung Robert Hieckes, des Konservators der Kunstdenkmäler beim Reichsministerium für Wissenschaft, Erziehung und Volksbildung, ihre Sammlungen ausgelagert haben, sind die Transporte immer wieder hinausgezögert worden. Angesichts des Näherrükkens der Front wollte man jeden Eindruck von Defätismus vermeiden. So geraten die Transporte schließlich in den Strom der zurückflutenden Truppen und der Flüchtlingstrecks – und in den eisigen kontinentalen Winter. Über schlechte Wege und durch brennende Städte holpern die notdürftig verpackten Kunstwerke in Richtung Westen, jeder Transport ein Geheimauftrag. Wertvolles verbrennt, anderes bleibt am Wegesrand liegen. Was die neue Unterkunft erreicht, wird bald wieder in Bewegung gesetzt.

Der Provinzkonservator von Niederschlesien, Günther Grundmann, hat über einen dieser Transporte Tagebuch geführt[35]: Noch in den letzten Januartagen 1945 – das rechte Oderufer der Stadt Breslau ist bereits geräumt – unternimmt er den Versuch, ausgewählte Objekte aus Schlössern und Landsitzen vor den russischen Truppen in den Westen zu retten: Nach Muhrau hat Ostminister Hans Frank Gemälde und Tapisserien aus seinen Residenzen auf dem Krakauer Wawel und im Schloß Kressendorf evakuiert. Darunter befinden sich auch Canalettos barocke Stadtansichten aus dem zerstörten Warschauer Stadtschloß.

Nach Schloß Fischbach hat die Großherzoglich Hessische Familie die „Madonna des Bürgermeisters Meyer" von Hans Holbein dem Jüngeren ausgelagert, ein von Hitler verehrtes Bild, um das sich Hans Posse vergeblich bemüht hat. In Lobris lagert Adolf Menzels „Die Huldigung der schlesischen Stände“, in der Breslauer Stadtbibliothek die Bilderhandschrift des Meisters Froissart und im Denkmalamt das heute in Marburg verwahrte Fotoarchiv schlesischer Baudenkmäler – unverzichtbar für einen späteren Wiederaufbau. Das Gefecht ist bereits in Hörweite, als Konservator Grundmann zu einer rastlosen Irrfahrt über die verschneiten Dörfer aufbricht. Was er noch retten kann, trägt er zunächst in Hirschberg zusammen, doch vieles, wie der Nachlaß des Malers Hans Thoma in Schloß Oberquell, liegt bereits unerreichbar hinter der Frontlinie. Frühmorgens am 13. Februar kann sich Grundmann einer Transportkolonne in den Westen anschließen. Vieles muß er preisgeben, um die vielleicht letzte Chance zur Rettung des bereits Zusammengetragenen nicht verstreichen zu lassen. Die Wehrmacht stellt ihm einen großen offenen Lastwagen zur Verfügung mit einem ebenso offenen Anhänger. Am dritten Fahrtag läßt sich schließlich im sächsischen Herrnhut eine Abdeckplane zum Schutz gegen den anhaltenden Regen auftreiben. Dann geht es weiter, vorbei an dem erst wenige Tage zuvor zerbombten Dresden, in Richtung Bayern. Zwei Wochen nach Abfahrt, am 26. Februar, erreicht die Kolonne Coburg, wo die schlesischen Schätze zusammen mit ihrem Hüter im Schloß Callenberg ein vorläufiges Quartier finden.

Die Beute Hitlers und Görings wird in den Alpen konzentriert, wo eine letzte Festung für die NS-Führung entstehen soll. Was für die Sammlung Linz ausgewählt war, kommt in einen 500 Jahre alten Salzstollen oberhalb von Bad Aussee bei Salzburg.[36] Von Februar 1944 an starten die Lastwagen vom Münchner Führerbau und schlängeln sich über Serpentinen in den Ort hinauf. Das „Depot Dora“ liegt zwei Kilometer tief im Berg und ist nur durch einen einzigen niedrigen Tunnel zugänglich.

Als das Kriegsgeschehen nach dreizehn Monaten die Auslagerung unterbricht, ist nur die Hälfte des für 14 000 Objekte ausgelegten Raumes ausgefüllt. In Holzregalen gestapelt, lagern hier 6755 alte Gemälde, von denen 5350 für Linz vorgesehen sind, außerdem Zeichnungen, Drucke, Gobelins, Skulpturen und zahllose wertvolle Möbel, 119 Bücherschränke aus Hitlers Bibliothek in Berlin und 237 Schränke für die Bücherei Linz, dazu der Genter Altar der Gebrüder van Eyck und der Löwener Abendmahlsaltar des Dieric Bouts, Michelangelos Brügger Madonna, die Rothschildjuwelen und jene fünfzehn Museumskisten aus Neapel, die die Division Hermann Göring nach Karinhall entführt hatte.

Göring läßt seine Sammlung erst im letzten Moment nach Süddeutschland evakuieren.[37] Sie umfaßt bei Ende des Krieges 1375 Gemälde, 250 Skulpturen, 108 Tapisserien, 75 Glasfenster sowie 175 kunstgewerbliche Objekte. Weil der vorgesehene Bunker am Berchtesgadener Obersalzberg noch im Bau ist, bringen die beiden Bahntransporte, die Karinhall in der ersten Februarwoche und am 13. März verlassen, zunächst nur kleinere Gemälde in die verwinkelte Festung Veldenstein. Als am 13. April die restliche Habe Karinhall verläßt, wird auch in Veldenstein wieder eingeladen. Die beiden Fuhren werden in Bad Reichenhall zu einem Zug von elf Waggons vereinigt, der vom 16. April an in einem Tunnel bei Berchtesgaden die Fertigstellung des Bunkers abwartet. Um die Sammlung nicht aus den Augen zu verlieren, bezieht Direktor Hofer einen der Waggons als Wohnung.

Seiner Sammlung folgend verläßt nun Göring selber die Reichshauptstadt, um sich um seine Schätze zu kümmern und von den Alpen aus die Geschicke des Reiches in die Hand zu nehmen. Am Abend des 23. April fragt er von Berchtesgaden aus telegraphisch in der Reichskanzlei an, ob mit Hitlers Entschluß, in Berlin zu bleiben, nun das Gesetz in Kraft trete, das dem Reichsmarschall die Nachfolge überträgt. Hitler, der sechs Tage später seinem Leben ein Ende setzen wird, gerät in Rage. Noch am selben Abend läßt er den Reichsmarschall gefangensetzen.

Der seiner Freiheit beraubte Göring ordnet aus seinem Gefängnis heraus an, die Waggons in den noch immer nicht ganz fertiggestellten Stabsbunker zu entladen, der für andere Zwecke nun sicher nicht mehr gebraucht wird. Obwohl Hofer, um Platz zu sparen, die Gemälde aus ihren Kisten nehmen läßt, ist der noch zementfeuchte Bunker bald voll. Als auch in einem benachbarten Krämerladen kein Platz mehr ist, werden die noch unentladenen Waggons sechs Kilometer weiter in einem Tunnel bei Unterstein abgestellt, die drei Wagen mit Möbeln, Bibliothek und Archiv bleiben in Berchtesgaden.

Was erhoffen sich die Führer des Dritten Reiches von dieser Konzentration europäischer Kulturgüter im Alpenraum? Glauben sie, den Westmächten mit ihrer Zerstörung drohen zu können oder sollen diese Güter zu einem letzten Handel taugen? Sowohl Hermann Göring als auch Heinrich Himmler versuchen im April auf eigene Faust mit den Westmächten in Verhandlungen einzutreten. Hitler läßt sie sofort ihrer Ämter entheben und gefangensetzen.

Himmlers Vertrautem, SS-General Karl Wolff, dem Militärgouverneur für Italien, gelingt die Kontaktaufnahme. Vom März 1945 an führt er in Bern Verhandlungen mit dem amerikanischen Geheimdienst OSS.*[38] Hier wird der italienische Separatfriede vom 3. Mai vorbereitet. Washingtoner OSS-Akten dokumentieren, daß sich am 12. April auch Hitlers offizieller Nachfolger als Oberbefehlshaber der Streitkräfte, Marineadmiral Karl Dönitz, für 24 Stunden in Bern aufhält.[39] Noch am selben Abend trifft er im Berliner Führerbunker mit Hitler zusammen. Hier bricht Dönitz' Originaltagebuch ab. Die anschließenden Fotokopien berichten wenig glaubhaft, daß es in dem Gespräch mit Hitler um die Bewaffnung der deutschen Handelsmarine gegangen sei.[40] Mit welcher Mission hat ihn der Führer nach Bern geschickt?

Am 19. März erteilt Hitler seinen „Nero-Befehl": „... alle militärischen Verkehrs-, Nachrichten-, Industrie- und Versorgungsanlagen sowie Sachwerte innerhalb des Reichsgebietes, die sich der Feind für die Fortsetzung seines Kampfes irgendwie sofort oder in absehbarer Zeit nutzbar machen kann, (sind) zu zerstören."

Der Befehl, der nur noch im Ruhrgebiet vereinzelt zur Ausführung gelangt, folgt einer – ins Monströse gesteigerten – militärischen Logik. Aber er ist kein Befehl zur Auslöschung Deutschlands und seiner Kultur, sicherlich nicht seiner Kunstschätze, denen in den Tagen vor seinem Ende noch einmal Hitlers ganze Aufmerksamkeit gilt. Immer wieder brütet er, im Führerbunker eingeschlossen, über den Plänen für seine Idealstadt Linz, gerade so als fände er darin Trost für den verlorenen Traum einer idealen Weltordnung. Über die Bilder in Alt Aussee schreibt er im privaten Teil seines Testaments: „Ich habe meine Gemälde in den von mir im Laufe der Jahre angekauften Sammlungen niemals für private Zwecke, sondern stets nur für den Ausbau einer Galerie in meiner

* OSS = Office of Strategic Services

Heimatstadt Linz an der Donau gesammelt. Daß dieses Vermächtnis vollzogen wird, wäre mein herzlichster Wunsch."[41]

Bereits in der ersten Aprilwoche hat Hitler dem für Alt Aussee zuständigen Gauleiter von Oberdonau, August Eichgruber, den Befehl übermitteln lassen, die Schätze in Alt Aussee dürften weder den geringsten Schaden nehmen, noch in Feindeshand geraten. Der ratlose Eichgruber sieht aber keine realistische Möglichkeit, die Kunstwerke dem Zugriff der Alliierten zu entziehen, ohne sie gleichzeitig zu zerstören. In Erwartung weiterer Befehle aus Berlin bereitet er alles für eine eventuelle Sprengung vor.[42] Am 10., 13. und 30. April läßt er insgesamt acht 100-Kilogramm-Bomben nach Alt Aussee bringen und in Kisten mit der Aufschrift „MARMOR – NICHT STÜRZEN" in den Depoträumen installieren.

Eine Verschwörung unter Beteiligung von Restaurator Karl Sieber, die bald die ganze Bergmannschaft umfaßt, bringt die Bomben aber rechtzeitig aus dem Bergwerk heraus und verschüttet am Morgen des 5. Mai durch wohldosierte Munitionsexplosionen die Zugänge zu den Depoträumen, ohne daß die Sammlung dabei Schaden nimmt. Als Gauleiter Eichgruber am 5. Mai selbst in Alt Aussee eintrifft, ist seine Absicht unwiderruflich vereitelt: Die Bomben liegen, weit entfernt von den verstürzten Lagerräumen, im Wald. Drei Tage später trifft eine Vorhut der Dritten US-Armee ein.

So überstehen die beweglichen Kunstschätze Europas im Gewahrsam ihrer unterirdischen Auslagerungsstätten zum ganz überwiegenden Teil den Untergang des Dritten Reichs. Unwiderbringlich verloren aber ist die deutsche Kulturlandschaft, sind die mittelalterlichen Fachwerkstädte – darunter das alte Braunschweig.

„Die Kommission amerikanischer Kunstexperten in Italien ... besteht größtenteils aus den jüdischen Einkäufern New Yorker und Londoner Kunsthäuser."

(Propagandameldung der Reichsrundfunkgesellschaft, Januar 1944)[43]

2. Monuments, Fine Arts & Archives – Kunsthistoriker in Uniform

Amerika im Dezember 1941: der japanische Angriff auf Pearl Harbor hat das Land über Nacht in einen Zweifrontenkrieg gegen die Dreipaktmächte Japan, Deutschland und Italien verwickelt. In den Küstenstädten stellt man sich auf Luftangriffe ein. Wohnungen werden verdunkelt, Museen verlagern ihre wertvollsten Objekte ins Binnenland. George Stout, Bilderrestaurator am Fogg Art Museum der Harvard-Universität, findet keinen Trost in Feindbildern und Siegeszuversicht. Seine Sorge gilt den künstlerischen Zeugnissen der menschlichen Zivilisation, deren Zerbrechlichkeit ihm im täglichen Umgang immer wieder vor Augen tritt und die in den Augen der Welt – wie es später heißen wird – all das symbolisieren, wofür Amerika kämpft. Stout drängt es an die Front – dorthin, wo die Dinge, denen er sein Leben widmet, seiner Hilfe am meisten bedürfen. Sein Traum von einem „Roten Kreuz für die Kunst" bringt eine Entwicklung ins Rollen, an deren Ende die wissenschaftlich fundierte Kunstschutzorganisation der alliierten Streitkräfte steht – mit George Stout in der ersten Reihe, in Europa wie in Südostasien.

Der Plan scheint zunächst unrealisierbar. Die amerikanische Öffentlichkeit reagiert allergisch auf jegliche Überlegung, die den aufgezwungenen Krieg noch komplizieren und verlängern könnte. Doch der gesellschaftlich einflußreiche Direktor des Fogg Art Museums, Paul Sachs, begeistert sich für den Plan und entwikkelt eine Strategie, ihn gegen alle Widerstände politisch durchzusetzen.[43a] Als erstes mobilisiert er ein Unterstützerkomitee, dem neben den prominentesten Exponenten der amerikanischen Kunstgeschichte und Archäologie (Charles Morey, Gründer des Princeton Index for Christian Art, und William Dinsmoor, Präsident des Archäologenverbandes) auch die Direktoren der beiden führenden Museen des Landes angehören (Francis Henry Taylor vom New Yorker Metropolitan Museum und David Finley von der Washingtoner National Gallery), außerdem der Erzbischof von New York, Francis Spellman, und der oberste Verfassungsrichter der Vereinigten Staaten, Harlan F. Stone.

Stone wird dazu auserkoren, den Plan in einem sorgfältig formulierten Brief vom 8. Dezember 1942 Präsident Roosevelt zu präsentieren: Die zu schaffende Organisation soll sich im Auftrag der amerikanischen Regierung für den Erhalt von Kunstwerken, historischen und künstlerischen Monumenten sowie Archiven in Europa einsetzen und vor allem einen Beitrag zur Rückführung von den Nazis geraubten Kunstguts an seine rechtmäßigen Eigentümer leisten. Der letzte Punkt zielt auf die Unterstützung der einflußreichen amerikanischen Juden.

Roosevelt, selber Harvard-Absolvent und Angehöriger des europaorientierten East-Coast-Establishments, ist schnell gewonnen. Aber wie werden der Generalstab, der Kongreß und die Öffentlichkeit auf den Plan reagieren? Zunächst einmal wird geprüft. Ganze acht Monate lang. Am 20. August 1943, vierzig Tage nach der Landung in Sizilien, ruft der Präsident dann die „Kommission zum Schutz und zur Rettung künstlerischer und historischer Monumente in Europa" ins Leben – nach ihrem Vorsitzenden Owen J. Roberts, dem Nachfolger des erkrankten Verfassungsrichters Stone, kurz *Roberts Commission* genannt. Damit tritt das Unterstützerkomitee in den Rang einer Regierungsagentur mit Sitz in der National Gallery.*

Für eine gezielte Kunstschutzoperation in Sizilien ist es natürlich zu spät, aber zum Glück sind die Leute um Paul Sachs in der Zwischenzeit nicht untätig gewesen. Sachs selber hält an der Militärakademie in Charlottesville/Virginia, wo das Personal für die Militärverwaltung der besetzten Gebiete trainiert wird, Lichtbildervorträge über die Bedeutung des Kunstschutzes, und seit dem

* Mitglieder sind einschließlich der bereits genannten:
1. Vors. Owen J. Roberts (Präsident der Supreme Court), 2. Vors. David E. Finley (Direktor der National Gallery, Washington D.C.); Secretary Huntington Cairns (Vorsitzender der American Association of Learned Societies), William Bell Dinsmoor (Präsident des Archäologenverbandes); Herbert H. Lehman (United Nations Relief- and Habilitation Administration), Paul J. Sachs (Direktor des Fogg Art Museum, Harvard University), Francis Cardinal Spellman (Erzbischof von New York), Francis Henry Taylor (Direktor des Metropolitan Museum, New York)[44]

7. Juni 1943 ist der Harvard-Altphilologe Mason Hammond als Kunstberater im Hauptquartier der Invasionstruppen in Chrea/ Algerien, akkreditiert.

Außerdem haben zahlreiche Privatinitiativen in Amerika damit begonnen, Handbücher, Denkmallisten und Spezialkarten anzufertigen, die der geplanten Kunstschutztruppe zur Orientierung im Feld dienen sollen. Am 20. März 1943 konstituiert sich am kunsthistorischen Institut von Harvard die *American Defense – Harvard Group*, eine Gruppe oftmals jüdischstämmiger Emigranten und Flüchtlinge aus Europa. Sie erstellen in ehrenamtlicher Arbeit Handbücher über den Aufbau der Denkmalpflege und Listen mit den baulichen Monumenten ihrer Heimatländer. Die über hundert Schreibmaschinenseiten starke *List of Monuments in Germany* kompiliert der deutsche Kunsthistoriker Wilhelm Köhler, der als Spezialist für Buchmalerei seit 1934 einen Lehrstuhl in Harvard bekleidet, als Auszug aus Baedeker-Führern und aus Georg Dehios *Handbuch der Kunstdenkmäler Deutschlands.* Im Laufe des Jahres 1943 werden außerdem Listen für folgende europäische Länder erstellt:[45]

Land:	**Liste von:**
Albanien	Ernst Kitzinger
Belgien/Luxemburg	Jakob Rosenberg
Bulgarien	Ernst Kitzinger
Tschechoslowakei	Eva und Otto Benesch
Dänemark	Harald Ingholt
Deutschland	Wilhelm Köhler
Frankreich	Georges Wildenstein / Kenneth J. Conant
Griechenland	Charles Alexander Robinson
Holland	Jakob Rosenberg
Italien	Doro Levi
Jugoslawien	Ernst Kitzinger
Norwegen	Sigrid Undset
Österreich	Otto Benesch
Rumänien	Milton v. Anastos
Ungarn	Margaret Ames
Tunesien	Margaret Ames / Wilhelm Köhler

Daneben entstehen einige kürzere Listen für die Staaten im japanischen Machtbereich:

Indochina	Olov R. T. Janse
Niederl. Ost-Indien	Robert Heine-Geldern
China	Langdon Warner
Japan	Langdon Warner
Thailand	Langdon Warner
Korea	unsigniert
Philippinen	unsigniert

Unterdessen hat die Rockefeller-Stiftung in New York einen Arbeitsstab ins Leben gerufen, der die in Harvard aufgelisteten Monumente auf Landkarten überträgt. Rein technisch wird hierzu auf die üblichen Armeekarten von Landschaften und Städten eine transparente Folie gelegt, darauf werden dann die Markierungen und Beschriftungen vorgenommen und das Ganze anschließend fotografiert. Nach dieser Methode entstehen insgesamt 786 merkwürdig unscharfe Landkarten von Europa und Südostasien und werden, nach Ländern geordnet, zu Atlanten gebunden. Die Frick Art Reference Library am Central Park bietet hierfür mit ihren Nachschlagewerken und dem großen Renaissance-Lesesaal die idealen Arbeitsbedingungen. Bis zum Abschluß des Projekts im Januar 1944 bleibt sie für den Publikumsverkehr geschlossen. Nur die Deutschlandkarten werden mit Rücksicht auf die antideutschen Gefühle der Hausherrin Mrs. Frick im Blumenthalhaus, einem Gebäude des Metropolitan-Museums, angefertigt.

Doch für die Landung der anglo-amerikanischen Truppen in Sizilien kommen sowohl Karten wie Listen zu spät, um noch sinnvoll eingesetzt zu werden. Von wem auch? Die Militärverwaltung mit Sitz in Palermo verfügt mit Mason Hammond lediglich über einen einzigen zivilen Kunstberater, der voll und ganz damit ausgelastet ist, die von der Luftwaffe bei der Landung in Palermo angerichteten Verwüstungen zu registrieren und der italienischen Denkmalpflege wieder auf die Beine zu helfen.

Zuallererst müssen die stockenden Gehaltszahlungen an Konservatoren und Museumsleute wieder in Gang gebracht werden.[46] Nach Sanktionierung der *Roberts Commission* durch Präsident Roosevelt verbessert sich die Situation für Mason Hammond. Er erhält Verstärkung durch vier weitere amerikanische Kunstexperten, und auch die Briten stellen ihm mit Captain Maxse, Captain Baillie-Reynolds und Captain Croft-Murray einige Mitarbeiter zur Seite. Gemeinsam veranlassen sie die Reparatur von insgesamt 172 Gebäuden. Ende März 1944 rücken sie dann nach Kalabrien vor und übergeben die Insel wieder ganz der italienischen Verwaltung.

Sir Leonard Woolley, Verantwortlicher für den Kriegskunstschutz im Londoner War Office, gibt später unumwunden zu, „daß uns die Amerikaner in dieser Phase erheblich voraus waren. Anfang November hatten sie zehn Offiziere im Feld, wir dagegen nur zwei und einen Dritten, der noch auf dem Wege war“.[47]

Aber man hatte bei dieser verspäteten Operation auch vieles falsch gemacht. Am deprimierendsten war die Einsicht, daß die Zerstörung von allein sechzig Kirchen in der Altstadt von Palermo durchaus hätte verhindert werden können, wären die Piloten nur mit präziseren Luftkarten ausgestattet worden. Hierzu mußten die gerade erst aus Amerika eingetroffenen *Frick maps* auf Luftaufnahmen übertragen werden.

Noch im Oktober 1943 beauftragt deshalb der Oberbefehlshaber der Luftflotte Mittelmeer, Sir Arthur Tedder, den Piloten und Kunstkenner Christopher Norris mit der Organisation dieser Arbeit.[48] Norris, der in Deutschland studiert hat und von 1946 bis 1951 den Kunstschutz in der britischen Besatzungszone leiten wird, war erst im Frühjahr bei der Bombardierung von Lübeck eingesetzt worden – einer Stadt, die er vor dem Krieg gekannt und geliebt hatte und die selber zerstört zu haben ihm als bleibendes Trauma nachhängt. Dankbar für die Gelegenheit, sein Gewissen zu beruhigen, entstehen bis Februar 1944 unter seiner Ägide 79 *Tedder maps* italienischer Städte, die in der Folge manchen historischen Stadtkern vor der Zerstörung bewahren. Auch in Deutschland ist z. B. der Erhalt des Aachener Münsters und des Mainzer Domes, die inmitten von Trümmerfeldern als einzige unbeschädigt stehen bleiben, einem gezielten *Pin Point Bombing* à la Tedder zu verdanken.

Ein weiterer, grundlegender Fehler nicht nur der sizilianischen, sondern der ganzen italienischen Operation bestand darin, daß die Kunstschutzspezialisten ausschließlich als zivile Berater bei der Militärverwaltung angesiedelt waren. Um zu verhindern,

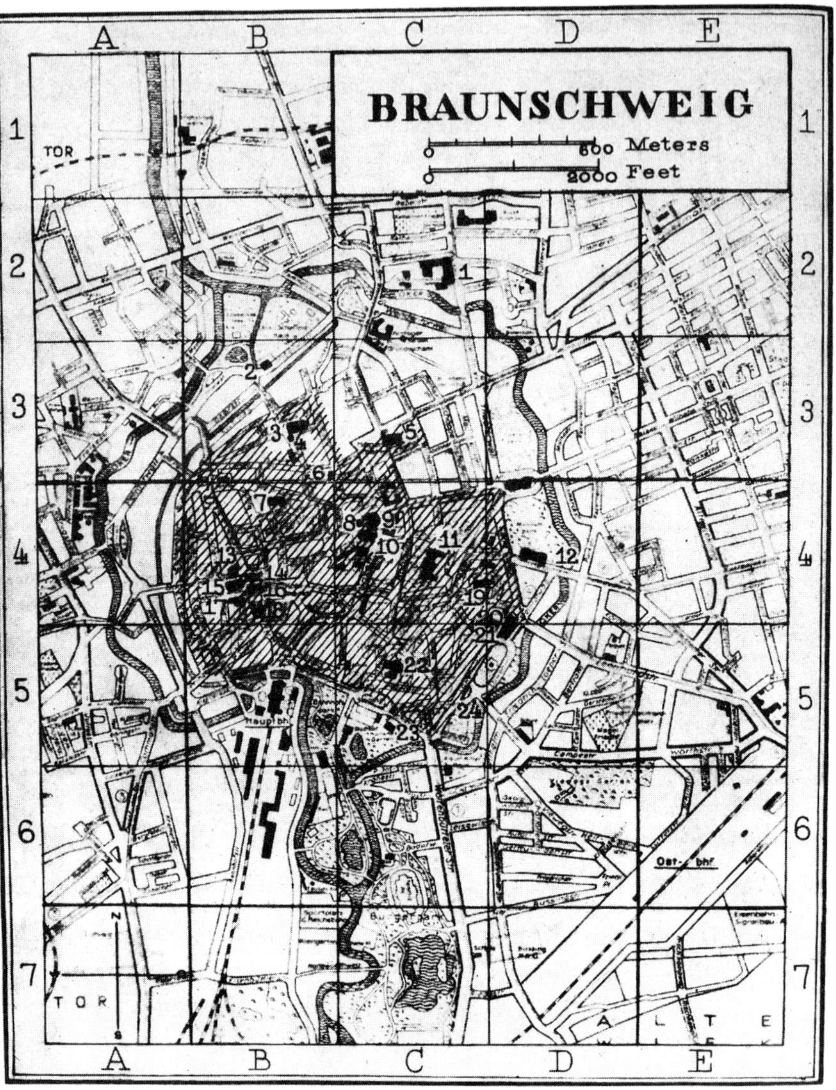

Stadtplan von Braunschweig – Auszug aus dem „FRICK ATLAS FOR GERMANY", dem 1943/44 von der New Yorker Frick-Foundation unter Beteiligung im Exil lebender deutscher Kunsthistoriker erstellten Verzeichnis erstrangiger Kunstdenkmäler, das amerikanischen wie britischen Kunstschutzoffizieren in Deutschland zur Orientierung diente (mit Genehmigung der National Archives, Washington)

BRAUNSCHWEIG, GERMANY (FREE STATE OF BRAUNSCHWEIG)

2C-1	Bücherei der Technischen Hochschule Carola-Wilhelmina (Library of the School of Technology); 131,300 volumes.	Pockelstrasse 4.
3B-2 (Location uncertain	*Hausmann'sche Dürersammlung; private collection of drawings and prints by Albrecht Dürer.	Inselwall 13.
3B-3	Andreas-Kirche, 12th-14th centuries; carved reliefs on exterior; tomb monuments.	Wollmarkt.
3B-4	Stadtwage or Alte Waage (old weigh house), 1534.	Alte Waage.
3C-5	Katharinen-Kirche, 13th-14th centuries; sculptured decoration on exterior; 16th-17th century tombstones.	Hagenmarkt.
3B-6	Neustadt-Rathaus, 1299; completely remodeled 1773; 15th century wooden ceiling; fireplace, 1571.	Langestrasse.
4B-7	Fransiskaner-Kirche, or Brüdern-Kirche, 14th-15th centuries; sculpture; church furniture; late Gothic font, 1450; Renaissance railing; carved altarpiece, 15th century; choir stalls.	Hintern Brüdernschild.
4C-8	**Löwenmonument (Lion monument), bronze, ca. 1166.	Burgplatz, north of the Dom.
4C-9	Burg Dankwarderode (castle), ca. 1175; erected by Henry the Lion; entirely renewed.	Burgplatz.
4C-10	***Dom S. Blasius (cathedral), 1173-95; first large vaulted structure in Lower Saxony; crypt; 14th-15th century additions; *wall paintings, 1220-50, restored; sculpture: Crucifixus, 1194; tomb monument of Henry the Lion and his wife, 13th century; seven-branched candlestick.	Burgplatz.
4C-11	Naturhistorisches Museum (Museum of Natural History), formerly and presumably still located in the Residenzschloss, now a school for SS training.	Residenz Schloss, Schlossplatz.
4D-12	***Herzog Anton-Ulrich-Museum (or Landesmuseum); collection of classical and mediaeval antiquities; ***Picture Gallery: Rembrandt, Vermeer, Rubens, Van Dyck, etc.; *collection of Italian majolica and Limoges enamels.	Museumstrasse 1.
4B-13	**Altstadt-Rathaus, 14th-15th centuries; the "Dornse" (great hall); roof of painted beams; statues on exterior, ca. 1455.	Altstadtmarkt.
4B-14	Altstadtmarkt-Brunnen (fountain), 1408.	Altstadtmarkt.
4B-15	*Martini-Kirche, 12th-14th centuries; 14th century sculptured decoration on exterior; 16th-18th century church furniture.	An der Martini-Kirche.
4B-16	Gewandhaus (storehouse of the Cloth Merchants Guild), 14th-15th centuries; east gable, 1591.	Altstadtmarkt.
4B-17	Landschaftshaus, 1794-99.	An der Martini-Kirche.
4B-18	Gymnasium (former Martins-Schule, high school), 1592.	Bankplatz.
4C/D-19	Magni-Kirche, 11th-13th centuries.	Magnikirchstrasse.
4/5D-20	Städtisches Museum (Municipal Museum); collection of prehistoric and local antiquities; folklore.	Steintorwall 14.
5D-21	*Stadtarchiv; city archives from 1031; ca. 3,000 documents on parchment.	Steintorwall 15.
	*Stadtbibliothek; ca. 78,000 volumes; 418 incunabula; ca. 1300 mss.	Steintorwall 15.
5C-22	*Vaterländisches Museum; in the former Ägidien-Kirche, 13th-15th centuries; late 12th century cloister buildings; collection of uniforms, weapons, coins; collections pertaining to the history of the city.	Lessingplatz 2.
5C-23 (location uncertain)	Haus "Salve Hospes" (former private residence, now a museum administered by the Städtisches Museum), classicist, 1805; rooms decorated in various styles; prehistoric antiquities.	Siegesplatz 5.
In hatched region 3/4/5 B/C/D-24	Old houses: Braunschweig is very rich in splendid examples of old houses, dating from the 15th century to the early 19th century. The finest groups are to be seen in the vicinity of the Ägidienmarkt, between the Radeklint and the Wollmarkt, and west of the Altstadtmarkt. Whole blocks of houses and streets throughout the town have preserved their mediaeval character. They are not individually located on the map or listed.	

daß historische Bauten oder sogar Museen (wie das Museo Nazionale in Neapel) durch militärische Belegung Schaden nehmen, mußte der Kunstschutz auch bei den operativen Einheiten vertreten sein. Und zwar nicht durch weltfremde Ästheten, sondern durch Leute, die sich bei den Soldaten Respekt zu verschaffen wissen.

All dies soll besser gemacht werden, als die vereinigten angloamerikanischen Expeditionsstreitkräfte *(Allied Expeditionary Forces)* unter dem Oberbefehl General Dwight D. Eisenhowers Ende 1943 mit den Vorbereitungen für eine Landung auf dem Kontinent beginnen. Die Streitkräfte werden von vornherein mit einer vollmilitärischen Kunstschutzorganisation ausgestattet.[49] Anders als in Italien, steht sie dieses Mal unter der Leitung eines Engländers, das Personal setzt sich je zur Hälfte aus Briten und aus Amerikanern zusammen.

Mit Aufbau und Leitung dieser Organisation zum Schutz von *Monuments, Fine Arts and Archives* – kurz MFA&A genannt – wird der britische Architekturhistoriker Geoffrey Webb betraut, der Amerikaner Calvin Hathaway, Kustos am New Yorker Cooper-Hewitt-Museum, zu seinem Stellvertreter ernannt. Im März 1944 zieht sich die noch kleine Gruppe designierter Kunstschutzoffiziere zur Klausur in das westenglische Shrivenham zurück. Die Teilnehmer sind auf britischer Seite neben Geoffrey Webb die von der Front zurückbeorderten Kunstgelehrten Aeneas McDonnell, Douglas Cooper und Ellis Waterhouse, außerdem der aus Sizilien zurückgekehrte P. K. Baillie-Reynolds.

Auf amerikanischer Seite stehen Calvin Hathaway, der Bildhauer Walker Hancock und der aus Italien zurückgekehrte Altphilologe Mason Hammond. Im Lichte der von Mason Hammond und Baillie-Reynolds vorgetragenen Erfahrungen aus der Kunstschutzoperation in Sizilien werden administrative Entscheidungen getroffen. Die Offiziere einigen sich darauf, keine Zivilisten zuzulassen und vor allem keine Individuen, die in irgendeiner Weise Verbindungen zum Kunsthandel unterhalten. Zur Vorbereitung auf die verschiedenen Einsatzgebiete teilen sie sich in *Country Units* für Frankreich (McDonnell, Hathaway), Holland, Belgien/Luxemburg (Baillie-Reynolds) und natürlich für Deutschland (Hammond, Cooper, Hancock) ein, deren erste Aufgabe darin besteht, die etwas pompös geratenen Harvard-Listen zu den handlicheren, für den täglichen Gebrauch im Feld besser geeigneten SHAEF*-Listen zurechtzustutzen. Schließlich formulieren Walker Hancock und Geoffrey Webb in Shrivenham jenen eindringlichen Appell, mit dem General Eisenhower den Kunstschutz am 26. Mai 1944 zu einem hochrangigen, alle Einheiten betreffenden Anliegen der alliierten Kriegführung erklären wird:

> „Schon bald werden wir uns einen Weg über den europäischen Kontinent bahnen – in Schlachten, deren Sinn darin besteht, unsere Zivilisation zu bewahren. Wir werden dabei unvermeidlich auf historische Monumente und auf kulturelle Zentren stoßen, die in den Augen der Welt all das symbolisieren, für dessen Erhalt wir kämpfen. Es ist Aufgabe jedes einzelnen Kommandanten, diese Symbole nach Möglichkeit zu respektieren und zu schützen."[49a]

Genau elf Tage nach dieser Erklärung landen britische, kanadische und amerikanische Truppen an der normannischen Küste. Noch bevor nach zähen, verlustreichen Stellungsgefechten der Ausbruch aus dem schmalen Brückenkopf gelingt, schickt Webb eine „Speerspitze" ins Feld: Zwei Briten und einen Amerikaner mit den anglo-kanadischen Verbänden unter General Montgomery, zwei Amerikaner und einen Briten mit den Amerikanern unter General Bradley.

Personal des alliierten Kriegskunstschutzes in Frankreich[50]

Mit den Briten unter Feldmarschall Montgomery

Zweite Britische Armee:	US Captain Bancel La Farge (Architekt)
Erste Kanadische Armee:	GB Captain Ronald Balfour (King's College, Cambridge)
Verbindungsoffizier:	GB Major the Lord Methuen (Kunstgelehrter)

Mit den Amerikanern unter General Bradley

Erste US-Armee:	US Lieutenant George Stout (Restaurator, Harvard)

* SHAEF = *Supreme Headquarters Allied Expeditionary Forces*

Erste US-Armee:	GB Luftwaffenmajor J. E. Dixon-Spain
Dritte US-Armee:	US Captain Robert Posey (Architekt)

Im September bekommt die Gruppe Verstärkung durch

US Captain Ralph Hammett
(Architekturprofessor)
US Lieutenant James Rorimer
(Metropolitan Museum,
nach dem Krieg dessen Direktor)

sowie durch die Offiziere vom *French Country Unit*, die in Versailles, ab November dann in Barbizon ihr Hauptquartier aufschlagen:

US Captain Walker Hancock
(Bildhauer)
GB Lt. Colonel Aeneas McDonell
(australischer Kunstgelehrter)

Diese zehn hochqualifizierten Offiziere, die im zivilen Leben als Professoren, Direktoren und Architekten über gut ausgestattete Büros verfügen, sind für ihre immense Aufgabe mehr als ungenügend ausgestattet. Voneinander isoliert, ohne Fotoapparat, Schreibmaschine oder eigenes Fahrzeug führen sie eine Art Pfadfinderexistenz. Auf Schritt und Tritt sind sie auf die Hilfe ignoranter Militärs angewiesen, müssen erklären, wer sie sind, was sie wollen und was das Ganze eigentlich soll. Verzweifelt über die Unmöglichkeit, ihrer Aufgabe unter den gegebenen Umständen gerecht zu werden, richten sie ihre Wut gegen Geoffrey Webb und die miserable englische Organisation: „Einem Offizier eine ganze Region zu unterstellen", zürnt Major Balfour in einem seiner Frontberichte, „und dann von ihm zu erwarten, daß er sich per Autostopp fortbewegt, ist nicht nur lächerlich, sondern vermittelt den (lokalen) Autoritäten den deutlichen und womöglich zutreffenden Eindruck, daß uns ihre Monumente überhaupt nicht interessieren."[51]

Man hat sie hergeschickt, um sämtliche auf der SHAEF-Liste aufgeführten Bauwerke zu inspizieren – aber wie sollen sie überhaupt dorthin gelangen? Bietet sich schließlich eine Mitfahrgele-

Dieses Schild bringt der britische Kunstschutzoffizier Robert L. Charles am 19. September 1945 vor dem Schlößchen Richmond bei Braunschweig an. Es ist in der rechten unteren Ecke von ihm unterzeichnet

genheit, so stellt sich nicht selten heraus, daß die Reise überflüssig war, weil schon ein Kollege den Ort besucht hat. (Schließlich gelingt es den Offizieren im Feld, untereinander ein Nachrichtensystem auszuarbeiten, um solche Pannen zu vermeiden.) Außerdem sollen sie verhindern, daß historische Bauwerke von Truppen belegt werden.

Mit Rücksicht auf Bedenken der französischen Exilregierung in London, die Alliierten könnten sich in Frankreich wie eine neue Besatzungsmacht gebärden, verfügen sie aber nicht einmal über gedruckte Plakate, die den Zutritt verbieten.[52] Jedes Schild wird dilettantisch zurechtgebastelt und anschließend von den Truppen – wie in Mont-Saint-Michel – womöglich ignoriert. Doch auch hier wissen die Offiziere sich zu helfen: Weißes Klebeband, das Zeichen für unentschärfte Minen, erweist sich als das wirksamste Mittel, ein Gebäude OFF LIMITS zu setzen. Schließlich werden doch Schilder gedruckt.

Es kommt einem Wunder gleich, daß die MFA & A-Offiziere unter diesen sich im Laufe der Operation nicht grundsätzlich ändernden Bedingungen bis zum 1. Dezember 1944 in ihrem von Tag zu Tag größer werdenden Arbeitsgebiet 1240 Bauwerke,

Museen und Archive in 597 Städten inspizieren.[53] Ihre Berichte senden sie an das *French Country Unit* in Barbizon, Durchschläge gehen an Webbs *Rear Headquarters* in London sowie an die beiden Büros der *Roberts Commission* in London und in Washington, wo umfangreiche Archive entstehen und die Publikation von Schadensbilanzen für die einzelnen Länder vorbereitet wird. Die Frontoffiziere müssen sich im wesentlichen darauf beschränken, an den beschädigten Monumenten Sicherungsmaßnahmen vorzunehmen und dem französischen Denkmalschutz als Verbindungsoffiziere zu dienen.

In Paris werden James Rorimer und Aeneas McDonnell erstmals mit Ausmaß und Systematik der Kunstplünderung durch die deutschen Besatzer konfrontiert. Mademoiselle Rose Valland, die all die Jahre über als Spitzel im Musée du Jeu de Paume gearbeitet hat und in ihrer Dachkammer an der Sorbonne Kästen mit Fotos des E.R.R.-Personals und der deportierten Objekte verwahrt, weiß von den Depots in Neuschwanstein, in Herrenchiemsee und in Buxheim.[54] Doch die unscheinbare Frau, die in den Jahren ihres Doppellebens zur Kettenraucherin geworden ist, traut den Amerikanern nicht. Zu sehr hat bei ihr die deutsche Propaganda verfangen, die Amerikaner seien nur eine weitere Besatzungsmacht und ihre Kunstschützer Ankäufer für den Kunsthandel. Dagegen steht ihre Angst, die SS könnte die Kunstwerke noch im letzten Moment vernichten, wenn nicht die Invasionstruppen als erstes die Depots unter ihre Kontrolle bringen.

Schließlich ringt sie sich um die Weihnachtszeit 1944 dazu durch, ihr Material James Rorimer anzuvertrauen.[55] Bei Sekt und Kerzenlicht erzählt sie ihm von den Ausstellungen für Göring und von den Transporten ins Reich und charakterisiert die Mitarbeiter des Einsatzstabs Rosenberg. Rorimer weiß jetzt, wonach er zu suchen hat, aber bevor sich die Amerikaner den Weg ins Voralpenland bahnen, sollen noch vier Monate vergehen. Auch in Washington und in London hat man unterdessen begonnen, Informationen über den deutschen Kunstraub in den besetzten Ländern zu sammeln. Auf Vorschlag der *Roberts Commission* richtet das *Office of Strategic Services* (OSS), die Vorläuferorganisation des Geheimdienstes CIA, im November 1944 ein *Art Looting Investigation Unit* (ALIU) unter Leitung des Bostoner Museumsmanns James Plaut ein.[56] Im Januar 1945 eröffnet das ALIU ein Büro in

London, wo Douglas Cooper vom *German Country Unit* bereits ähnliche Recherchen aufgenommen hat.

Man hat erkannt, daß mit der bevorstehenden Invasion Deutschlands zusätzliche, grundlegend andere Aufgaben auf die MFA & A-Offiziere zukommen. Es ist durchgesickert, daß die Nazis ihre Schätze unter der Erde versteckt haben. Deren Vernichtung als Teil einer durchinszenierten Götterdämmerung, ihre Plünderung durch elf Millionen plötzlich befreite Zwangsarbeiter, ihre Preisgabe an die Zerstörungskräfte der Natur waren realistische Szenarien, die das Aufspüren der Depots zu einem Wettlauf mit der Zeit machten. Das Schlüsselwort war Information – über Depots von Kunst- und Archivgut, über Kunstraubpraktiken, über Geschädigte und Akteure. Anders als im befreiten Europa, schien es durchaus zweifelhaft, ob man auf die Mitarbeit der örtlichen Museumsleute und Denkmalschützer setzen konnte, die ideologisch durchtränkt und teilweise selber am Kunstraub in den besetzten Ländern beteiligt waren. Man wollte wissen, mit wem man es jeweils zu tun hatte.

In einem absurden Wettstreit, der der Eitelkeit Douglas Coopers zuzuschreiben ist, legen dieser und das ALIU in ihren Londoner Büros unabhängig voneinander Dateien an über etwa 2000 Mitarbeiter deutscher Denkmalämter, über Museen, Archive und Bibliotheken sowie über Auslagerungsstätten der deutschen Museen und der Nazi-Kunstrauborganisationen.

Cooper präsentiert im Dezember 1944 als erster eine „Weiße Liste" deutschen Kunstpersonals. Am 23. Dezember und am 11. Mai folgen immer detailliertere, darauf aufbauende amerikanische Listen.[57] Insgesamt vier Auflagen erlebt die Liste der Kunstgutlager in Deutschland. Die erste Fassung wird von Cooper im Dezember 1944, die letzte, basierend auf ALIU-Informationen und ersten Inspektionsberichten aus Deutschland, im Juni 1945 vom Londoner Hauptquartier vorgelegt.[58]

Eine im April 1944 berufene Archivschutzgruppe aus Mitarbeitern des Londoner *Public Record Office* und der *Washington National Archives* erstellt gleichzeitig Listen sämtlicher Archive Nordwest- und Südwestdeutschlands, außerdem eine Liste der Archive im Großraum Berlin. Personal- wie Depotliste gehören in den folgenden Monaten ebenso selbstverständlich zur Ausrüstung der Kunstschutzoffiziere wie die SHAEF-Monumentenliste und die *Frick maps*. Die Archivliste für den Großraum Berlin gerät in die falschen Hände. Sie wird in 10 000 Exemplaren „zur Verteilung an alle Offiziersränge bis zum Oberstleutnant" gedruckt und anschließend nicht mehr gesehen.

Douglas Cooper arbeitet weiterhin als Ein-Mann-Agentur. Im Februar reist er in die Schweiz, um auf den Kunstmarkt gelangter Nazibeute nachzuspüren, und im Mai verhört er als erster – dieses Mal im Auftrage der ALIU – die im Internierungslager Ghedi bei Brescia internierten Mitarbeiter des deutschen Kunstschutzes für Italien. Von beiden Reisen kehrt er mit sprachlich wie inhaltlich brillanten Untersuchungsberichten zurück.[59] Doch auch in diesem Bereich wird die Arbeit Coopers vom ALIU weitergeführt. (Nach dem Krieg wird er gegen James Plaut einen Prozeß wegen Plünderung geistigen Eigentums anstrengen.)

Zu einem Durchbruch in der Erforschung des nationalsozialistischen Kunstraubs kommt es, als James Rorimer am 2. Mai 1945 die ihm von Rose Valland als E.R.R.-Depot bezeichnete Kartause von Buxheim besucht[60], wo er nicht nur eine Reihe hochwertiger Gemälde anfindet, sondern zwei wichtige Mitarbeiter des Rosenbergstabes, Bruno Lohse und Günther Schiedlausky, antrifft. Diese haben in Eigeninitiative das gesamte Archiv des Einsatzstabes aus dem österreichischen Kogl nach Neuschwanstein gebracht und somit vermutlich vor der Zerstörung durch SS-Leute bewahrt. Sie überreichen Rorimer den gut dreißigseitigen Abschlußbericht des E.R.R. vom 14. Juni 1944 – eine Zusammenfassung vierjähriger Raubzüge in Frankreich unter Nennung von Namen und mit anliegender Korrespondenz Hitlers, Görings und Rosenbergs.

Rorimer, der die Brisanz dieser Dokumente sofort erkennt, telegrafiert den Text am folgenden Morgen nach Washington, von wo er umgehend an das ALIU weitergeleitet wird. James Plaut setzt die einundzwanzig erwähnten Namen aus Politik, Kunsthandel und Einsatzstab Rosenberg unverzüglich auf eine Fahndungsliste und erlebt zum eigenen Erstaunen, daß 18 von ihnen im Laufe einer einzigen Woche sich entweder stellen oder in der Nähe der Kunstgutdepots angetroffen werden. Zwei weitere, Baron Kurt von Behr und Hermann Bunjes, haben sich das Leben genommen, nur Gerhard Utikal wird erst 1947 gefaßt. Plaut macht sich mit seinen beiden Mitarbeitern Lane Faison und Theodore Rousseau unverzüglich auf den Weg an die deutsch-österreichische Grenze, wo sie am 10. Juni gemeinsam mit ihren Gefangenen eine Mädchenschule in Alt Aussee beziehen. Lane Faison erinnert sich 1986 in einer Vorlesung[61]:

„... wir genossen ungekannte Bewegungsfreiheit, hatten einen Jeep, ein wundervolles Sommerhaus an einem schönen österreichischen See in der Nähe der bedeutendsten der Salzminen. Den ganzen Sommer lang verhörten wir Nazipersonal, unsere Gefangenen, und im Herbst lieferten wir unsere Berichte bei den zuständigen Kammern des Nürnberger Gerichtshofes ab ...
Man brachte uns fuhrenweise Akten, die sich oftmals als Duplikate erwiesen – Ergebnis des Nazi-Lasters, unterzeichete Durchschläge zu versenden. Aber die schiere Menge trug doch dazu bei, Lücken zu füllen, die hier und da durch Verluste entstanden waren. Deutsche Kunstarbeiter – nicht alle von ihnen Nazis – waren unsere ‚Gäste' – jeweils drei oder vier zur Zeit. Sie durften nicht miteinander sprechen. Chefübersetzerin für die Dokumente war Gisela Limberger, Familiensekretärin der Görings in Karinhall, außerhalb von Berlin. Da sie selber kein Nazi war, hatte sie mit militärischen und politischen Angelegenheiten nichts zu tun, aber eine ihrer Pflichten war es gewesen, die gigantische Göring-Sammlung zu registrieren. Als demütige Verehrerin ihres Dienstherrn wurde sie im Laufe der Durchsicht der Dokumente, die wir ihr gaben, immer desillusionierter. Ich schrieb nach Hause zu Jodie, daß ich ihr unsere Kinder anvertrauen würde, und Jodie war davon überzeugt, daß ich verführt worden war. Als wir fünf Jahre später nach München kamen und Jodie und Gisela Limberger sich begegneten, gab sie mir recht."

Aus der ungeheuren Informationsflut, die die drei Amerikaner, assistiert von Görings Sekretärin, in den drei Monaten vom 10. Juni bis zum 15. September bewältigen, entstehen dreizehn *Detailed Interrogation Reports* über die einzelnen Akteure, sowie drei *Consolidated Interrogation Reports* über die Aktivitäten des Einsatzstabs Rosenberg (vorgelegt am 15. August 1945 von James Plaut), über die Sammlung Göring (vorgelegt am 15. September 1945 von Theodore Rousseau) und über Hitlers Linz-Projekt (vorgelegt am 15. Dezember 1945 von Lane Faison). Diesen

Von den 21 vom ALIU gesuchten Personen werden in Alt Aussee verhört[62]:	*Detailed Interrogation Report,* vorgelegt am:
1. Rose Bauer	(Teil des Mühlmann-Berichts)
2. Walter Bornheim, E.R.R.	15. September 1945
3. Ernst Buchner	31. Juli 1945
4. Maria Dietrich	(Teil des Linz-Berichts)
5. Karl Haberstock, Kunsthändler	1. Mai 1946
6. Walter Andreas Hofer	15. September 1945
7. Heinrich Hoffmann, Kunsthändler	1. Juli 1945
8. Karl Kress	15. August 1945
9. Gisela Limberger	15. September 1945
10. Bruno Lohse	15. August 1945
11. Alois Miedl, Kunsthändler	13. Februar 1945
12. Kajetan Mühlmann, Kunsthändler	(später in Holland publiziert)
13. Gustav Rochlitz, Kunsthändler	15. August 1945
14. Günther Schiedlausky, E.R.R.	15. August 1945
15. Robert Scholz, E.R.R.	15. August 1945
16. Hermann Voss	15. September 1945

Zwei Mitarbeiter des E.R.R. in Paris entziehen sich durch Selbstmord:

17. Baron Kurt von Behr, E.R.R.
18. Hermann Bunjes

19. Hermann Göring, zerbeißt am 15. Oktober 1946 in seiner Zelle eine Giftkapsel.
20. Alfred Rosenberg, wird am 16. Oktober 1946 gehängt.

21. Gerhard Utikal wird erst 1947 gefaßt.

Berichten verdanken wir 90 Prozent unseres heutigen Wissens über den nationalsozialistischen Kunstraub. (Umgekehrt liegen Ereignisse, über die damals nichts ermittelt werden konnte, bis heute im Dunkeln – z. B. die Tätigkeit des E.R.R. in Osteuropa und in den Benelux-Ländern.) Am 18. Dezember 1945 wird der Bericht über den E.R.R. im Nürnberger Prozeß gegen Alfred Rosenberg ausführlich von der Anklage zitiert und Rosenberg anschließend zum Tod durch den Strang verurteilt[63].

Doch als James Rorimer in Paris mit Rose Valland 1944 Weihnachten feiert, ahnt noch keiner, wann die Festung Deutschland fallen und ob von den Kunstschätzen dann noch etwas übrig sein würde. General Eisenhower hatte Montgomerys Plan, noch im Herbst 1944 mit vereinten Kräften das Ruhrgebiet einzunehmen, verworfen und statt dessen angeordnet, die deutschen Truppen auf breiter Front an den Rhein zurückzudrängen. Seit Oktober 1944 halten die Alliierten Aachen, aber der Winter vergeht mit einer deutschen Gegenoffensive in den Ardennen.

Erst nach verlustreichen Gefechten um die Stadt Kleve, bei denen der britische Kunstschutzoffizier Ronald Balfour noch am selben Tag durch eine Granate getötet wird*, ziehen sich die deutschen Truppen am 10. März 1945 ganz vom linken Rheinufer zurück und sprengen hinter sich sämtliche Brücken. So gelingt Montgomery erst zwei Wochen später, am 24./25. März, die Flußüberquerung bei Wesel. Von dort drängt er an der Nordflanke des Ruhrgebiets über das Münsterland und Hannover zur Elbe, um noch vor den Russen die Ostsee und Mecklenburg zu erreichen. Für den gefallenen Ronald Balfour begleitet der junge britische Kunstschutzoffizier Felix Harbord die Truppen auf ihrem Weg nach Norden. Harbord hatte noch im Januar auf einer Schulung in Eastbourne tiefe Befriedigung beim Überflug der britischen Bombengeschwader in Richtung Deutschland empfunden[64]:

> „Endlich konnten wir ihnen heimzahlen, was sie uns angetan hatten, und wir hörten mit großer Genugtuung, daß Hamburg wenig mehr als ein Trümmerfeld und das Ruhrgebiet vollkommen verwüstet war."

* Ende April verliert noch ein weiterer Kunstschutzoffizier sein Leben. Der amerikanische Architekturprofessor Walter Huchthausen wird auf der Autobahn in der Nähe von Aachen aus einem Hinterhalt in seinem Jeep erschossen.

Jetzt, da er mit den Truppen durch zerschossene Dörfer und Städte zieht, wandelt sich seine Sicht:

„Als der Konvoi in dem kleinen Ort Bocholt halt machte, traf ich die Stadtarchivarin beim Auffischen alter Handschriften in einem knöcheltief überfluteten Keller an. Sie war voll Wut und Verzweiflung, und zum ersten Mal empfand ich Ekel vor der Zerstörung all dieser Dinge, in denen sich menschliches Genie und Unsterblichkeit offenbaren. Mit Tränen in den Augen schrie sie mich an: ‚Warum habt ihr uns das angetan!' und wollte nicht begreifen, daß wir ebenso gelitten und die Nazis mit allem angefangen hatten. Ich überließ ihr einige Freiwillige zum Auffischen der Bände ..."

Trotz des offiziellen Plünderungsverbots kommt es in den ersten Tagen nach dem Einmarsch zu erheblichen Ausfällen einzelner Truppenteile. Es ist ein pikantes Detail, daß Feldmarschall Montgomery für die Rheinüberquerung und den anschließenden Vorstoß nach Norddeutschland den Tarnnamen *Operation Plunder* (Plünderung) vergibt. Felix Harbord wird wenige Tage nach der Rheinüberquerung auf der Landstraße von einer Frau angehalten, die ihn in perfektem Englisch um Hilfe bittet:

„‚Sie sind ein britischer Offizier. Die Kanadier haben unser Haus besetzt und sind dabei, alles zu zerschlagen, was wir über den Krieg gerettet haben. Sie sagen, das ist die Politik der Besatzer. Was für ein Irrsinn, sich an unschuldigen Kunstwerken zu rächen!' Ich erklärte ihr, daß die Politik der Alliierten genau das Gegenteil von dem sei, was man ihr erzählt hatte. Sie bat mich daraufhin mitzukommen und erzählte, ihr 15jähriger Sohn sei beim Rudern im Burggraben von Tieffliegern erschossen worden, die mutwillig auf ihn gezielt hatten. Ich sagte, daß wir Listen mit den Namen aller bedeutenden Bauwerke hätten und fragte nach ihrem Anwesen. ‚Es ist Schloß Anholt. Ich bin Fürstin Salm Salm.' Sie hatte ich gesucht. Ich überbrachte ihr meine Botschaft von Greta de Merode, und unsere Begegnung nahm eine ungeahnte Wende. Als wir das Schloß erreichten, sahen wir gerade noch den Abzug der mit Bettzeug und Matratzen bepackten Lastwagen. Es war wirklich ein wundervolles Anwesen, umgeben von einem Burggraben, in dem man vor lauter umhertreibenden Bildern, Möbelstücken und sonstigen Gegenständen das Wasser nicht mehr sehen konnte. Die Bausubstanz des Schlosses war durch Bombeneinschlag ernstlich in Mitleidenschaft gezogen. Zum allergrößten Mißfallen des örtlichen Kommandanten veranlaßte ich eine Holzlieferung, um das wunderschöne Gebäude zu retten."

Offenbar kommt Felix Harbord nicht als Fremder nach Deutschland. Durch seine Tätigkeit für den adeligen Sammler Lord Bute war er schon während seines Kunststudiums mit Prinzessin Marie Louise, der Tochter Königin Victorias und Tante Valéry von Arenbergs bekannt geworden. Ausgestattet mit den allerbesten Referenzen, macht er gleich nach Ankunft in Deutschland „Jagd auf Herzöge und königliche Hoheiten"[65] und gewinnt – begünstigt durch seinen Unternehmungsgeist und sein sonniges Temperament – rasch Freunde unter den Salms, den Croys, den Arenbergs und den Welfen, die ihm alle bereitwillig die Sorge um ihre Sammlungen anvertrauen. Eine starke Verbundenheit mit der über die nationalen Grenzen hinweg verschwägerten Aristokratie ist symptomatisch für viele britische Offiziere und trägt zur Vertrauensbildung zwischen Siegern und Besiegten bei.

Während Montgomerys Heeresgruppe weiter nach Norddeutschland marschiert, setzt die 9. US-Armee (Kunstschutzoffizier Lamont Moore) ihren Vormarsch über das Rheinland und Hessen nach Braunschweig und Sachsen fort und nimmt am 12. April die Salinen Schönebeck und Grasleben ein. Weiter südlich stößt die 3. US-Armee unter General Patton (Kunstschutzoffizier Robert Posey) am 4. April auf das Kunst- und Reichsbankdepot in Merkers/Thüringen und bewegt sich anschließend von Norden her nach Nürnberg – die Franzosen von Westen her über Nürnberg – in Richtung auf die deutsch-österreichische Grenze.

Anstelle der gefürchteten „Alpenfestung" finden sie dort die Kunstgutdepots Görings und Hitlers vor. Die 7. US-Armee (Kunstschutzoffizier James Rorimer) erreicht über Baden und Württemberg die Depots des Einsatzstabs Rosenberg im Voralpenland, die 1. US-Armee (Kunstschutzoffizier George Stout) und die 15. US-Armee (Kunstschutzoffizier Everett Leslie) sichern das Ruhrgebiet und Westfalen. Als die Truppenbewegungen zum Stehen kommen, kontrollieren amerikanische Truppen etwa 50 Prozent der Landesfläche und mindestens 80 Prozent des ausgelagerten Kunstguts. Briten und Russen teilen sich den Rest.

Deutschland im Mai 1945

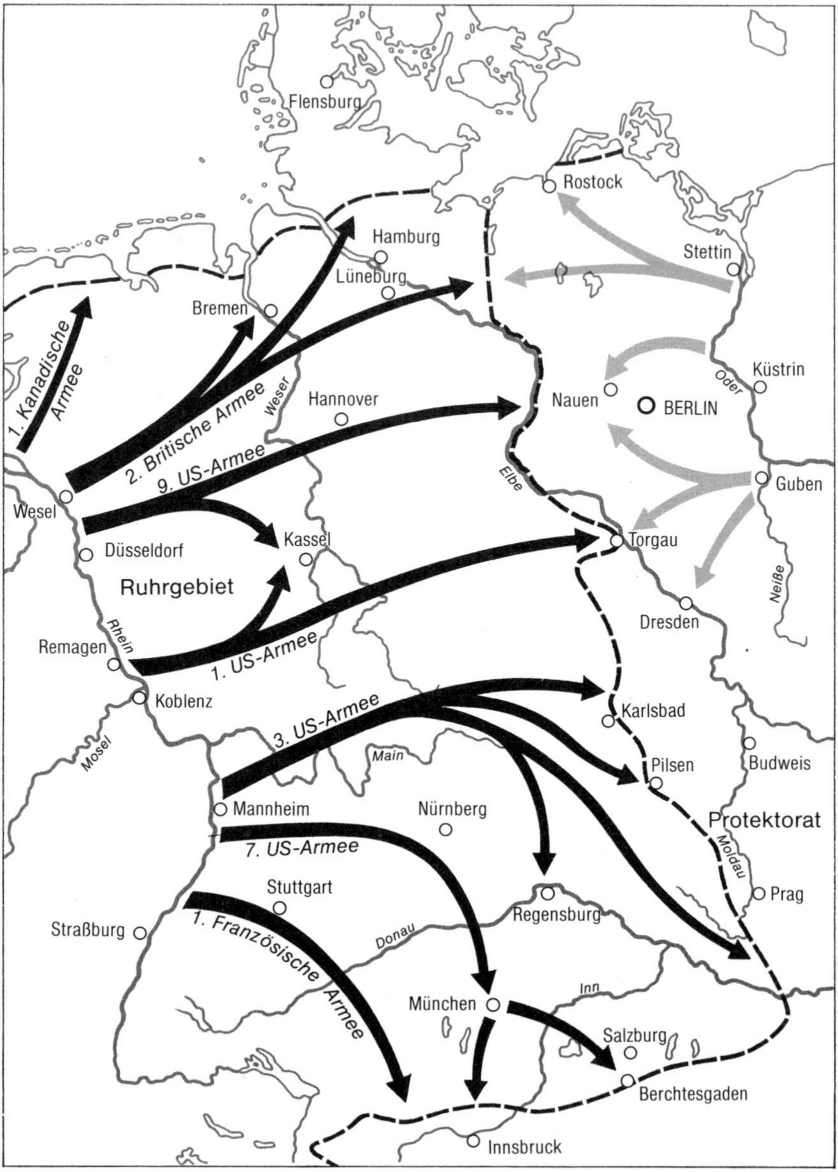

Vorstöße der westlichen Alliierten

Frontverlauf Mai 1945

Vorstöße der Roten Armee

Die Besatzungszonen 1945–1949

Grenze der Besatzungszone

Ländergrenze

⊙ Sitz der Oberbefehlshaber der Besatzungsmächte

o Hauptort der Länder

3. Der Wettlauf um die verborgenen Schätze

Mit der Bezwingung Nazideutschlands haben sich die Gemeinsamkeiten zwischen Ost und West erschöpft. Das Zerbrechen der Allianz, auf das Hitler seine letzten Hoffnungen gesetzt hatte, läßt nach Kriegsende nicht lange auf sich warten. Zwar konnten sich die Alliierten in der *European Advisory Commission* (E.A.C.), ihrem seit Oktober 1943 (seit November 1944 unter Beteiligung Frankreichs) permanent in London tagenden Verhandlungsgremium, über den Verlauf der Zonengrenzen und über die Einrichtung eines gemeinsamen Kontrollrats zur Verwaltung der besetzten Gebiete einigen. Die Frage der Reparationen ist aber – nicht nur was die Kunstwerte anbetrifft – weiterhin ungelöst und muß nun im neu geschaffenen Kontrollrat für Deutschland *(Allied Control Council,* A.C.C.) von den Militärs entschieden werden. Die Verhandlungen werden von den Vertretern der alliierten Restitutionsabteilungen *(Restitution, Delivieries and Reparations,* R.D.R.) in Berlin geführt, denen im Aufbau der amerikanischen – ab Juli 1946 auch der britischen – Militärverwaltung auch der Kunstschutz untersteht. Dabei treffen folgende Positionen aufeinander.*

* In den Londoner Verhandlungen treten die Roberts Commission und die Vaucher Commission (eine von der Konferenz europäischer Bildungsminister im April 1944 ins Leben gerufene Interessenvertretung vor allem der kleineren europäischen Staaten unter Vorsitz des französischen Professors Paul Vaucher) für die Ablösung der kulturellen von den ökonomischen Reparationen und für deren Abwicklung durch ein überzonales Fachgremium ein. Gerade der *Roberts Commission* geht es dabei auch darum, eine kulturelle Ausplünderung Deutschlands durch in ihrer Zone nach Belieben verfahrende Besatzungsmächte zu verhindern. Erst im Mai 1944 ruft Churchill das *MacMillan Committee* als britische Vertretung in der Restitutionsdebatte ins Leben, das wie die *Roberts Commission* eine Ausplünderung Deutschlands unter dem Titel *Replacement-in-Kind* befürchtet. Jede Einigung scheitert an dem permanenten Veto der Sowjetunion.[66]

Restitution: Einig ist man sich grundsätzlich darüber, die während der deutschen Besatzung ins Reich gelangten Objekte – und zwar unterschiedslos, ob einfach geraubt, gekauft, eingetauscht oder geschenkt – baldmöglichst an ihre Herkunftsländer zurückzugeben. Während die Amerikaner aus praktischen Gründen eine zeitliche Befristung der Restitutionsansprüche befürworten, wird dies von den am meisten betroffenen Franzosen und von den kleineren europäischen Staaten abgelehnt.
Replacement-in-Kind: Ferner stimmt man darin überein, daß Deutschland wie nach dem Ersten Weltkrieg für kulturelle Werte, die unter deutscher Besatzung verschwunden oder zerstört worden sind, gegebenenfalls mit eigenen Kulturobjekten bezahlen soll. Während Amerikaner, Briten und Russen diese besondere Art kultureller Reparationen auf herausragende Einzelobjekte beschränken wollen, bestehen die Franzosen und die kleineren europäischen Staaten wiederum auf Ersatz für jedes einzelne abhanden gekommene Objekt.
Reparationen: Während die Sowjetunion sämtliche ihr in die Hände fallenden monetären, industriellen und kulturellen Werte ganz selbstverständlich zu Reparationszwecken beansprucht, sind Briten und Amerikaner an der Wiederherstellung der ökonomischen Überlebensfähigkeit Deutschlands interessiert, um in Mitteleuropa einen Puffer gegen die Westexpansion des sowjetischen Machtbereichs zu schaffen. So verzichten sie auf monetäre Reparationen ganz und beschränken die Industriedemontage auf einzelne Objekte vor allem in der Rüstungsindustrie. Im Gegensatz dazu befürwortet Edward Panley, der Vorsitzende der amerikanischen Delegation bei den Londoner Reparationsverhandlungen, die Heranziehung kultureller Objekte zu Reparationszwecken – eine Position, die auch von General Clay, dem stellvertretenden Militärgouverneur der amerikanischen Besatzungszone, vertreten wird.

Im Wirbel der historischen Entwicklung, die zusehends ins Fahrwasser des Ost-West-Konfliktes gerät, werden Restitution und Reparation schließlich nur auf zonaler Ebene abgewickelt. Das Programm *Replacement-in-Kind* verläuft zur Enttäuschung der Franzosen völlig im Sande.

Die Bedenken vor allem Winston Churchills gegen eine Ausdehnung des sowjetischen Herrschaftsbereichs in Europa sind von Anfang an groß. Entgegen den Londoner Abmachungen ist er zunächst nicht bereit, den strategischen Vorteil, den die Westmächte durch die Besetzung von 75 Prozent des ehemaligen Reichsgebiets errungen haben, wieder aufzugeben und Thüringen, Sachsen und Mecklenburg an die Sowjetunion abzutreten.

Es wird sogar erwogen, die nur teilweise demobilisierten deutsche Truppen als Machtfaktor in die Waagschale zu werfen, um die Russen zurückzudrängen. Aber mit den Amerikanern, die auf sowjetische Hilfe bei der Beendigung des Krieges gegen Japan hoffen, ist eine solche Politik nicht zu machen. Sie wollen nur eines: so schnell wie möglich nach Hause.

Bevor aber die Gebiete am 30. Juni 1945 vereinbarungsgemäß den Russen übergeben werden, sichern sich die Amerikaner und in kleinerem Maßstab auch die Briten die Kontrolle über wertvolles Auslagerungsgut. Am 17. April 1945 geleitet George Stout, der immer zur Organisation großer Transporte herangezogen wird, unter dem Schutz von Infanterie und MG-Trupps eine Kolonne von 29 Zehn-Tonnen-Lastwagen mit den Auslagerungen von fünfzehn Berliner Museen aus der thüringischen Saline Merkers in die Tresorräume des Reichsbankgebäudes in Frankfurt. Die Gold-und Devisenreserven waren bereits am 15. April von dort abtransportiert worden.

Am 12. Mai verläßt ein kleinerer Transport unter Leitung des Kunstschutzoffiziers der 9. US-Armee, Lamont Moore, die Saline Grasleben mit gleichem Ziel. An Bord sind polnische Kirchenschätze sowie Kisten Berliner und Posener Museen. Pikant daran ist, daß Grasleben nicht auf dem Gebiet der späteren russischen, sondern der späteren britischen Zone liegt. Die Briten selber bringen noch in den letzten Junitagen die Archive der baltischen Staaten und Ostpreußens zusammen mit Beständen des Berliner Völkerkundemuseums und der Antikenabteilung aus der Saline Schönebeck in eine Turnhalle in Vienenburg bei Goslar. Gleichzeitig evakuieren sie das Blankenburger Schloß der mit dem britischen Königshaus eng verwandten Welfen samt den dort eingelagerten Braunschweiger Museumsobjekten in die welfische Marienburg bei Hildesheim. Blankenburg als braunschweigische Enklave in Preußen soll sowjetisch besetzt werden.

Eine gemeinsame angloamerikanische Operation unter dem Tarnnamen GOLDCUP beschlagnahmt im Mai die Akten des

Auswärtigen Amtes, des Reichsarchivs, des Reichsgerichtsarchivs und des preußischen Geheimen Staatsarchivs.[67] Diese Dokumente können für das Gelingen der Entnazifizierung, für die Verfolgung von NS-Verbrechen und für eine effektive Militärverwaltung der besetzten Gebiete von ausschlaggebender Bedeutung sein. Sie werden im *Ministerial Collecting Center* Fürstenhagen bei Kassel zusammengetragen und von dort im März 1946 nach Berlin verlegt[68]. Diese Akten bilden den Grundstock für das heute in West-Berlin beheimatete *Berlin Document Center*.

Die Russen realisieren sofort, daß man ihnen übel mitgespielt hat. Bereits Ende Juli legt Stalin Präsident Truman auf der Potsdamer Konferenz eine Liste von 34 Orten in der sowjetischen Zone vor, in denen US-Einheiten Gegenstände von kultureller oder wissenschaftlicher Bedeutung entwendet haben.[69] Die Sowjetunion ist in Reparationsfragen fortan noch weniger nachgiebig als ohnehin schon. Die geringe Anzahl kultureller Objekte, die in ihrer Zone verblieben ist, steht für *Replacement-in-Kind* an Dritte nicht zur Verfügung. Auch den Restitutionsbeauftragten der von Deutschland besetzten Länder wird der Zutritt verwehrt. Industrielle wie kulturelle Güter werden in großem Umfang als Reparationen in die Sowjetunion gebracht – darunter vollständige Sammlungen wie das Grüne Gewölbe des Dresdner Zwingers und sogar ein Architekturmonument wie der Pergamonaltar, der schon für die Einlagerung in den Flakturm Zoo von den Deutschen in seine Einzelteile zerlegt worden war und nun die lange Reise in den Osten antritt.

Die erste Sorge der Amerikaner gilt den in den Alpen verborgenen Sammlungen Hitlers und Görings sowie den großen Kunstgutdepots des Einsatzstabs Reichsleiter Rosenberg im Voralpenland. Die Verlagerungspolitik der Nationalsozialisten hat Amerika dazu bestimmt, die Nazibeute zu bergen, zu identifizieren und unter den kritischen Augen der Welt an ihre Herkunftsländer zurückzugeben.

Am einfachsten ist die Prozedur in Tirol, wo Bilder und Plastiken der Florentiner Museen nach dem Separatfrieden von Caserta am 5. Mai von der Wehrmacht offiziell an die US-Streitkräfte übergeben werden. Am 20. Juli treten sie, sorgfältig verpackt, in dreizehn Güterwaggons von Bozen aus ihre Rückreise nach Florenz an, wo sie mit großem Jubel empfangen werden.

Neuschwanstein: James Rorimer (links) und ein Wachmann inspizieren Juwelen und Tabakdosen aus der Sammlung Maurice de Rothschild

In Süddeutschland werden als erstes die Depots des E.R.R. von der 7. US-Armee eingenommen.[70] Von Rose Valland mit Hinweisen gespickt, „entdeckt" Kunstschutzoffizier James Rorimer am 2. Mai die Kartause von Buxheim, zwei Tage darauf Neuschwanstein und am 6. Mai Herrenchiemsee. Alle drei Lagerstätten sind trocken und wohlgeordnet, und zu Rorimers Verblüffung findet sich sogar die vollständige Objektkartei an. Vorerst genügt es, hier amerikanische Wachmannschaften zu installieren. Nur das E.R.R.-Depot im Kloster Hohenfurt an der österreichisch-tschechischen Grenze wird vor Übergabe der Gebiete an die Russen nach München evakuiert.

Alt Aussee wird am späten Nachmittag des 8. Mai von einem Voraustrupp der 3. US-Armee eingenommen.[71] Vor seinem Selbstmord hatte E.R.R.-Mitarbeiter Hermann Bunjes den Amerikanern in Trier einen Tip gegeben. So bemühen sie sich, diesen Ort vor den von Osten anrückenden Russen zu erreichen, um „die Stadt einzunehmen und die Kronjuwelen zu holen" – so der Wortlaut des Tagesbefehls. Als sich herausstellt, daß der Berg mehr birgt als versprochen, wird Verstärkung angefordert.

Am 12. Mai treffen die Kunstschutzoffiziere Robert Posey und Lincoln Kirstein ein, beginnen das Geröll aus den gesprengten Zugängen zu entfernen und können am 17. erstmals die Depoträume inspizieren. Die Bergung erfolgt mit Lastwagen, die in Konvois zu je sechs Fahrzeugen jedesmal eine schwierige Bergstrecke zu überwinden haben, bevor sie in Salzburg die Autobahn nach München erreichen – eine Angstpartie, die sich über zweieinhalb Monate bis Ende Juni hinzieht. Die von Hitlers Galeriedirektor Heinrich Voss geführte Kartei des Führermuseums Linz ist in der sowjetischen Zone in Dresden nicht zugänglich.

Erst am 14. Mai läßt sich Hermann Göring, der auch in der Haft seine tägliche Morphiumdosis erhält, in einer durchzechten Nacht Hinweise auf den Standort seiner Sammlung abringen. Es ist jenes denkwürdige Interview, in dem Göring noch einmal ins Schwelgen gerät über Aufstieg, Glanz und Machtfülle seines großen Lebens und nicht ohne Überzeugungskraft resümiert: „Ich bin nun mal ein Renaissancetyp!“[72] Als James Rorimer und Calvin Hathaway am nächsten Morgen in Berchtesgaden eintreffen, werden sie von Galeriedirektor Walter Andreas Hofer, der bei der Sammlung ausgeharrt hat, zu den verschiedenen Depots geführt: Die Eisenbahnwaggons im Tunnel von Unterstein und von Berchtesgaden sind nacheinander von französischen und von amerikanischen Soldaten durchwühlt worden, einige Leinwände sind von Maschinengewehrfeuer durchsiebt. Am schlechtesten ist der Zustand der Bilder, Tapisserien und Bücher im feuchten Stabsbunker, die Hofer, um Platz zu sparen, bei der überstürzten Einlagerung aus ihren Rahmen und Verpackungen herausnehmen ließ. Kunstsschutzoffizier Thomas Howe:

> „Allein die Gemälde füllten vierzig Räume. Vier Räume und ein breiter Korridor im Untergeschoß waren mit Skulpturen vollgestopft. In wieder einem anderen Raum stapelten sich die Teppiche, zwei weitere Räume enthielten Hunderte von leeren Rahmen. Es gab ein ‚Gold-Zimmer‘, wo Gegenstände mit hohem Materialwert unter Verschluß gehalten wurden, und außerdem drei weitere Räume in denen Fässer, Truhen und Porzellankisten keinen Platz mehr ließen. Ein größerer Raum war ein Meer von Büchern und Zeitschriften, insgesamt elftausend. Eine kleine Kapelle auf dem Gelände war zum Überlaufen mit erlesensten italienischen Renaissancemöbeln ange-

füllt. ... Die Sachen waren zwar um ein Vielfaches besser zugänglich als die in der Mine von Alt Aussee, aber dieser Vorteil wurde weitgehend dadurch wieder ausgeglichen, daß sie alle lose waren und Teil für Teil neu verpackt werden mußten."[73]

Triefend vor Nässe, zum Teil abgeschürft und mit Ansätzen von Schimmelpilz, läßt Rorimer die Sachen provisorisch in ein Kurhotel in Untersberg bringen, wo sich im Laufe der kommenden Tage so etwas wie eine armeeinterne Göringausstellung ereignet. Die spektakuläre Figur des Reichsmarschalls weckt unter den Soldaten ein sonst ungewohntes Kunstinteresse. Die vollständige Objektkartei, nach der Hofer in den geplünderten Eisenbahnwaggons vergeblich gesucht hat, kehrt einige Wochen später aus Paris zurück. Französische Soldaten hatten sie vor Eintreffen des amerikanischen Kunstschutzes beschlagnahmt.

So können die Amerikaner Mitte Mai nicht nur die gesamte Nazi-Beute, sondern auch ein Großteil der zugehörigen Karteien unter ihre Kontrolle bringen, in denen Vorbesitzer, Herkunftsort und Transportdatum penibel festgehalten sind. Da auch die Ermittlungen des *Art Looting Investigation Unit* über Umfang und Methoden des deutschen Kunstraubs rasch vorankommen, verspricht die Rückführung des europäischen Kulturbesitzes zu einem Erfolg zu werden.

Abgewickelt wird sie im *Central Fine Arts Collecting Point München.* Kunstschutzoffizier Craig Hugh Smyth, der 1942 die ausgelagerten Gemälde der Washingtoner National Gallery in North Carolina betreut hatte, wählt als Standort für den *Collecting Point* das ehemalige Verwaltungsgebäude der NSDAP am Münchner Königsplatz.[74] Das 1934/35 von dem NS-Architekten Paul Troost errichtete Gebäude ist das Pendant des gegenüber liegenden „Führerbaus", den Hitlers Linz-Sammlung vor ihrer Überführung nach Alt Aussee schon einmal durchlaufen hat. Es ist selber von Bombentreffern verschont geblieben, aber die Fenster sind vom Luftdruck geborsten und müssen ersetzt werden. Das Gebäude wird durch eine Stacheldrahtbarriere abgeriegelt und von einer Wachmannschaft gesichert, dann können die ersten Konvois eintreffen.

Bereits Ende Oktober 1945 sind hier 13619 Objekte aus 38 Depots registriert, obwohl die Beute des Einsatzstabs Rosenberg noch zum großen Teil in Neuschwanstein und in Herrenchiemsee lagert. Dreiviertel der Gegenstände stammen aus Alt Aussee, Berchtesgaden und Kloster Hohenfurt, aber auch einige Gegenstände aus bayrischem Besitz, wie die Bilder der Alten Pinakothek, deren Gebäude ausgebombt ist, werden hier verwahrt. Das doppelt unterkellerte Gebäude vermag erstaunliche Mengen von Gegenständen aufzunehmen, dann muß der *Collecting Point* auf den gegenüber liegenden „Führerbau" ausgedehnt werden, der mit dem Verwaltungsbau durch einen unterirdischen Gang verbunden ist.

Im September 1945 beziehen die Rückführungsbeauftragten Frankreichs, Italiens, Hollands, Belgiens, Polens, der Tschechoslowakei und der Sowjetunion im *Collecting Point* ihre Büros.* Im Auftrage der französischen Regierung erscheint auch Mademoiselle Valland, um die Gegenstände, die sie im Jeu de Paume bei ihrer Abfahrt registriert hatte, wieder zu identifizieren.

Nach Ländern geordnet, werden die Objekte über die Räume des *Collecting Point* verteilt und mit den Rückforderungslisten der nationalen Restitutionsbeauftragten abgeglichen. Allein die französischen Verlustmeldungen füllen sieben telefonbuchstarke Bände.

Im *Collecting Point* kommt es zu einer schubhaften Bestandserhöhung, als die amerikanische Militärregierung im April 1946 eine Meldepflicht für Kunstgegenstände und Bibliotheken erläßt, die während des Krieges aus dem besetzten Ausland nach Deutschland gelangt sind. Insgesamt werden über 24 000 Meldungen registriert. Auch das polnische Kulturgut, das der Provinzialkonservator von Niederschlesien, Günther Grundmann, Anfang 1945 vor den russischen Truppen aus dem schlesischen Örtchen Muhrau nach Coburg rettete, wird von dieser Regelung erfaßt. Der polnische Rückführungsbeauftragte Karol Estreicher stellt bei der

* Restitutionsbeauftragte am Collecting Point München:[75]

Frankreich:	Hubert Conte de Brye, Pierre Duchartres, Marcelle Minet (Bearbeiter: Bock von Wölfingen)
Niederlande:	Alphonse Vorenkamp (Bearbeiter: Willibald Birkmeyer)
Belgien:	Jean Lemaire, zeitweise: Paul Coremans
Polen:	Karol Estreicher
Tschechoslowakei:	Erik Winkler (Bearbeiter: Thomas Muchall-Viebrock)
Jugoslawien:	Mate Topic
Sowjetunion:	Victor Lazareff
Italien:	Rodolfo Soviero

Bergung verschleppten französischen Kunstbesitzes aus Neuschwanstein

Übergabe im Februar 1947 klar, daß Grundmann die Canalettos aus dem Warschauer Schloß und die Tapisserien vom Krakauer Wawel nicht geraubt, sondern im Gegenteil für Polen gerettet hat – kaum eines der Depots östlich von Berlin hat die Kampfphase unbeschadet überstanden.

Zuerst werden nur einzelne, symbolträchtige Gegenstände an ihre Herkunftsländer restituiert.[76] Den Anfang macht der Genter Altar der Gebrüder van Eyck, der schon so oft als politisches Symbol kreuz und quer durch Europa verschoben wurde. Am 21. August 1945 wird er per Flugzeug nach Brüssel überführt, dort von Fachleuten auf seinen Erhaltungszustand hin überprüft und am 3. September im Beisein des Premierministers und des Bischofs von Gent dem Prinzregenten im Königspalast übergeben.

Wenig später kehrt auch Michelangelos Madonna in die Kathedrale von Brügge zurück und am 25. Oktober werden 634 noch unberührte Kisten mit französischer Beute des E.R.R. auf 18 Güterwaggons direkt aus Neuschwanstein nach Paris zurückgeschickt.

Eine Woche später, am 4. November treten die gotischen Fenster des Straßburger Münsters in 73 Kisten aus dem Bergwerk

Schloß Neuschwanstein: Abtransport der Nazi-Beute

Kochendorf ihre Heimreise an. Unter großer Anteilnahme der Bevölkerung wird ihre Rückkehr vom Bischof mit einer Messe begangen. Wegen der schlechten Straßenverhältnisse kehrt der Krakauer Marienaltar erst im März 1946 nach Polen zurück. Die Restitution der vielen kleineren Objekte erfolgt grundsätzlich nicht an Privatpersonen, sondern an die zuständigen Regierungen. Bis zur Übergabe des *Collecting Points* an die deutschen Behörden am 30. November 1949 können rund 90 Prozent der unter ca. 50 000 Katalognummern registrierten Objekte an ihre Herkunftsländer zurückgegeben werden. Zuvor wird jedes einzelne auf Karteikarten verzeichnet und von Otto Felbermeier fotografisch festgehalten. (Die Negative werden heute in Washington, die Abzüge in München verwahrt.) Aus der Referenzbibliothek des *Collecting Point München* ist das „Zentralinstitut für Kunstgeschichte" hervorgegangen, das in dem bombastischen Gebäude am Königsplatz noch heute seinen Sitz hat.*

Die 1,5 Millionen Bände jüdischer und freimaurerischer Literatur, die der E.R.R. für das geplante „Institut zur Erforschung der Judenfrage" aus ganz Europa in Frankfurt zusammengetragen und anschließend nach Hungen ausgelagert hat, werden in einem Archivgutlager in Offenburg sichergestellt.

Es ist die Politik der Amerikaner, privates Auslagerungsgut und die vor 1933 erworbenen Bestände deutscher Museen innerhalb der amerikanischen Zone an ihren Standort zurückzubringen, sobald die entsprechenden Gebäude repariert und die Museen zu deren sachgerechter Verwahrung wieder in der Lage sind. In der Zwischenzeit werden die Kunstwerke in den *Central Art Collecting Points* in Marburg, in Wiesbaden und zum Teil auch in München betreut. Während der von Walker Hancock für den Inhalt der Siegener Kupfermine und vierzehn kleinerer Depots im Staatsarchiv und im kulturhistorischen Institut von

* Bei Auflösung des *Collecting Points* im Jahre 1952 geben die Amerikaner 960 Gemälde, deren Herkunft bis dahin nicht ermittelt werden konnte, an Österreich. Mit der Rückgabe der übrigen Bilder wird die deutsche Bundesregierung betraut. 1962 geht ein weiterhin nicht identifizierter Rest von 1533 Gemälden in deren Besitz über, wobei der Restbestand der Göring-Sammlung unter der Bundesrepublik und dem Land Bayern aufgeteilt wird. 1067 dieser Gemälde hängen heute als „Leihgabe der BRD" in westdeutschen Museen, weitere 466 in der Villa Hammerschmidt, in Amtsstuben und Botschaftsgebäuden. 1985 wurde diese unbefriedigende Abschlußlösung in der amerikanischen Presse aufgegriffen, woraufhin sich Österreich mit einigem Erfolg erneut um die Ausfindigmachung weiterer Eigentümer bemühte.[77]

Figuren aus der Siegener Mine auf dem Weg zum Collecting Point Marburg

Marburg eingerichtete *Collecting Point* schon 1946 aufgelöst werden kann, beherbergt der *Collecting Point* im Wiesbadener Landesmuseum bis 1957 umfangreiche Sammlungsbestände der staatlichen Museen von Berlin.[78]

Der Aufbau und das hervorragende Management dieses *Collecting Points* sind weitgehend das persönliche Verdienst des erst 34jährigen, kunstbegeisterten Architekten Walter Farmer, der wegen seines ungewöhnlichen Organisationstalents im Juni 1945 von einer Ingenieureinheit (Bau der Landungsanlagen bei Le Havre, Reparatur der Rheinbrücke von Remagen) zum Kunstschutzoffizier ernannt wird und sogleich mit der Instandsetzung des 300 Räume umfassenden Gebäudes beginnt.

Zum allgemeinen Erstaunen findet Farmer Mittel und Wege, vorbei an den offiziellen Kanälen Dachpappe und Glas für 2 000 zerborstene Fenster von einem Luftwaffenstützpunkt zu organisieren; um seine Arbeiter auch außerhalb der festgelegten Arbeitszeit einsetzen zu können, richtet er eine Kantine ein und beschafft Extrarationen von den umliegenden Bauernhöfen. Enthusiastisch schreibt er damals an seine Frau:

„Wir bauen eine neue Welt und wollen, was gut ist, aus der alten hinüberretten ... Nichts darf meine Arbeit aufhalten. Ich bin ständig auf den Füßen, und trotzdem kommt es mir vor, als ginge es nur im Schneckentempo voran – wahrscheinlich weil ich selber die ganze Zeit über laufe."[79]

Binnen sechs Wochen liefert Farmer auf diese Weise einen bezugsfertigen *Collecting Point* ab, und schon am 20. August trifft die erste Fuhre mit Berliner Museumsgut aus dem Frankfurter Reichsbankgebäude ein. Es wird jetzt all das nach Wiesbaden verlagert, was die Kunstschutzoffiziere der 3. und 9. US-Armeen aus Merkers und Grasleben entnommen haben. Hinter Stacheldrahtverhau, rund um die Uhr bewacht und nachts von Scheinwerfern angestrahlt, die Farmer aus verlassenen Autowracks ausbauen ließ, werden die Kunstwerke hier in wohlklimatisierten Räumen verwahrt und von den 25 Zivilangestellten des Museums inventarisiert und fotografiert. Im Oktober zählt Farmer 1890 Inventarnummern, die zum Teil einzelne Gemälde, zum Teil aber auch ganze Bestände, z. B. 2300 Folios aus dem Berliner Kupferstichkabinett, bezeichnen.

Das aus den Bergwerken übernommene Sammlungsgut der Berliner Museen stammt aus 15 verschiedenen Abteilungen[80]:

Antikenabteilung (80 Kisten)
Ägyptische Abteilung (148 Kisten)
Islamische Abteilung (39 Kisten und 10 Rollen Orientteppiche)
Gemäldegalerie (151 Kisten mit 1180 Gemälden)
Skulpturen-Abteilung (354 Kisten)
Frühchristlich-byzantinische Sammlung (7 Kisten)
Kupferstichkabinett (39 Kisten und 1434 Mappen)
Nationalgalerie (393 Bilder unverpackt)
Schloßmuseum (124 Kisten, 34 Pakete Textilien, 130 Rollen Orientteppiche)
Zeughaus (37 Kisten)
Museum für Deutsche Volkskunde (30 Kisten)
Völkerkundemuseum (92 Kisten)
Ostasiatische Kunstabteilung (4 Kisten)
Museum für Vor- und Frühgeschichte (6 Kisten)
Kunstbibliothek (742 Mappen und 14 Kisten)

In einer zusätzlichen mit MG-bewaffneten Wachen gesicherten „Schatzkammer" versammelt Farmer die wertvollsten Objekte: die von den Deutschen in Posen zusammengetragenen

Walter Farmer als Herr über den Welfenschatz, den er als Zehnjähriger im Museum von Cleveland bewundert hatte

und später nach Grasleben verlagerten polnischen Kirchenschätze, die preußischen Kroninsignien (Bernterode), die Büste der Nofretete aus dem Ägyptischen Museum (Merkers) und den Welfenschatz des Berliner Schloßmuseums (Merkers), den Farmer schon als Zehnjähriger bei einer Ausstellung in Cleveland bewundert hatte.*

In der Schatzkammer verwahrt er auch Krone, Zepter und Reichsapfel der ungarischen Könige. Die ungarische Königskrone war im 13. Jahrhundert aus zwei älteren Kronen gearbeitet worden. Sie vereinigt die Krone des heiligen Stephan, die Papst Sylvester II. im Jahre 1000 aus Rom gesandt hatte, mit der zwei Jahrhunderte später vom byzanthinischen Kaiser Michael VII. Ducas an König Geza I. überreichten Krone.

Als höchstes Sinnbild legitimer Herrschaft über das Land wollten ungarische Flüchtlinge sie dem Zugriff der Russen entziehen und vergruben sie in einem Benzinkanister. Den Amerikanern übergaben sie, noch im Zweifel über deren Reaktion, am 7. Mai in Augsburg zunächst nur die leere mehrfach verschlossene Truhe.[81] Über Wiesbaden und den Vatikan gelangte diese Krone schließlich in die Tresore des amerikanischen Schatzamtes in Fort Knox / Tennessee, bis sich Präsident Carter 1979 entschloß, sie an Ungarn zurückzugeben.

Für den Fall, daß Amerika in der noch ungelösten Reparationsfrage Anspruch auf deutsches Kulturgut erheben sollte, müßte es auf die Bestände von Wiesbaden zurückgreifen. Lediglich Kirchenschätze stehen (wohl nach einer Intervention Papst Pius' XII.) für Reparationen und *Replacement-in-Kind* nicht mehr zur Verfügung.[82] Vermutlich hatte die *Roberts Commission*, die kulturelle Reparationen als Verrat an ihrem idealistischen Einsatzes für die Kunst empfand, über ihr Mitglied Kardinal Spellman den Vatikan eingeschaltet.

In der britischen Zone im flachen Norden Deutschlands gibt es nur eine einzige wichtige Lagerstätte für bewegliches Kunstgut: die Saline Grasleben bei Helmstedt, in unmittelbarer Nähe der Grenze zur sowjetischen Zone gelegen. 430 Meter unter Tage lagern hier fast sämtliche Archive Ostdeutschlands und Westpo-

* Die Welfen hatten Teile des Schatzes 1931 in die USA verkauft. Der Rest wurde 1935 durch die preußische Regierung für die Berliner Museen erworben.

lens, außerdem das Reichsschall- und das Reichsfilmarchiv sowie Auslagerungsgut von zwölf Berliner Museen, darunter einige der wertvollsten Schaustücke, die erst im allerletzten Moment aus der vermeintlichen Sicherheit der Flaktürme evakuiert wurden.

Was Grasleben zu einem so besonderen Ort macht, ist nicht der ungeheure Umfang der dortigen Auslagerungen, sondern das große Interesse, das die Besatzer von Anfang an an der Mine zeigen – als hätten sie hier etwas ganz Besonderes gesucht. Als die 35. Infanteriedivision der 9. US-Armee den Ort am 12. April um 18 Uhr einnimmt, überstürzen sich die Ereignisse: Der Förderschacht wird blockiert, für alle Bewohner eine Ausgangssperre verhängt.

Das zuständige Bergamt Braunschweig hält fest:

> „Kein anderes Steinsalzbergwerk ist so bedrängt worden wie Grasleben. Anfangs war sogar das Schachtgebäude von Panzern umstellt, und selbst niemandem von der Betriebsleitung wurde der Zutritt gestattet. Alle Aufsichtspersonen wurden bei den Befahrungen ausgeschaltet, sie durften fast zwei Monate lang das Werk nur zeitweise betreten. Selbst einem Vertreter des Bergamtes wurde der Zutritt zum Schachtgebäude verweigert.“[83]

Der Kommandant der 35. Infanteriedivision steht in einem pausenlosen Telegrammverkehr mit seinem Hauptquartier. Am 14. April erhält er um 3 Uhr die Mitteilung, daß sich das Filmarchiv des Propagandaministeriums in einem der Schächte befände.[84] Es sei ausfindig zu machen und unter Bewachung zu stellen. Eine eingehende Untersuchung des Objekts ist untersagt.

Einige Stunden später, um 11.20 Uhr, folgt ein zweiter Befehl desselben Inhalts, wiederum mit dem Zusatz, daß die Untersuchung des Fundes einer speziellen Task-Force vorbehalten ist.[85] Um 14 Uhr meldet der Kommandant Vollzug:[86] Das Objekt ist aufgefunden und gesichert. Über die Task-Force, die in den folgenden Tagen eintrifft, um u. a. das Reichsfilmarchiv zu entfernen, ist nichts bekannt. In der offiziellen Kriegsgeschichte des C.I.C.* findet sich lediglich der Hinweis, daß damals in Grasleben, vorsorglich vor dem Eintreffen der Task-Force, fünf Personen arretiert worden seien, die mit den Einlagerungen in Verbindung stan-

* Counter Intelligence Corps = Militärische Abwehr

den.[87] Handelt es sich dabei auch um das Übergabepersonal der Berliner Museen? Die Personen, die damals das wertvolle Museumsgut an die Amerikaner übergaben, haben sich jedenfalls nie wieder gemeldet.

Als am 27. Mai, sechs Wochen nach der Einnahme des Ortes, ein alliiertes GOLDCUP-Team, bestehend aus dem US-Kunstschutzoffizier Mason Hammond und dem britischen Archivspezialisten Michael Ross, Grasleben besucht, um die Archive zu inspizieren, treffen die Offiziere hier das gleiche Bild an wie zuvor schon in den Salinen Bernburg (19. bis 21. Mai) Schönebeck (22. Mai) und Staßfurt (23. und 24. Mai) östlich der Elbe[88]:

> „In allen besuchten Auslagerungsstätten haben C.I.C.-Inspektoren während der ersten Tage der Besatzung ausgewählte Kisten aufgebrochen, durchwühlt und den Inhalt z. T. auf dem Boden liegen lassen ... So war es normalerweise unmöglich ... festzustellen, wie oft, von wem und aus welchem Grunde die Minen bereits besucht worden waren. Außerdem war es schwierig, brauchbare Inventare sicherzustellen, da der C.I.C. sie den Direktoren und Aufsichtspersonen teilweise ohne Beleg weggenommen hatte. So konnte auch nicht in jedem Falle festgestellt werden, welche Archive oder sonstigen Materialien bereits entnommen worden waren.“

Wer ist dem offiziellen Team zuvorgekommen? Wonach wird er gesucht und was wird er gefunden haben? Und weshalb hat er es allen zukünftigen Besuchern unmöglich gemacht, den ursprünglichen Inhalt des Depots festzustellen?

Die gleichen Fragen stellen sich Monate später dem englischen Kunstschutzoffizier für die Region Braunschweig, Robert Lonsdale Charles, der erstmals am 10. August in Begleitung des Braunschweiger Landeskonservators Kurt Seeleke in die Mine hinabsteigt. Sein Tagebuch:

> „Um 12 Uhr waren wir dort und tauchten mit dem Förderkorb 430 Meter unter Tage, wo sich die Depoteinlagerungen befinden. Dann folgte ein langer Weg durch zahllose Tunnel und Korridore, nur erleuchtet durch übelriechende Acetylenlampen, die von Seeleke und einem Wärter getragen wurden, bis wir endlich bei den Sachen ankamen: Kisten, Kisten und noch mehr Kisten mit Akten der Archive von Hannover, Bremen, Braunschweig, Düsseldorf, Danzig, Reval, Königsberg, Elbing

– von überall her aus Nord- und Ostdeutschland. Einige waren durch plündernde Zwangsarbeiter aufgebrochen*, einzelne Papiere, Karten, Bündel von Manuskripten, Bücher usw. lagen herum, aber der größte Teil war unberührt. Ein Bergwerksbeamter, Krüger, tauchte aus einem dämmrigen Tunnel auf und nahm uns in seine Obhut.

Er führte uns an zahllosen Verschlägen entlang mit dem unterschiedlichsten Inhalt: dem Hauptteil des Völkerkundemuseums Berlin, der unschätzbaren Wolfenbüttler Bibliothek, Theater- und Opernmaterial aus Hannover, fotografischem Material aus Braunschweig (zum großen Teil geplündert oder entfernt), mehr und noch mehr Archiven, Propaganda- und Reisebüchern, außerdem privatem Eigentum: Teeservice, Möbel, Bücher, einige hoffnungslos beschädigt und durcheinander gebracht, andere unberührt oder nur aufgebrochen und durcheinander gebracht.

Der größte Schaden war durch ein Feuer jetzt im Juni entstanden; die Briten brachten eine Menge Material weg (oder ließen es wegbringen), das der Reichsrundfunkgesellschaft gehörte, ein Arbeiter stolperte gegen eine Kiste und stieß dabei eine Lampe um, die auf einige Filme fiel, und WUFF! Höchst erstaunlich, daß nicht mehr verlorenging, aber dieser Teil der Mine war gerade erst wieder geöffnet worden.

Endlich kamen wir dort an, wohin wir wollten; kreuz und quer aufgestapelt in einer Ecke, teilweise mit Pappen abgedeckt, an die hundert Gemälde aus der Berliner Nationalgalerie (zu vergleichen mit der Tate Gallery). Ein schrecklicher Anblick. Nur wenige waren unter Glas, und die an der Außenseite sind für immer zerstört durch die Hitze, den Rauch und das Salz.[89] Der arme Seeleke wanderte umher, den Tränen nahe vor Wut und Kummer. Es ist ein Desaster: Das Feuer hätte kaum Schaden angerichtet, wenn sie ordentlich gelagert worden wären – in Kisten, in Packpapier oder dergleichen. Aber sie kamen ohne verantwortlichen Aufseher oder Facharbeiter, wurden nur übereinander in einer Ecke gestapelt.

* Sicher eine Fehlinformation. Angesichts heutiger Dokumente über die sofortige Blockierung des Förderschachts ist es ausgeschlossen, daß diese Plünderungen auf das Konto selbständig operierender Zwangsarbeiter gehen.

Wieder oben am Tageslicht, besuchten wir den Minendirektor Kissler; er zeigte mir eine Liste all dessen, was seines Wissens in der Mine war und versprach mir davon eine Kopie. Ein großer Teil des Lagergutes war schon von der einen oder anderen Dienststelle abgeholt oder auch geplündert worden.[90] Man berichtete uns, amerikanische Soldaten hätten wohl 10 Prozent der Bilder mitgehen lassen."

226 Meisterwerke aus der Berliner Nationalgalerie: „Ein schrecklicher Anblick. Nur wenige waren unter Glas, und die an der Außenseite sind für immer zerstört durch die Hitze, den Rauch und das Salz." Im Vordergrund kopfstehende Kisten der Berliner Kunstbibliothek

Adolph von Menzel: Porträt Carl Heinrich Arnold, 1848, durch Salz und Rauch von Zerstörung bedroht (rechts)

Die vom Feuer versengte Pappunterlage der Gemälde 1945 (ganz rechts unten) und 1986 (rechts unten): Nach 40 Jahren zeigt sich noch der gleiche Abdruck, Heftklammern sind zu Staubhäufchen oxydiert

Joseph Anton Koch: Das Kloster San Francesco di Civitella, 1814, durch Rauch und Salz von Zerstörung bedroht (oben)

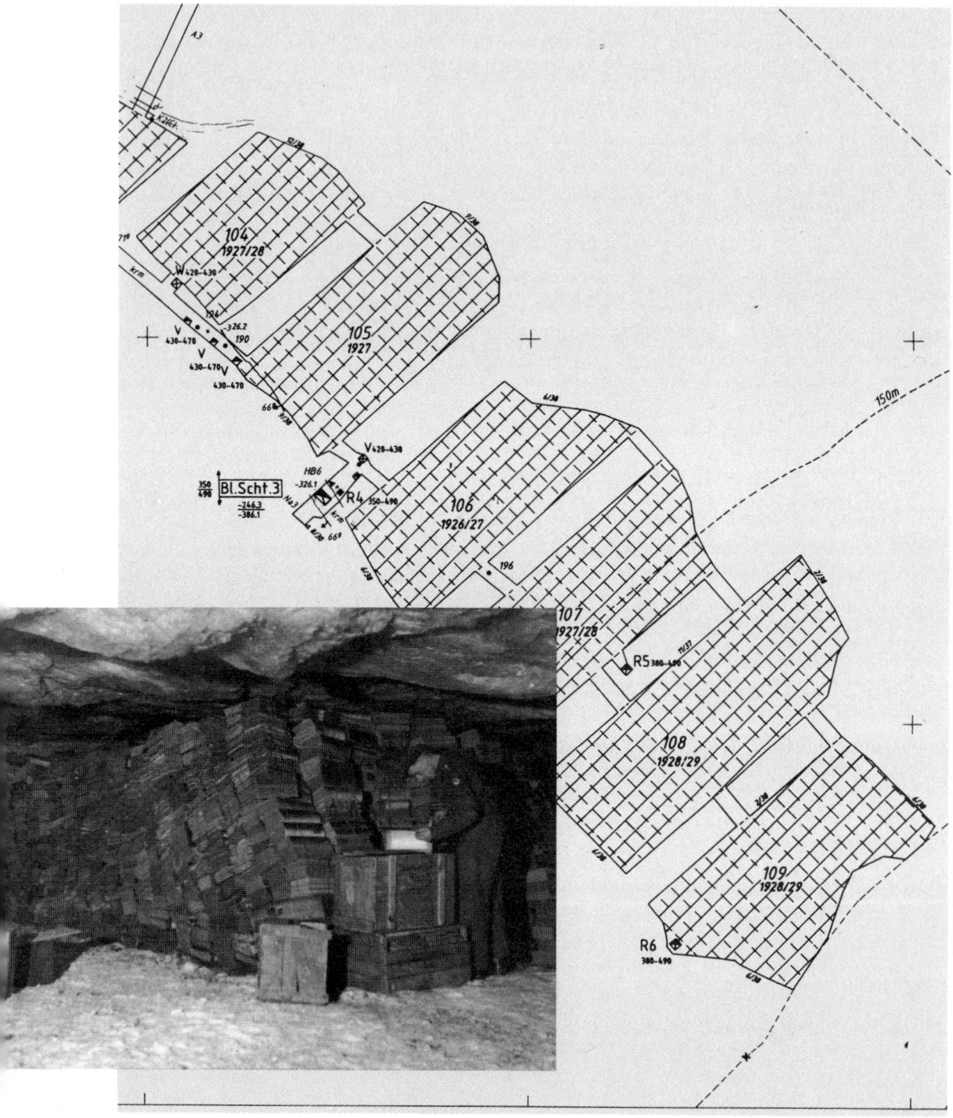

Mitteilung des Oberbergamts Clausthal-Zellerfeld an den Herrn Reichswirtschaftsminister vom 2. Juni 1944:
„Steinsalzbergwerk Grasleben: Steinsalzförderung ist voll aufrechterhalten. Es ist nur Einlagerung auf der 430-Meter-Sohle in den Abbauen 4,5,6,7,8 und 9 vorgesehen und im Gange. Besondere bergmännische Arbeiten sind hierzu nicht erforderlich.“ Im Bild: Auslagerungen des Staatsarchivs Kiel

Aufstellung

ueber das im Bergwerk Grasleben eingelagerte Bergungsgut.

Abbau 4/430 m-Sohle:

1.	Archiv der Hansestadt Bremen,	Bremen
2.	Amtsgericht der Hansestadt Bremen,	"
3.	Universitaetsbibliothek, Bremen,	"
4.	Vermessungsamt der Hansestadt Bremen	"
5.	Landesmuseum	Kassel
6.	Landesmuseum	Schwerin/Meckl.
7.	Staats- und Stadtarchiv	Oldenburg/O.
8.	Landesbibliothek	Wolfenbuettel
9.	Firma Franke u. Heidecke	Braunschweig
10.	Wohlfahrtsamt Braunschweig	"
11.	Verlag Vieweg u. Sohn	"
12.	Lyzeum	Helmstedt
— 13.	Kaiser Friedrich Museum	Posen
— 14.	Landesamt fuer Vorgeschichte	Posen
15.	Universitaetsbibliothek	Kiel
16.	Staatsarchiv	Wolfenbuettel
17.	Landeskirchenamt	"
18.	Stadtkirchenamt	Braunschweig
19.	Staatsarchiv	Aurich
20.	"	Osnabrueck
21.	Standesamt	Hannover

Abbau 5/430 m-Sohle:

22.	Stadtarchiv	Elbing
— 23.	Reichsarchiv	Posen
24.	Siemensarchiv	Berlin
25.	Archiv	Reval
26.	Stadtarchiv	Duesseldorf
27.	Stadtarchive von Juelich, Geldern usw.	
— 28.	Staatsarchiv	Stettin
29.	Staatsarchiv	Osnabrueck
— 30.	Reichsstatthalter	Danzig
31.	Waldheim	Grasleben
— 32.	Reichsarchiv	Danzig
33.	Reichsarchiv	Koenigsberg
34.	Vermessungsamt	Helmstedt.

Abbau 6/430 m-Sohle:

35.	Hochschulwesen	Hamburg
36.	Bibliothek	"
37.	Gauwirtschaftskammer	"

Abbau 7/ 430 m -Sohle:

38.	Staatliches Museum	Berlin
39.	Stadtarchiv	Hamburg
40.	Bibliothek	"
41.	Landesbibliothek	Detmold
42.	Staatsarchiv	Kiel
43.	Staatsarchiv	Luebeck
44.	Staatsarchiv	Marburg
45.	Universitaetsbibliotehk	"
—46.	Stadtarchiv	Thorn
47.	Stadtarchiv	Braunschweig.

Sekundärinventar von Dr. Ernst Zipfel, Generaldirektor der Archivabteilung im Preußischen Staatsministerium

Charles kann noch nicht wissen, daß er allenfalls der siebte in einer langen Reihe von Besuchern ist, deren Spuren – vielleicht nicht zufällig – unter dem Ruß eines Bergbrandes nicht mehr auszumachen sind. Aus der Dokumentenlage ergibt sich heute folgende gesicherte Chronologie:

- Am 14. April, zwei Tage nach Einnahme des Ortes, dringen C.I.C.-Agenten mit dem Auftrag in die Mine ein, das Reichsfilmarchiv ausfindig zu machen. Sie nehmen die Inventarlisten mit und arretieren fünf Personen, wahrscheinlich das Übergabepersonal.
- Im Laufe der folgenden beiden Wochen transportiert eine Task-Force das Reichsfilmarchiv ab, das sich heute zum Teil in der *Library of Congress* in Washington befindet.
- Zwischen dem 26. und dem 30. April inspiziert der US-Kunstschutzoffizier Lamont Moore die Mine. Laut Bericht vom 4. Mai findet er dort 89 Archive bedeutender Städte, Staats- und Universitätsbibliotheken, etwa 2000 Kisten Berliner Museumsgut, das Schallarchiv der Reichsrundfunkgesellschaft sowie polnische Kirchenschätze.[91]
- Am 12. Mai entnimmt Lamont Moore dem Depot 101 Kisten mit Kirchenschätzen, 16 Kisten Kaiser-Friedrich-Museum Berlin, 6 Kisten Deutsches Museum Berlin, 4 Kisten Kaiser-Friedrich-Museum Posen sowie 14 Kisten Museum für Vor- und Frühgeschichte Posen und transportiert sie auf drei Lastwagen in die amerikanische Sammelstelle im Frankfurter Reichsbankdepot.[92]
- Am 27. Mai besucht ein angloamerikanisches GOLDCUP-Team die Mine und berichtet, daß einzelne Kisten geöffnet und ausgeschüttet gewesen seien. C.I.C.-Agenten hätten die Original-Einlagerungslisten entwendet.[93]
- Am 1. Juni wird die Mine den Engländern übergeben, die bald damit beginnen, Material und Gerät der Reichsrundfunkgesellschaft zu bergen. Anschließend entsteht am 18. Juni ein Schwelbrand[94], die Mine wird bis zum 26. Juni militärisch abgesperrt.

Die US-Kunstschutzoffiziere Lamont Moore (stehend) und Sheldon Keck bereiten den Abtransport des Domschatzes von Gnesen in die Frankfurter Sammelstelle vor (11. oder 12. Mai 1945)

Da auch Rollo Charles seine Arbeit durch das Fehlen der Original-Einlagerungslisten behindert sieht, entschließt er sich am 17. August, seinem amerikanischen Kollegen Moore einen Brief zu schreiben[95]:

Tel.:	Brunswick Military 722 Ext. 44	120/MFA/4/31 (of 17 Aug. 45)
Subject:	*Grasleben salt mine*	
To:	Lt. Moore, MFA and A officer G-5 HQ. US. Army 9th U.S. Army	
From:	MFA. and A officer, 120 (L/R) Mil. Gov. Det.	

Dear Lieutenant,

man sagt mir, daß Sie aus der Salzmine in Grasleben bei Helmstedt im Lande Braunschweig drei LKW-Ladungen mit Objekten des Posener Museums entfernt haben. Ich schreibe Ihnen, um zu fragen, ob man Ihnen je eine komplette Liste der Archive usw. ausgehändigt hat, die in dieser Mine untergebracht sind. Der Minendirektor, Herr Kissler, sagte mir, daß es eine solche Liste gegeben hätte, daß sie aber „den Amerikanern" ausgehändigt worden sei und er keine Kopie davon habe.

Sollten Sie diese Liste haben, so wäre ich Ihnen sehr dankbar, wenn Sie mir davon eine Kopie geben könnten. Eine zweite Liste ist von den Mitarbeitern der Mine angefertigt worden, aber sie ist nicht erschöpfend, und wir haben keinerlei Möglichkeit, herauszufinden, was hier ursprünglich eingelagert war. Sollten Sie die Liste nicht haben und auch nicht wissen, wo sie sich befindet, so wäre eine Liste der Dinge, die Sie selber entnommen haben und von denen Sie wissen, daß sie von irgend jemand anders entnommen worden sind, eine Hilfe.

Yours sincerely

R. CHARLES CAPT.

(Capt. R. L. Charles)
MFA and A Officer
120 Mil. Gov. Det.

Moore und Keck untersuchen das Reichsschallarchiv

Es ist unwahrscheinlich, daß Lamont Moore in Grasleben noch Inventare vorgefunden hat, denn wir wissen aus dem Bericht des GOLDCUP-Teams, daß sie vom C.I.C. auch in anderen Depots lange vor Eintreffen der Kunstschutzoffiziere entfernt worden sind. Sicher ist allein, daß die Listen unter amerikanischer Besatzung abhanden kamen. Die Briten hegen fortan den Verdacht, von ihren Verbündeten hintergangen und bestohlen worden zu sein – ein Verdacht, der im Laufe von Ereignissen der zweiten Jahreshälfte 1945 deutliche Briefwechsel auf der Ebene der stellvertretenden Oberbefehlshaber der Besatzungstruppen (Lucius Clay und Brian Robertson) und sogar der Außenminister (James Byrnes und Ernest Bevin) nach sich zieht.

In Grasleben, schreibt der dann für Niedersachsen zuständige britische Kunstschutzoffizier John Nicholls noch im März 1949, seien „mehr oder weniger ernste Verluste von Teilen der Berliner Sammlungen, die in die britische und amerikanische Zone gekommen sind, nachgewiesen worden ... Von den 6 800 Kisten in Celle war mehr als die Hälfte offen, als sie aus Grasleben geholt wurden. Der genaue Umfang aller Verluste wird noch ermittelt."[96]

Da die Originalinventare nicht wieder aufgetaucht und die Kopien im Oberbergamt Clausthal-Zellerfeld verbrannt worden sind[97], lassen sich eventuell eingetretene Verluste nur durch eine penible Rekonstruktion der Auslagerungsgeschichte ermitteln. Dies ist ein schwieriges Unterfangen, bedenkt man, daß die Berliner Museen nicht nur nach Grasleben, sondern auch in zahlreiche andere Bergwerke ausgelagert haben und daß ein unbekannter Restbestand erstrangiger Kunstwerke nach Kriegsende in einem Berliner Bunker, dem Flakturm im Friedrichshain, verbrannte, ein weiterer im Flakturm am Zoo von den Russen beschlagnahmt wurde.

Doch soviel ist bekannt: Der größte Teil des aus Berlin stammenden Einlagerungsgutes ist zwischen dem 6. Juni und dem 12. Dezember 1944 in zwanzig Eisenbahnwaggons und zwei Kähnen nach Grasleben gelangt. Beteiligt waren das Islamische Museum, das Völkerkundemuseum, das Schloßmuseum, das Kupferstichkabinett und die Kunstbibliothek.

Bergungsleiter Professor Carl Weickert, Direktor der Antikenabteilung, hatte zur sorgfältigen Abwicklung und Überwachung der Auslagerung genaue Vorschriften erlassen: Die Kisten wurden fachmännisch gepackt und vernagelt, in Grasleben von russischen Kriegsgefangenen unter Tage gebracht und unter Aufsicht von Museumsvertretern

> „in langen Reihen aufgestellt, und zwar jede Abteilung durch einen Gang getrennt für sich. Die Signaturen waren auf den Deckeln und an einer Stirnseite der Kiste angebracht, so daß jederzeit leicht zu übersehen war, um welche Abteilung es sich in einer Reihe handelte. Die Listen mit den notierten Kistennummern wurden nach dem fertig erfolgten Abladen Herrn Direktor Weickert auf die Museumsinsel geschickt.“[98]

Bis zuletzt ist jeweils ein Vertreter der Berliner Museen ständig in Grasleben stationiert, um die sachgemäße Durchführung zu überwachen.[99]

Die wertvollsten Sammlungsgegenstände, darunter sämtliche Gemälde, bleiben unterdessen im Schutz der Flaktürme am Zoo und am Friedrichshain in Berlin zurück. Erst auf einen Führerbefehl vom 6. März werden die Flaktürme teilgeräumt, die Schätze in großer Eile in die Salinen Merkers (Thüringen) und Ransbach (Hessen) ausgelagert. Bei Abfahrt der letzten beiden Konvois am

6. und am 7. April ist aber Merkers bereits von den Amerikanern besetzt. Der Konvoi weicht nach Grasleben aus: insgesamt sechs Lastwagenzüge mit den wertvollsten Sammlungsobjekten von Antikenabteilung, Kupferstichkabinett, Kunstbibliothek, Indischer Abteilung, Museum für Vor- und Frühgeschichte, Ostasiatischer Kunstsammlung und Nationalgalerie.[100] Fünf Tage später wird Grasleben von den Amerikanern eingenommen.

Die Bilder aus der Nationalgalerie sind der einzige Bestand in Grasleben, über den ein handschriftliches Originalinventar vorliegt.[101] Es wurde am 7. April 1945 in Berlin von dem zuständigen Restaurator Werner Tschirch angefertigt, von dem seither jede Spur fehlt. Die Bilder sind an diesem Tag aus dem Zoobunker evakuiert worden: „Der Möbelwagen enthielt die unverpackten Gemälde der Nationalgalerie. Diese wurden in einer besonderen Ecke des Abbauraums sorgfältig untergebracht und mit Packpapier eingedeckt."[102] Diese Darstellung entspricht (mit erheblichen Abstrichen, was die Sorgfalt der Unterbringung betrifft) durchaus dem Befund von Rollo Charles.

Auch die 393 Bilder, die bereits am 23. März mit vier Omnibussen in die Saline Merkers gebracht wurden, hat Restaurator Tschirch handschriftlich inventarisiert. Damit ist der Verbleib von insgesamt 619 Bildern nachgewiesen. Eine Gruppe von 109 Bildern gilt in Berlin als vermißt. Nach Angaben von Auslagerungsleiter Professor Carl Weickert ist ein Verlust in den Berliner Flaktürmen ausgeschlossen: Die Nationalgalerie nahm „mit den großen Namen der deutschen und französischen Malerei des 19. Jahrhunderts von den Flaktürmen im Friedrichshain und am Zoo aus denselben Weg wie die Gemäldegalerie" – d. h. sie befindet sich im Westen.[103]*

Genaueres muß der penible Restaurator Tschirch gewußt haben. Hat er seine Bilder am 7. April nach Grasleben begleitet, und war er unter den fünf Personen, die der C.I.C. nach Einnahme der Mine in Verwahrung nahm? Während die 109 Bilder bis heute spurlos und vollständig verschwunden sind, spricht einiges dafür, auch die 226 von Rollo Charles in Grasleben aufgefundenen Bilder seien zeitweise an einen anderen Ort gebracht und erst

* Eine Verlustziffer von 109 Gemälden entspricht genau 15 Prozent des in den Westen verlagerten Bestandes.

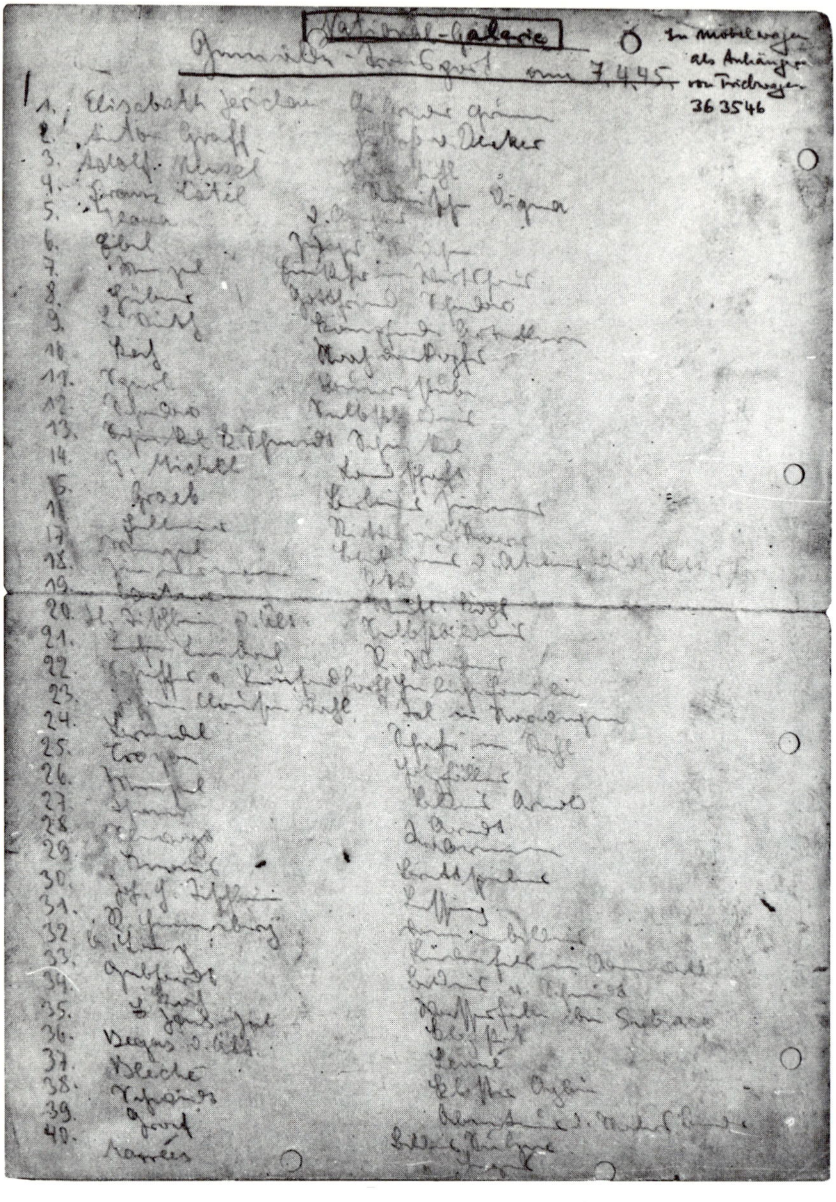

Seiten des vom Geheimen Staatsarchiv Preußischer Kulturbesitz verwahrten Gemäldeinventars: Einzige erhaltene Einlagerungsliste aus dem Graslebener Depot und letztes Lebenszeichen des verschollenen Restaurators Oscar Tschirch:

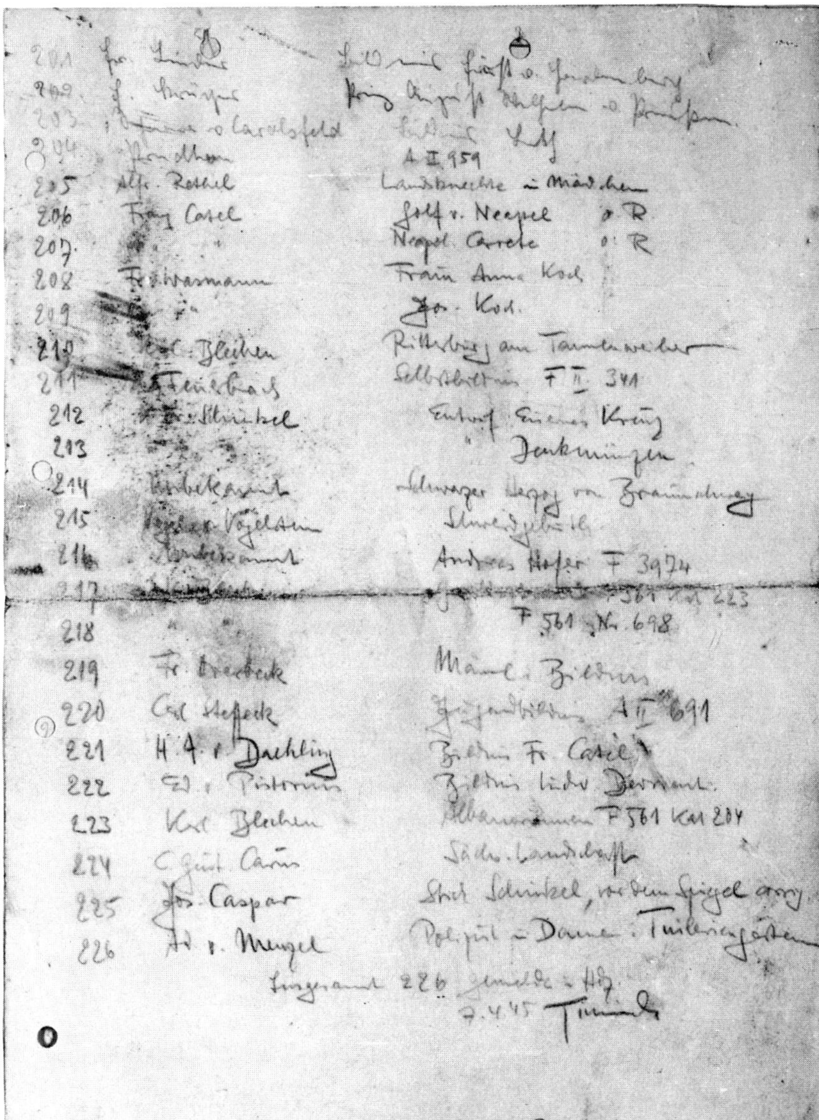

„NATIONAL-GALERIE/GEMÄLDE-TRANSPORT VOM 7.4.45/IN MÖBELWAGEN ALS ANHÄNGER VON TRIEBWAGEN 363546" „INSGESAMT 226 Gemälde U. HANDZ. (= gerahmte Handzeichnungen)/7.4.45 TSCHIRCH"

zurückgestellt worden, als das Inventar der Bilder (im Gegensatz zu allen anderen Einlagerungslisten) unerwartet den Engländern in die Hände fiel.

Es ist zumindest verwunderlich, daß US-Kunstschutzoffizier Lamont Moore, der Grasleben zwischen dem 26. und dem 30. April inspizierte, laut Bericht vom 4. Mai dort keine Bilder gesehen hat. (Nachträglich darauf angesprochen, hält er es für ausgeschlossen, daß er sie übersehen haben könnte.)[104]

Auch das GOLDCUP-Team, das am 27. Mai die Mine besucht, erwähnt keine Bilder – nicht einmal in der von Bergwerksdirektor Krüger angefertigten Sekundärliste werden sie aufgeführt.[105] Als die Sohle nach dem Grubenbrand vom 18. Juni zur Befahrung wieder freigegeben wird, sind die Bilder mit einer dicken Rußschicht überzogen und alle denkbaren Spuren getilgt.

Deutlicher als die verrußten Bilder lassen die mit „St.K.B." gekennzeichneten Kisten der Berliner Kunstbibliothek die vorgeschriebene sorgfältige Stapelung vermissen. Undenkbar, daß Berliner Museumsbeamte ihre Kisten, wie auf dem Foto erkennbar, auf den Kopf oder auf die Seite gestellt hätten! Auch diese Kisten scheinen zwischenzeitlich an einen anderen Ort gebracht und später hektisch und unsachgemäß zurückgestellt worden zu sein.

Ein Vorfall, der jüngst durch die Presse ging, läßt ein wenig Licht auf die verworrenen Wege fallen, die das Graslebener Kunst- und Archivgut in den drei Monaten von April bis Juni 1945 genommen hat: Im Rahmen einer innerdeutschen Vereinbarung erhielten die Staatsarchive der Hansestädte Hamburg, Bremen und Lübeck im März 1987 lange vermißte Dokumente aus der DDR zurück – wertvollste Archivbestände, darunter Zimelien mit handtellergroßen Siegeln, die 1944 nach Grasleben ausgelagert worden waren.

Das Auftauchen dieser Dokumente im Osten läßt sich bislang nur so erklären: Irgendwann zwischen der Einnahme Graslebens am 12. April durch die Amerikaner und der Übergabe der Mine an die Briten am 1. Juni 1945 müssen sie entnommen, sondiert und im Monat Juli, als Grasleben bereits den Briten unterstand, in ein Depot östlich der Elbe gebracht worden sein. Dort gingen sie dann am 30. Juli entsprechend der alliierten Vereinbarung in russische Verfügungsgewalt über und traten ihre lange Reise an, die sie über

Moskau und Potsdam schließlich zurück nach Norddeutschland führte.

An welchen Ort hat die amerikanische Task-Force Archivgut, Bücherkisten, eventuell auch Gemälde und weiteres Kunstgut gebracht, um es zu sondieren und sich seiner hinterher gegebenenfalls wieder zu entledigen? Noch im Januar 1946 stoßen angeblich Rollo Charles und sein Kollege Peter Eden in Grasleben auf Kisten von Antikenabteilung, Schloßmuseum und Kupferstichkabinett, die geöffnet und durchwühlt ausgesehen haben sollen.[106] Als die Engländer Ende 1947 Durchschläge der Inhaltslisten aus Berlin beschaffen, stellt sich heraus, daß gerade diese Kisten schwere Beraubungen aufweisen. Neben einem großen gehämmerten Krater, dem Zentralstück des Hildesheimer Silberfundes (ein römisches Tafelservice), fehlt vor allem antiker Goldschmuck aus der Sammlung Gans. Die Beraubung der Goldkiste mit der Nummer A 66 macht später als „Goldraub von Celle" Schlagzeilen und wird bis hinauf ins Londoner House of Lords diskutiert.

Auch der Graslebener Grubenbrand vom 18. Juni 1945 gibt Fragen auf. Zunächst irritiert die offizielle Brandursache.[107] Wie konnte ein Reichsfilmarchiv Feuer fangen, das in Metallkassetten gelagert war und sich in seiner Substanz zu diesem Zeitpunkt längst auf dem Wege nach Washington befand?[107a] Zweitens scheint der Zeitpunkt für den Ausbruch des Brandes allzu gut gewählt. Eine britische Einsatzgruppe war gerade damit fertig geworden, Material und Gerät des Schallarchivs zu bergen (wobei sie sich für die völlig ungeschützten Bilder der Nationalgalerie nicht interessiert hätte). Im Anschluß an den Brand bleibt die Mine dann bis zum 26. Juni nicht nur gesperrt, sondern wird erneut militärisch abgeriegelt.

So stößt der amerikanische Captain Tremayne, der bis zum Eintreffen von Rollo Charles für den Kunstschutz im Lande Braunschweig zuständig ist, am 25. Juni schon weit vor dem eigentlichen Minengelände auf einen Schlagbaum, als er in Begleitung von Landeskonservator Kurt Seeleke und dem Wolfenbüttler Archivar Karl Meyer die Mine besuchen will.[108]

Sollten Bilder und Kisten tatsächlich zwischenzeitlich aus Grasleben entfernt worden sein, so wäre die Woche vom 18. bis zum 25. Juni der Zeitpunkt ihrer Rückkehr, das Feuer ein womöglich alliiertes Bemühen, den für die Besatzer peinlichen Vorfall nicht ans Tageslicht kommen zu lassen. Die Briten hätten den Amerikanern ermöglicht, ihr Gesicht zu bewahren.

Während der Monate April bis Juni 1945 häufen sich die Brände und Explosionen in Auslagerungsorten für Kunst, Bibliotheks- und Archivgut. In Bernterode, wo die preußischen Kronregalien sowie die Särge Friedrich Wilhelms I., Friedrichs des Großen und des Ehepaars Hindenburg geborgen worden waren, bricht vor Übernahme des Depots durch die Russen ein Feuer aus. In der Mine Ransbach-Heimboldshausen gibt es seit April 1945 einen sich über Monate hinziehenden Schwelbrand, dem Teile der Universitätsbibliothek Marburg zum Opfer fallen. In Volpriehausen vereitelt eine Explosion die Bergung großer Teile der Universitätsbibliothek Göttingen. Rollo Charles[109]:

> „Um an die Bücher zu gelangen, mußte man sich mehrere hundert Meter in einem Korb hinunterlassen, dann Hunderte von Metern durch tiefe pulverige Asche waten, die einem Mund und Augen verstopfte und die Haut entzündete. Ich wußte keine Möglichkeit, um diese Bücher zu retten."

Der spektakulärste Verlust ereignet sich, als im Laufe der zweiten Maiwoche 1945 nacheinander alle drei Geschosse des Flakturms im Friedrichshain in Berlin ausbrennen, in denen Bestände des Deutschen Museums, des Schloßmuseums, des Völkerkunde- und des Kaiser Friedrich-Museums ausgelagert waren. Obwohl Professor Carl Weickert, der Leiter aller Berliner Museumsauslagerungen, am 15. Oktober 1945 feststellt, daß sich „die Gemäldegalerie ... mit allen großen, dem durchschnittlichen Gebildeten vertrauten Namen ... in der Gesamtheit mit ihren hohen und besseren Qualitäten im Westen"[110] befindet, heißt es später, hier seien 417 erstrangige Gemälde des Kaiser Friedrich-Museums in Flammen aufgegangen. Darunter allein zehn Rubens, fünf van Dyck, zwei Raffael, fünf Veronese, zwei Tintoretto, zwei Tiepolo und fünf Lucas Cranach.

Der langjährige Leiter des Britischen Kunstschutzes in Deutschland, Christopher Norris, veröffentlicht 1952 im Burlington Magazine den „Nachruf" auf die verlorenen Gemälde, ist sich aber selber nicht sicher, ob der Brand „vielleicht eine vorherige Beraubung vertuschen sollte".[111] Die Frage erhält zusätzliche Brisanz durch das Anfang Februar 1946 vom sowjetischen Kulturoffizier Sidorow vorgelegte Untersuchungsergebnis, demzufolge „in den durch Brand geschädigten Räumen eine schachbrettartige Anlage von untereinander verbundenen Brandsätzen gefunden wurde, so daß daraus zu schließen sei, daß hier sachverständige Brandstifter am Werke waren."[112]

Der Abtransport umfangreicher Kulturgüter nach Rußland, verbunden mit der sowjetischen Weigerung, den Rückführungsbeauftragten der europäischen Nationen Zutritt zur sowjetischen Besatzungszone zu gewähren, hat dazu geführt, daß die Verantwortung für Verluste an Kulturgut lange Zeit pauschal der Sowjetunion zugeschrieben wurde. Während aber die 1945/46 unter Stalin nach Rußland deportierten Sammlungen und Archive seit 1958 weitgehend vollständig und wohlbehalten in die DDR zurückgekehrt sind, klaffen in Beständen, die sicher nicht in die Hände der Roten Armee fielen, noch heute zum Teil erheblicher Lücken.

Die Fehlliste der Berliner Museen in beiden Teilen der Stadt zeigt, „daß in vielen Fällen gerade das Einzigartige, Wertvollste und Unersetzliche aus dem Altbestand als vernichtet gilt oder verschollen ist. Dr. Goldmann von der Stiftung Preußischer Kulturbesitz:[113]

> „Das Antiken-Museum erhielt seinen ‚Hildesheimer Silberfund' zurück – nur fehlt das wohl bedeutendste Stück, ein großer Krater. Seine Goldsammlung wurde in der Verlagerungszeit um wichtigste Stücke beraubt, seine weltberühmte Sammlung antiker Gläser gilt als völlig vernichtet. Das Unersetzliche des Museums für Vor- und Frühgeschichte, so Schliemanns ‚Schatz des Priamos' und der größte auf deutschem Boden ausgegrabene bronzezeitliche ‚Goldfund von Eberswalde' fehlt ebenfalls seit 1945."

Das Kaiser-Friedrich-Museum verlor 417 seiner großartigsten Gemälde, die Nationalgalerie.[113a] Das Ägyptische Museum vermißt die Kiste mit der Signatur 35 – sie enthielt sämtliche Goldobjekte der Sammlung. Die Skulpturengalerie verlor über 50 ihrer nach Merkers ausgelagerten Kisten, darin u. a. Skulpturen von Tilman Riemenschneider. Die Ostasiatische Sammlung ist auf 5 Prozent ihres Vorkriegsbestandes reduziert. Auch sie wurde nach Aussage von Carl Weickert in den Westen gerettet. Eine endgültige Schadensbilanz ist erst dann möglich, wenn die Berliner Museen in beiden Teilen der Stadt gemeinsam ihre noch vorhandenen Unterlagen überprüfen.

Solange im Dunkel liegt, was sich von April bis Juni 1945 tatsächlich in den amerikanisch besetzten Depots abspielte, besteht Hoffnung, diese Schätze könnten eines Tages wohlbehalten zurückkehren. Die Totalität und Spurlosigkeit ihres Verschwindens deutet darauf hin, daß sie einen sicheren Hort erreicht haben. Als Reparationen unterstünden sie der Kontrolle des Schatzamtes, das auch die nationalen Goldreserven verwaltet.

Sollten die geheimen Verhandlungen zwischen SS-General Karl Wolf und Allen Dulles vom Amerikanischen Geheimdienst O.S.S., die vielleicht am 12. April 1945 in Bern durch Dönitz abgeschlossen wurden, das Schicksal dieser Dinge besiegelt haben? Dönitz spricht jedenfalls am selben Abend in Berlin vor der sogenannten „Führerlage“ unter vier Augen mit Hitler.

Wurden die von den Nationalsozialisten bis zuletzt gehüteten Schätze bewußt den Amerikanern in die Hände gespielt? Haben sie bei Verhandlungen als „Faustpfand“ für eine separate Kapitulation gegenüber den Westmächten oder für einen späteren „Friedensvertrag“ gedient? Über deren Inhalt hätte die Welt bis heute nichts erfahren. Noch immer sind die Dokumente zu den Berner Verhandlungen in den Washingtoner Archiven der Öffentlichkeit nicht zugänglich.

„Truly the only honorable Country left now is England"

(Walter Farmer, Direktor des amerikanischen Collecting Point Wiesbaden, am 21. 11. 45 in einem Brief an seine Frau)

4. WESTWARD HO* – AUF NACH AMERIKA!

Was immer sich im Dunkel der Bergwerke und in den Seitenwegen der Geheimdiplomatie abgespielt haben mag – es geschieht ohne Wissen der Kunstschutzoffiziere im Feld. Sie ahnen nicht, daß General Clay die Verwendung kultureller Objekte als Reparationen für die amerikanischen Kriegskosten anstrebt. Sie wissen nicht, daß Präsident Truman noch vor dem 1. August 1945 den Plan genehmigt, Kunstwerke aus unzweifelhaft deutschem Besitz in die Vereinigten Staaten zu verbringen. Offizielle Begründung: mangels angemessener Unterbringungsmöglichkeiten würden die wertvollen Kunstwerke den kommenden Winter in Deutschland nicht überstehen.

Anfang August werden Großbritannien und die Sowjetunion durch den amerikanischen Außenminister James Byrnes von dem Beschluß unterrichtet, der auf einhellige Ablehnung stößt.[114] Die Briten lehnen den Plan nicht nur inhaltlich ab, sie sind auch verwundert, in einer so wichtigen Frage nicht konsultiert worden zu sein. Außenminister Ernest Bevin in seiner Antwort vom 17. September 1945:[115]

> „In der Tat hätte ich gedacht, dies sei eine Angelegenheit von solcher Bedeutung, daß zunächst Einvernehmen im Kontrollrat erzielt werden sollte, bevor eine derartige Politik zur Ausführung gelangt."

Der eigenmächtige Entschluß der Amerikaner macht ein solches Einvernehmen aber ein für allemal unmöglich. Er schafft nicht nur, wie Bevin anführt, „unnötiges Mißtrauen unter den Deutschen", sondern brüskiert auch die Alliierten, die „trotz der

* Westward ho = aus der Wildwestsprache entlehnter Jargonausdruck amerikanischer Kunstschutzoffiziere für den Plan, deutsches Museumsgut nach Amerika zu verschiffen.

zu diesem Thema noch ausstehenden Einigung damit rechnen, einige dieser Objekte als *Replacement-in-Kind* für verschollene eigene Schätze zu erhalten". Sobald im Dezember auch die Sowjetunion, vielleicht als Reaktion auf die amerikanischen Pläne, in großem Umfang Kulturwerte aus ihrer Zone nach Rußland transportiert, ist das Programm *Replacement-in-Kind* schon mangels Masse vereitelt.

Als Bevin am 17. September 1945 seine Antwort formuliert, sind die amerikanischen *Collecting Points* in Marburg, Wiesbaden und München bereits voll funktionsfähig. Das Argument, die deutschen Kunstwerke seien nur in den USA gut aufgehoben, ist leicht als Vorwand durchschaubar:

> „Ich sehe, daß Sie sich auf das Fehlen angemessener Räumlichkeiten zur sicheren Verwahrung (der Kunstgegenstände) berufen, komme jedoch nicht umhin festzustellen, daß dies nicht mit meinen Informationen übereinstimmt."

Bevins Brief ist den amerikanischen Kunstschutzoffizieren, die von diesen Plänen bislang nichts ahnen, wie aus dem Munde gesprochen. Haben sie nicht Tag und Nacht dafür gearbeitet, den Kunstwerken in München, Marburg und Wiesbaden ein Dach über dem Kopf zu verschaffen? Haben sie nicht militärische Sicherheitsvorkehrungen getroffen, die Kunstwerke in übersichtliche Räume einquartiert und Brennstoff für den bevorstehenden Winter herangeschafft? George Stouts Diagnose ist eindeutig: den Bildern eine Reise nach Amerika zuzumuten, heißt das Risiko ihrer Beschädigung nicht vermindern, sondern potenzieren.[116] Anfang November trifft Colonel Harry McBride von der National Gallery mit dem Sonderauftrag in Berlin ein, den ersten Transport auf den Weg zu bringen. Kurz darauf erreicht der Befehl (s. Seite 105) zur Verschiffung von 202 Gemälden der Berliner Museen den Collecting Point Wiesbaden[117]:

> „Das oberste Hauptquartier ordnet sofortige Vorbereitungen für kurzfristige Verbringung einer Auswahl von mindestens 200 deutschen Kunstwerken allerersten Ranges in die Vereinigten Staaten an. Die meisten davon befinden sich jetzt im Collecting Point Wiesbaden. Auswahl wird vom Personal des Hauptquartiers getroffen, das Verpackung und Straßentransport nach Bremen unterstützen wird. Der Oberkommandierende der 7. US-Armee befiehlt dem Direktor der Militärregie-

rung für den Stadtkreis Wiesbaden, ausreichend Material und Personal bereitzustellen. Dieses Hauptquartier ist telefonisch über Fortschritt und erwarteten Bedarf zu informieren. Operation abzuschließen bis zum 20. November. Fahrzeuge und militärische Bewachung während des Transports werden von diesem Hauptquartier bereitgestellt."

Der Befehl schlägt ein wie eine Bombe. Die Offiziere sind niedergeschlagen und sprachlos, fühlen sich in ihrem Selbstverständnis getroffen, mißbraucht. Ihre Wut steigert sich noch, als Bancel La Farge, ranghöchster Kunstschutzoffizier im Hauptquartier in Frankfurt-Höchst, von der offiziellen Begründung erzählt, die Kunstwerke sollten zur „Sicherheitsverwahrung" (protective custody, safekeeping) nach Amerika geschickt werden. War das nicht die Formulierung, die der Einsatzstab Rosenberg für seine Raubaktionen angeführt hatte: „Sicherstellung herrenlosen Kunstbesitzes"![118] Walter Farmer an seine Frau: „Wir sind nicht besser und nicht schlechter als die Deutschen. Tatsache ist, daß wir viel von ihnen gelernt haben – an Unehrenhaftigkeit."[119]

VVV 96

IAIN

DUAU V DVAA NR T 1086 P P

FROM 7TH U S ARMY

TO OFFICE MIL GOVT FOR STADTKREIS WIESBADEN

BT

HIGHER HEADQUARTERS DESIGES THAT IMMEDIATE PREPARATIONS BE
MADE FOR PROMPT SHIPMENT TO THE UNITEK OF A SELECTION OF AT
LEAST TWO ZERO ZERO GERMAN WORKS OF ART OF GREATEST IMPOR
TANCE X MOST OF THESE ARE NOW IN ART COLLECTING POINT
WIESBADEN X SELECTIONS WILL BE MADE BY PERSONNEL FROM
HEADQUARTERS CMA US FORCES CMA EUROPEAN THEATER WHO WILL
ASSIST IN PACKING AND SHIPMENT BY MOTOR TRANSPORT TO
BREMEN X FROM CG SEVENTH ARMY TO DIRECTOR CMA OFFICE OF
MILITARY GOVERNMENT FOR STADTKREIS WIESBADEN CMA REF NO
ABLE THREE THREE ZERO TWO SEVEN X YOU WILL PROVIDE
SUFFICIENT MATERIAL AND PERSONNEL X THIS HEADQUARTER IS
TO BE INFORMED BY TELEPHONE OF PROGRESS AND ANTICIPATED
REQUIREMENTS X OPERATION TO BE COMPLETED BY TWO ZERO
NOVEMBER X TRANSPORTATION AND MILITARY SECURITY DURING
TRANSIT WILL BE PROVIDED BY THIS HEADQUARTERS X

Die ohnmächtige Wut weicht allmählich einer konspirativen Stimmung. Die Welt soll wissen, was hier vor sich geht, und koste es ein Verfahren vor dem Militärgericht. Aus allen Teilen Deutschlands und Österreichs werden die Kunstschutzoffiziere in Wiesbaden zusammengerufen, wo sie, um Walter Farmers Schreibtisch gedrängt, wie aus einem Munde das „Wiesbadener Manifest“ zu Papier bringen.[120]

Das Wiesbadener Manifest

1. Wir, die unterzeichnenden Monuments-, Fine Arts- and Archives-Spezialoffiziere der Streitkräfte der Vereinigten Staaten, möchten unsere Überzeugung kundtun bezüglich des Abtransports von Kunstwerken aus dem Eigentum deutscher Einrichtungen und Staatsbürger in die Vereinigten Staaten zum Zwecke der Sicherheitsverwahrung.

2. a. Wir sind einmütig der Auffassung, daß die Verbringung solcher Kunstwerke, ausgeführt von der Armee der Vereinigten Staaten auf Anweisung der höchsten nationalen Autorität, einen Präzedenzfall begründet, der weder moralisch vertretbar noch verständlich zu machen ist.

   b. Seit Kriegseintritt der Vereinigten Staaten war es erklärte Politik der Alliierten Streitkräfte, soweit militärische Notwendigkeiten dies erlaubten, sämtliche Monumente, Dokumente oder sonstigen Gegenstände von historischem, künstlerischem, kulturellem oder archäologischem Wert vor Beschädigung durch Kriegseinwirkung zu bewahren. Der Krieg ist beendet und keinerlei Doktrin „militärischer Notwendigkeiten“ kann zur weiteren Sicherstellung der zum Abtransport vorgesehenen Gegenstände angerufen werden, da geeignete Depots in Betrieb genommen sind und unter Leitung sachkundigen Personals ihre Aufgabe erfüllen.

   c. Die alliierten Nationen bereiten sich gegenwärtig darauf vor, einzelne Personen für die Straftat der unter dem Vorwand der „Sicherstellung“ erfolgten Beschlagnahme kultureller Schätze in den von Deutschland besetzten Ländern vor

Gericht zu stellen. Ein Großteil der Anklagen folgt der Argumentation, daß von diesen Personen, obgleich militärischen Befehlen unterstehend, zu erwarten gewesen wäre, im Namen eines höheren moralischen Gesetzes eine Beteiligung an deren Ausführung zu verweigern und sie zu mißbilligen. Wir, die Unterzeichnenden, sehen uns dazu verpflichtet, darauf hinzuweisen, daß wir, obwohl Mitglieder der Streitkräfte, bei Ausführung der erhaltenen Befehle vor klaren Blicken nicht weniger schuldig dastehen als diejenigen, deren Verurteilung wir vorgeben zu billigen.

3. Wir möchten darauf hinweisen, daß unseres Wissens keine historische Kränkung so langlebig ist und so viel gerechtfertigte Verbitterung hervorruft wie die aus welchem Grunde auch immer erfolgende Wegnahme eines Teils des kulturellen Erbes einer Nation, sei es auch, daß dieses Erbe als Kriegstrophäe aufgefaßt wird. Und obwohl diese Entfernung in altruistischer Absicht erfolgt, halten wir es nichtsdestoweniger für unsere Pflicht, individuell und gemeinschaftlich dagegen zu protestieren. Bei allen Verpflichtungen gegenüber der Nation, der wir Gefolgschaft schulden, gibt es weitere Verpflichtungen zu allgemeiner Gerechtigkeit und Anstand sowie zur Etablierung der Macht des Rechts, nicht der Gewalt, unter zivilisierten Nationen.

Binnen einer einzigen Woche wird der Protestaufruf von 24 aller 32 nördlich der Alpen stationierten Kunstschutzoffiziere unterzeichnet und über Armeekanäle vorgesetzten Dienststellen hinaufgereicht. Weitere fünf Offiziere äußern ihren Unmut in eigenen Briefen an Bancel La Farge, drei trauen sich nicht.* Auch

* Die Unterzeichner des Wiesbadener Manifestes: Julius Buchman, Doda Conned, Walter Forman, Dale V. Ford, Walker Hancock, Clyde M. Harris, Theodore A. Heinrich, Walter Horn, Thomas C. Howe, Sheldon W. Keck, Patrick J. Kelleher, Robert A. Koch, Stephen Kovalyak, Richard H. Kuhlke, Everett Leslie, William Lovegrove, Lamont Moore, J.T. Morey, Charles P. Parkhurst, Edward J. Putrux, Edwin C. Rae, Samiel Ratensky, Frederick C. Shrady, Edith A. Standen.
In eigenen Briefen an La Farge protestieren:
John H. Coulter, Craig H. Smyth, Edward E. Adams, Harry D. Goier, Kurt F. Hauschildt. Eines schriftlichen Protestes enthalten sich: James J. Rorimer, Leslie J. Poste. W.B. Van Nordwick.[121]

Wiesbaden: Gemälde werden für den Abtransport in die USA vorbereitet

James Rorimer sieht seine Hände gebunden. Im Zivilberuf leitet er die Mittelalter-Abteilung des New Yorker Metropolitan Museums, dessen Direktor, Francis Henry Taylor, als einziger prominenter Exponent des gelehrten Amerika auch später noch öffentlich die Verschiffung der Kunstwerke befürwortet. Taylor vertritt die *Roberts Commission* in London, seit Sumner McKnight Crosby den Posten aus Protest gegen den Verschiffungsplan im September 1945 geräumt hat.[122]

Nach Überzeugung der in Wiesbaden versammelten Kunstschutzoffiziere hat Taylor persönlich die zweihundert Gemälde aus dem Katalog des Kaiser-Friedrich-Museums ausgewählt. Wohl in dem Glauben, General Eisenhower einen Gefallen zu tun, fügte er den zweihundert alten Meistern zwei Gemälde aus der Berliner Nationalgalerie hinzu: Daumiers „Don Quixote" und Manets „Wintergarten" – ein Bild, vor dem Eisenhower am 12. April 1945 bei der Inspektion der Saline Merkers verweilt hatte.[123] Betrogen in ihrem Idealismus, bereiten Farm'er und Moore in Wiesbaden den Transport vor. Farmer am 18. November an seine Frau:

„Diese Tage fließen zäh und ereignislos ineinander. Die Arbeit geht mechanisch weiter, aber seit der Glanz jugendlicher

Eisenhower (nicht im Bild) inspiziert Manets „Wintergarten" in Merkers

Begeisterung geschwunden ist, spüren wir auf einmal, daß wir in die Jahre kommen. Du kannst Dir nicht vorstellen, wie schwer es ist, vor anderen vertreten zu müssen, was man selber entsetzlich findet!"[124]

Farmer und Moore haben genau zwei Wochen Zeit, um den Zustand der Bilder fotografisch festzuhalten und sie in passende Kisten zu verpacken. Dann begleitet Lamont Moore den militärisch gesicherten Transport in einem gepanzerten Eisenbahnwaggon über Paris nach Le Havre und von dort am 24. November auf dem Armeefrachter „James Parker" weiter nach Amerika.[125] Am Morgen des 7. Dezember meldet die New York Times die Ankunft:

„Wertvolles Kontingent von Kunstwerken, ausschließlich Gemälde im Wert von bis zu 80 Millionen $, eingetroffen ... Herkunft der Bilder und Grund ihres Transports bleiben mysteriös. Keiner der Offiziere am Pier war bereit, hierüber Auskunft zu erteilen oder auch nur die Tatsache zu bestätigen."

Von New York werden die Bilder noch am selben Tag nach Washington überführt und dort fachgerecht in den Magazinen der National Gallery untergebracht.

Das Wiesbadener Manifest ist eine Zeitbombe. Erst mit zweimonatiger Verzögerung formiert sich Anfang 1946 der Protest in der amerikanischen Fachöffentlichkeit. In der Januarausgabe des „College Art Journal“ informiert der heimgekehrte Kunstschutzoffizier und angesehene Harvard-Kunsthistoriker Charles Kuhn über den aus seiner Sicht skandalösen Vorfall[126], am 7. Februar veröffentlicht die New York Times in nur leicht gekürzter Fassung das Wiesbadener Manifest, und am 9. Mai senden 95 angesehene Persönlichkeiten aus Forschung und Museumswelt eine deutliche Resolution an Präsident Truman, die mit der unmißverständlichen Aufforderung schließt,

> „... der Präsident möge den sofortigen sicheren Rücktransport der genannten Gemälde nach Deutschland anordnen, jegliche Pläne zu ihrer Ausstellung in diesem Lande absagen und eventuell geplante weitere Transporte dieser Art ohne Verzug unterbinden.“[127]

Während Präsident Truman feierlich erklärt, eine Ausstellung der Gemälde sei nicht vorgesehen, die Verhältnisse in Deutschland ließen aber eine Rückkehr der Bilder derzeit noch nicht zu, setzt Walter Farmer in Wiesbaden das Mittel der Ausstellung bewußt als Machtfaktor in seinem Kampf ein, die Kunstwerke in Deutschland zurückzuhalten. Je mehr Menschen die von ihm verwahrten Schätze sehen, um so schwieriger wird es sein, ihre Wegnahme zu vertreten.

Am 10. Februar 1946 wird die Ausstellung der verbliebenen alten Meister aus dem Berliner Kaiser-Friedrich-Museum im *Collecting Point Wiesbaden* eröffnet. Das Hauptinteresse der Besucher gilt freilich nicht den Bildern, sondern der „Painted Queen“ Nofretete, die in der Mitte eines Saales ganz allein unter einer Glashaube Aufstellung findet. Die einst wenig beachtete Gipsbüste hatte vor 3500 Jahren als Modellvorlage in einer altägyptischen Bildhauerwerkstatt gedient. 1913 war sie dem deutschen Ausgräber Ludwig Borchardt von den ägyptischen Autoritäten als legitimer Anteil an den Grabungsfunden von Amarna überlassen worden. Seit das für die altägyptische Kunst ungewöhnlich graziöse intellektuell aufgeweckte Königinnenportrait in Berlin unerwartete Popularität erlangte, bemüht sich Ägypten um Rücktausch. In Wiesbaden hatte sich das Gerücht verbreitet, die Amerikaner wollten die Büste nun dorthin zurückschicken.

Walter Farmer mit der „Painted Queen“, der Büste Nofretetes

Tatsächlich geht im State Department zwei Tage nach Eröffnung der Wiesbadener Ausstellung ein offizielles „Auslieferungsersuchen" der ägyptischen Regierung ein[128], dem stattzugeben offensichtlich ernsthaft erwogen wird. Noch im März 1946 plant Francis Henry Taylor, die Büste vor ihrer endgültigen Rückkehr nach Ägypten für zwei Monate im Metropolitan Museum auszustellen.[129] Aber zu diesem Zeitpunkt haben die Befürworter der Kunstreparationen in der US-Administration vor dem unerwartet heftigen Widerstand aus dem In- und Ausland bereits kapituliert.*

Während die Sowjetunion trotz nomineller Proteste in der amerikanischen Verschiffungspolitik zumindest ein Alibi für den eigenen Abtransport kultureller Güter aus ihrer Zone findet, bleiben die Briten in ihrer Ablehnung kompromißlos. Sie sind vor allem besorgt, daß auch solche Kunstwerke nach Amerika gelangen könnten, die ihren Platz in den Museen und Kirchen ihrer eigenen Zone haben. Einem internen Diskussionspapier der amerikanischen Militärregierung vom 8. November 1945 zufolge „ersuchen die Briten ... um Genehmigung, solche Kunstwerke in Erwartung ihrer raschen Rückgabe an Kirchen und Museen in die jüngst entstandenen Depots in der britischen Zone zu überführen."[130] Ein ähnliches Papier hält eine Woche später Clays Reaktion auf den britischen Vorstoß fest:

> „General Clay hat zum Ausdruck gebracht, daß er die Rückgabe von Kunstwerken, die während der Phase der gemeinsamen militärischen Operationen erbeutet wurden und sich nun in amerikanischem Besitz befinden, zu diesem Zeitpunkt ablehnt. Er unterstreicht, daß die in amerikanischem Besitz befindlichen Kunstwerke von der US-Armee erbeutet [captured] wurden; die Briten hätten ihrerseits die von der 21. [britischen] Heeresgruppe erbeuteten Kunstwerke zurückgehalten und nichts davon in das gemeinsame Sammelbecken [SHAEF-pool] eingebracht. Aus diesem Grunde beabsichtigt Clay, sämtliche jetzt in den Händen der US-Armee befind-

* Während des Dritten Reiches soll Hitler zur Täuschung der ägyptischen Regierung eine Kopie der Büste in Auftrag gegeben haben. Nach dem Zweiten Weltkrieg wurden mehrfach Zweifel geäußert, ob es sich bei dem aus Merkers nach Wiesbaden gelangten Exemplar um das Original handelt, zumal berichtet wird, daß die Nofretete noch am 4. oder 5. April 1945 im Flakturm am Zoo gesehen wurde, von wo sie anschließend nach Grasleben gelangt und dort verschwunden wäre. Entsprechende Untersuchungen, die auch naturwissenschaftliche Methoden einschließen, sind noch nicht abgeschlossen.

lichen Kunstwerke im Besitz zu behalten und – sofern sie hierzu geeignet erscheinen – zur Sicherheitsverwahrung nach Amerika zu schicken." (15. Nov. 1945)[131]

Die Sprachregelung dieses internen Papiers (captured = erobert/erbeutet; pool = Sammelbecken) läßt durchscheinen, daß General Clay die militärische Eroberung von Kunstwerken als Besitztitel versteht und daß ihm das Programm *Replacement-in-Kind* zur Rechtfertigung einer Ansammlung von Kunstwerken aus deutschem Besitz in amerikanischer Hand dient. Dabei verwickelt er sich in einen doppelten Widerspruch:

Clays Vorwurf an die Briten, sie würden die in ihrer Zone vorgefundenen Kunstwerke nicht in ein gemeinsames Sammelbecken einbringen, ist geradezu dreist, nachdem amerikanische Truppen zuvor einseitig Kunstwerke vom Gebiet der britischen Besatzungszone entfernt haben.

Clays Vorwand, Kunstwerke aus deutschem Besitz zurückzuhalten, um ein Sammelbecken zur Begleichung kultureller Schadensersatzansprüche der von den Deutschen besetzten Länder schaffen zu wollen, steht in klarem Gegensatz zur Verbringung dieser Kunstwerke in ein Land, das mangels kultureller Einbußen selber keinen Anspruch auf *Replacement-in-Kind* erheben kann. So sieht sich Clay gezwungen, für den Transport in die USA das Argument der Sicherheitsverwahrung anzuführen, das ihm jedoch von Anfang an keiner abnimmt.

Da sich General Clay gegen die Sorge der Briten versperrt, schreibt ihm der stellvertretende Gouverneur der britischen Zone, General Brian Robertson, am 30. November 1945 persönlich:

„My dear Clay, ... mir liegt sehr daran, die Frage des weiteren Schicksals von Kunstwerken, die während der Kampfphase erbeutet wurden, so bald wie möglich zu lösen, und ich bitte um Ihre Zusicherung, daß Kunstwerke, die – sei es auf Befehl des gemeinsamen Hauptquartiers, sei es infolge von Auslagerungen durch die Deutschen – aus der britischen Zone herausgebracht wurden, nicht in die Vereinigten Staaten transportiert, sondern in naher Zukunft in die britische Zone zurückgegeben werden."[132]

Clay antwortet am 7. Dezember mit dem notorischen Hinweis auf eine noch ausstehende Viermächteregelung[133], obwohl gerade seine eigene Politik der vollendeten Tatsachen einer solchen Einigung im Wege steht. Weitere fünf Wochen später, am 14. Januar 1946 hält ein amerikanisches Diskussionspapier fest, daß „seltene Kunstwerke aus deutschem Besitz im Hinblick auf die weitere Entwicklung des Programms zur Verschiffung von Kunstwerken in die USA zurückgehalten werden".[134]

Da auch der dritte englische Vorstoß ohne Reaktion geblieben ist, schlägt General Robertson seinem amerikanischen Kollegen am 28. Januar 1946 ein Tauschgeschäft vor:

> „My dear Clay, ... ich teile vollkommen Ihre Ansicht, daß eine Viermächteregelung über die Rückkehr deutscher Kunstwerke in alle vier Besatzungszonen wünschenswert wäre. Doch leider erkenne ich für eine solche Einigung in naher Zukunft nur geringe Aussichten. Beispielsweise muß die Frage der Preußischen Staatlichen Museen in Berlin noch entschieden werden, die ... im russischen Sektor von Berlin liegen, während große Teile ihrer Sammlungen zur Zeit in amerikanischer und britischer Hand sind. Die 200 kürzlich zur Sicherheitsverwahrung in die Vereinigten Staaten transportierten Bilder stammen, wenn ich recht informiert bin, aus diesen Museen. [Eine deutliche Anspielung darauf, daß das eigenmächtige amerikanische Vorgehen die vorgeblich angestrebte Viermächteregelung nicht eben einfacher gemacht hat, Anm. des Verfassers] ... Daher sollten wir den gegenseitigen Nutzen möglicher Übereinkünfte zwischen den Kommandanten unserer Zonen über den Austausch von Kunstwerken, Archiven, Kirchenschätzen und Museumsgütern bedenken. Meines Wissens beherbergen wir gegenwärtig umfangreiche Archive von Städten in der amerikanischen Zone, deren Rückkehr sicher von Nutzen wäre, während wir unsererseits gerne die Kirchenschätze aus der Nordrheinprovinz sowie die Bilder aus den Museen des nördlichen Rheinlands, Hannovers und Braunschweigs entgegennehmen würden."[135]

General Robertson meint offenbar die Kunstwerke aus den Museen und Kirchen von Bonn, Köln, Wuppertal, Essen und Münster, die Walker Hancock im Mai und Juni 1945 aus der feuchten Siegener Kupfermine in den *Collecting Point Marburg* gerettet hatte, und die Bilder des Landesmuseums Hannover, die nach wie vor im Kunstbunker von Bad Wildungen lagern. (Die Amerikaner hatten das ausgezeichnete Depot von den Nazis übernommen.) Die Bestände der Braunschweiger Museen sind dagegen vollständig in der britischen Zone verblieben. Meint Robertson mit den „Braunschweiger Bildern", die er entgegennehmen möchte, Gegenstände, die aus der im Lande Braunschweig gelegenen Saline Grasleben entnommen worden sind?

Schon am 8. Februar erteilt General Clay seine Zustimmung zu dem vorgeschlagenen Kulturaustausch.[136] Die Abwicklung des *Interzonal Exchange* wird an die jeweiligen Kunstschutzorganisationen delegiert. Doch damit beginnt erst eine neue Verhandlungsrunde. Noch am 8. März ist von der „Möglichkeit des Verkaufs deutscher Sammlungen"[137] die Rede. Bis zum 19. März ist die von den Kunstschutzorganisationen erstellte Stabsstudie über *Interzonal Exchange* von General Clay noch nicht unterzeichnet.[138] Als man sich schließlich geeinigt hat, erweisen sich die technischen Schwierigkeiten als kaum überwindbar.

Am 21. Mai klagt der auf britischer Seite für das Programm zuständige Kunstschutzoffizier Lionel Perry, die Amerikaner hätten „nur eine vage Vorstellung vom Inhalt ihrer Depots"[139]. Da die Einlagerungsinventare aus sämtlichen größeren Auslagerungsstätten noch während der Kampfphase entfernt worden sind, kann nur zurückgefordert werden, was Museen und Denkmalämter als Verlust nachweisen oder wovon doch noch ein Inventar auftaucht.

Was Clay zu diesem Zeitpunkt an der kleinen und selbstbewußten Kunstschutztruppe vorbei bereits als Kriegsbeute über den Ozean geschickt hat, läßt sich immer dann erahnen, wenn verloren geglaubte Schätze plötzlich wohlbehalten wieder auftauchen. So zur Zeit der Luftbrücke nach Berlin im Oktober 1948, als Clay telegrafisch die Rückgabe des Hohenzollernsilbers einleitet und noch hinzufügt, „it will be helpful publicity for us"[140]. Es stellte sich heraus, daß das sieben Tonnen schwere königliche Service am 28. März 1945 in einem Landsitz bei Lenzen in Sachsen von der 171. amerikanischen Infanteriedivision als Kriegsbeute beschlagnahmt worden war.[141]

1980 zeigt ein Provinzmuseum in Ohio Teile vom Tafelsilber Adolf Hitlers.[142] In jedes der etwa 300 Teile sind Reichsadler und Hakenkreuz eingraviert, und eine Aufbewahrung im fernen Ohio erscheint geradezu ideal. Doch wie konnte dieser voluminöse Fund nach Amerika und in den Privatbesitz des anonymen Leihgebers gelangen? Offenbar sind Teile deutscher Sammlungen und Bibliotheken nach Kriegsende regelrecht vermarktet worden. Dies muß man jedenfalls einem Telegramm entnehmen, mit dem sich General Clay noch im April 1946 wegen der Briefmarkensammlung des Reichspostministeriums an das Pentagon wendet: „Wünsche, die Sammlung in den Vereinigten Staaten zu vermarkten. Glaube, verpacken, verschiffen und schätzen kann am besten ... in der gleichen Weise wie die Bücherexporte ausgeführt werden."[143] Die Briefmarken bleiben damals in Deutschland.*

Kriegsreparationen sind kein Verbrechen. Kein Gut der Welt vermag selbst ein Volk wie das amerikanische, dessen Territorium während des Zweiten Weltkrieges unberührt geblieben ist, für die jungen Menschen zu entschädigen, die bei der Befreiung Europas ihr Leben ließen. Erst im Lichte des Idealismus der amerikanischen Kunstschutzoffiziere gewinnt die Aneignung von Kulturwerten durch die amerikanische Armee einen schlechten Geruch. Es nimmt nicht Wunder, daß gerade diese Offiziere, allen voran Walter Farmer, es noch erleben wollen, wie sich die Tresore eines Tages wieder öffnen und die Menschheit jene Werte zurückerhält, die für die Zukunft zu bewahren sie ausgezogen sind.

Was die 202 Berliner Bilder betrifft, so sieht General Clay im Februar 1948 den richtigen Zeitpunkt für ihre Rückkehr nach Wiesbaden gekommen.[144] Am 26. Februar erteilt Präsident Truman hierzu seine Zustimmung, wünscht aber, daß die Bilder zuvor dem amerikanischen Publikum in der National Gallery zugänglich gemacht werden. Die Ausstellung, die am 17. März 1948 ihre Tore öffnet, wird zu einem Jahrhundertereignis. Über eine Million Menschen sehen die Bilder bis zum 25. Mai.

Doch aus ihrer anschließenden Rückkehr nach Europa wird einstweilen nichts. Auf Initiative Senator Fulbrights überstimmt der Kongreß das Votum des Präsidenten und beschließt, die Bilder auf eine Tournee durch dreizehn weitere amerikanische Großstädte zu schicken. Die Organisation wird einem Komitee von Museumsdirektoren übertragen, vor dem am 16. April 1946 auch der im US-Exil lebende spätere deutsche Diplomat Alexander

* Lediglich acht der wertvollsten Marken, darunter die rote und die blaue Mauritius, galten als verschollen, bis sie 1976 in Philadelphia wieder auftauchten. Bis zur Feststellung des rechtmäßigen Eigentümers – Bundesrepublik Deutschland oder Deutsche Demokratische Republik – werden sie vom amerikanischen Schatzamt verwahrt.

Böker zu Wort kommt.[145] Anders als die internationale Museumswelt, die auf eine unausweichliche Schädigung der Bilder durch Temperatur- und Feuchtigkeitsschwankungen hinweist, äußert sich Böker mit Hinblick auf die Völkerverständigung und die noch unsichere politische Lage in Deutschland entschieden zugunsten der Tournee.

Entsprechend seiner Empfehlung, ein geringes Eintrittsgeld für einen guten Zweck in Deutschland abzuzweigen, werden die Einkünfte der Kinderhilfe zugeführt. Lediglich 52 besonders empfindlichen Bildern, vor allem Holztafeln, bleibt der strapaziöse Eisenbahntransport erspart. In Pferdeboxen werden die Bilder 20 000 Meilen über New York, Philadelphia, Chicago, Boston, Detroit, Cleveland, Minneapolis, Portland, San Francisco, Los Angeles, St. Louis, Pittsburgh und Toledo zurück nach New York kutschiert. Von dort können sie am 22. April 1948 endlich ihre Heimreise nach Wiesbaden antreten. „Die Bilder sind müde", konstatiert Kurator Karl Birkmeyer. „Farb- und Firnisschichten sind ausgetrocknet und spröde." Ihrer endgültigen Rückkehr nach Berlin stehen noch erhebliche politische Hindernisse im Wege.

II. Teil

In der britischen Besatzungszone

5. Im Kronland der Royal Family

Als Montgomerys Heeresgruppe im April 1945 Norddeutschland besetzt, ist die Einnahme von Kunstgutdepots kein Ziel militärischer Operationen. Während die Amerikaner am 12. April in einem gezielten Vorstoß die Salinen Grasleben und Schönebeck einnehmen, marschieren die Briten nur um wenige Kilometer daran vorbei. Auch im Monat Juni, als amerikanische Einheiten Teile Sachsens, die der sowjetischen Besatzungszone zugedacht sind, für einen Monat den Engländern übergeben, kann keine Rede davon sein, sie hätten nun systematisch Kulturwerte unter ihre Kontrolle gebracht.

Die Archivgutverlagerung aus der Saline Schönebeck bei Magdeburg und die Räumung des Blankenburger Welfenschlosses durch britische Armeetransporter erfolgen vielmehr im allerletzten Moment und offenbar auf persönliche Initiative Felix Harbords, der den Kunstschutz im Raum Hannover/Braunschweig in den Monaten vor Herausbildung der britischen Militärregierung Mitte Juli weitgehend allein bestimmt.

Harbord ist durch und durch Künstler. Vor dem Krieg hat er Malerei und Architektur in London, anschließend Bildhauerei in New York studiert. Mit 42 Jahren lebt er noch immer auf Kosten seiner wohlhabend verheirateten Schwester Auriol Palmer. Harbord handelt eigenmächtig, aus Intuition und Begeisterung heraus, überschreitet Kompetenzen, bringt seine Vorgesetzten in Rage – und gerade deshalb ist er in jenen Monaten des Übergangs der richtige Mann am Platz!

Am 19. Juni, nur elf Tage vor der vereinbarten Übergabe von Schönebeck und Blankenburg an die Russen, läßt Harbord in seinem Büro in Hannover zwei Besuchern aus Celle gegenüber erstmals seine Absicht erkennen, „Kunstgüter aus einem Bergwerk bei

Magdeburg ... vielleicht auch Archivalien ... kurz große Bestände aus dem von den Russen zu besetzenden Gebiet ... ins Celler Schloß zu bergen"[146]. Harbord hat später aufgeschrieben, wie er die Evakuierung von Schloß Blankenburg in den ersten Junitagen 1945 ganz persönlich eingefädelt hat[147]:

> „Schon von weitem erblickte ich, von Hannover kommend, das alte Schloß Blankenburg, wie es stolz über den Hügeln thronte, und der Gedanke bedrückte mich, daß dieses so eng mit unserem Königtum verbundene Schloß schon bald für Gott weiß wie lange Zeit vom Nebel russischer Geheimhaltung umhüllt sein würde ... Im Innern ähnelte es einem riesigen, überfüllten Möbellager ... Ich erklärte dem Herzog, daß die in Blankenburg untergebrachten Kunstschätze, ebenso wie die des Großherzogs von Mecklenburg, allesamt in die Hände der Russen fielen, wenn sie nicht sofort weggebracht würden. Als Ausweichquartier schlug ich die Marienburg vor und sagte ihm, daß die Briten bereit seien, alles in ihrer Macht Stehende zu tun, um ihm beim Abtransport der Sachen zu helfen. Er müsse nur seine Zustimmung geben."

Die Reaktion des Herzogs:

> „Im ersten Moment war er konsterniert. Er erinnerte an die Verluste, Enteignungen und Schwierigkeiten, die sie erlitten hätten. Über Jahrhunderte hatte man sie von einem Ort zum anderen gejagt, und er fragte sich, wie sie die Kraft finden würden, all dies ein weiteres Mal durchzustehen."

Doch schon im nächsten Satz hat der Welfe seine Fassung zurückgewonnen. Er fügt hinzu,

> „daß seine Besitztümer für England natürlich ebenso interessant seien wie für Hannover und wie sehr er sich England und der königlichen Familie verbunden fühlt."

Am Morgen des 25. Juni steht eine ganze Transportkolonne am Schloßberg. Im Eiltempo wird gepackt, eine Vermauerung wird aufgerissen, um wertvolles Auslagerungsgut des Herzog Anton Ulrich-Museums zu bergen, das der Landeskonservator mit hauseigenen Werten im Tiefkeller des Schlosses eingemauert hatte. Eine benachbarte Sägerei fertigt eigens Transportkisten an. Vier Wochen lang pendeln Felix Harbords dreißig Armeelaster unter dem Geleitschutz dreier Panzerwagen zwischen Blankenburg und der südlich von Hannover gelegenen Marienburg hin

Blankenburg im Harz: Die Stadt ergibt sich am 20. April 1945 den Amerikanern. Schon von weitem sichtbar: das Welfenschloß aus dem 18. Jahrhundert

und her, bis am 23. Juli auch die letzte Verbindungsstraße über den Harz von den Russen gesperrt wird.[148] Noch etwa zwanzig Prozent letzter Wahl des Auslagerungsguts, vor allem Möbel, fallen ihnen in Blankenburg in die Hände.

Ernst August hatte das Eigeninteresse des britischen Hofes an Teilen seiner Sammlung richtig erkannt. Am 13. Dezember 1945 erscheinen Anthony Blunt, damals Kurator der königlichen Sammlungen von Windsor, und sein Schüler Kunstschutzoffizier Cecil Gould auf der Marienburg, um eine Revision des englischen Fideikommißguts* vorzunehmen.[149]

Zwischen dem 26. und 30. Juni, gleichzeitig mit der Evakuierung von Schloß Blankenburg, fahren die Briten Archiv- und Museumsgut aus der Saline Schönebeck bei Magdeburg auf 75 Lastwagen ohne Anhänger nach Vienenburg bei Goslar ab.[150]

*Als die seit 1714 bestehende Personalunion zwischen den Königreichen Hannover und England 1837 mit der Thronbesteigung Königin Victorias endete – das in Hannover geltende salische Recht schloß eine weibliche Thronfolge aus – wurde Victorias Onkel, Ernst August Herzog von Cumberland, neuer König von Hannover. Teile jener königlichen Sammlungen, die er damals mit sich nach Deutschland führte, werden vom britischen Familienzweig zurückgefordert.

Abtransport von Archivgut aus Grasleben in die Kaiserpfalz Goslar.

Bereits im Mai hatte das angloamerikanische GOLDCUP-Team Teile des Reichsarchivs Potsdam aus Schönebeck ins *Ministerial Collecting Center* Fürstenhagen bei Kassel überführt. Die Amerikaner hatten sich am Firmenarchiv der Siemens-Schuckert-Werke bedient. Die Briten entnehmen der Saline vor allem Archivgut aus Ostdeutschland und dem Baltikum[151]:

1. Mecklenburgisches Landesarchiv, Schwerin
2. Niederlausitzer Landesarchiv Lübben (25 Kisten)
3. Staatsarchiv Anhalt Zerbst (39 Kisten)
4. Stadt- und Kirchenarchiv Prenzlau (24 Kisten)
5. Ritterschaftsarchiv Kurland (16 Kisten)
6. Ritterschaftsarchiv Livland (8 Kisten)
7. Landesarchiv Speyer

Vor dem Hintergrund von Annexion und Russifizierung der baltischen Staaten durch Stalin haben gerade die Ritterschaftsarchive als historischer Beleg für die kulturelle Anbindung weiter Teile Osteuropas an das christliche Mittelalter im Jahre 1945 auch politische Bedeutung. Hinter dem Interesse an den Landes- und Staatsarchiven der russischen Besatzungszone könnte sich der Anspruch verbergen, auch zukünftig über das Schicksal dieser Gebiete mitzubestimmen. Dennoch scheint die Auswahl der abtransportierten Kisten eher zufällig. Hier hat nicht eine mit Geheimdienstinformationen gespickte *Task Force* auf höheren Befehl „targets" lokalisiert, um sie zügig und geheim an vorbereitete Sammelstellen zu bringen. Hier wird vielmehr vier Tage vor Schließung der Grenze eine Transportkolonne losgeschickt, um einzupacken, was ihr in den Weg kommt.

Neben den Archiven aus dem Bergwerk sind das Kisten der Berliner Museen, die im Winter 1944/45 auf zwei Frachtkähnen nach Schönebeck gelangt sind. Wegen der vereisten Kanäle konnte der Kahn „Deus Tecum" erst im Februar, der Kahn „Cosel" unter Kahnführer Emil Oberfeld erst am 14. März Berlin verlassen.[152] Als die Amerikaner am 12. April Schönebeck einnehmen, finden sie letzteren nur teilentladen in einem Stichkanal. Der beauftragte Spediteur hatte auf die Begleichung seiner Rechnungen gewartet und beklagt sich, als die Soldaten den Kahn entladen, über den Verlust seines Faustpfandes.[153] Was von den Briten Ende Juni in den Westen abtransportiert wird, bleibt weit unter dem Fassungsvermögen zweier Kähne. Es sind

131 Kisten der Antikenabteilung
107 Kisten der Zentralbibliothek
23 Kisten des Museums für Völkerkunde
18 Kisten des Schloßmuseums

sowie zwölf Kubikmeter Bücher aus dem Königin-Augusta-Gymnasium Berlin.

Der britische Kunstschutzoffizier Rollo Charles und der Landeskonservator Seeleke finden die Kisten am 20. August in der Turnhalle von Vienenburg bei Goslar. Die Kisten der Antikenabteilung bringen sie zunächst zur Überprüfung in den Keller des

Nächste Seite: Kisten und Aktenbündel türmen sich im großen Saal der Goslarer Kaiserpfalz

TLA-133
TLA-47
TLA-81
TLA-139

Braunschweiger Anton Ulrich-Museums. Das Archivgut wird in der Kaiserpfalz Goslar („the Kaiserhaus“) geborgen. Hier entsteht das offizielle Archivgutlager der britischen Besatzungszone unter Aufsicht des ehemaligen Magazinverwalters im Preußischen Staatsarchiv, Johannes Nicol, der die ihm anvertrauten Aktenauslagerungen bis zuletzt in der Saline Schönebeck bewacht und sie auch nach Vienenburg begleitet hat. Auch die ostdeutschen und baltischen Archive aus dem Salzbergwerk Grasleben werden hier verstaut:

1. Stadtarchiv Posen
2. Stadtarchiv Thorn
3. Staatsarchiv Stettin
4. Stadtarchiv Elbing
5. Reichsarchiv Danzig
6. Staatsarchiv Königsberg
   (mit dem Archiv des Deutschen Ritterordens)
7. Archiv Reval

Das vom Gebiet des heutigen Polen stammende Archivgut (Posen, Thorn, Stettin, Elbing, Danzig und die Akten der Regierung Allenstein aus dem Staatsarchiv Königsberg) übergeben die Briten 1947 der polnischen Archivverwaltung. Einige Archive vom Gebiet der sowjetischen Besatzungszone werden nach Auflösung des Archivgutlagers Goslar von 1953 bis 1979 im Staatlichen Archivlager Göttingen, anschließend im Geheimen Staatsarchiv Preußischer Kulturbesitz in Berlin verwahrt und im März 1987 nach einem Notenaustausch zwischen dem ständigen Vertreter der Bundesrepublik Deutschland in Ost-Berlin und dem Minister der auswärtigen Angelegenheiten der DDR vom 12. November 1986 an die DDR übergeben. (Im Austausch erhalten die norddeutschen Hansestädte u. a. Archivgut, das sie während des Krieges nach Grasleben ausgelagert hatten.)

Die Archive aus den sowjetisch annektierten Gebieten (Reval, Livland, Kurland und Königsberg) gelangen 1953 ebenfalls ins Archivlager Göttingen und nach dessen Auflösung 1979 ins Bundesarchiv Koblenz. Die geretteten Teile des Staatsarchivs Königsberg mit dem Archiv des Deutschen Ritterordens kommen ins Geheime Staatsarchiv Preußischer Kulturbesitz in Berlin.[154]

Schloß Celle: das zentrale Kunstgutlager der britischen Besatzungszone

Das Kunstgutlager Schloß Celle

Ebenso überstürzt und unter Zeitdruck wie die Abtransporte von Kunst- und Archivgut aus der späteren sowjetischen Zone erfolgt der Aufbau eines zentralen Kunstgutdepots im Schloß Celle. Das schöne Gebäude mit Renaissancekapelle, venezianisch inspirierter Fassade und Barocktheater war einst Residenz des erloschenen Lüneburger Zweiges des Welfenhauses. Später dient es der Stadt unter anderem als Bibliothek und Gerichtsdienststelle.

Als britische Truppen am 12. April Celle besetzen, haben sie anderes im Sinn als Kunstschutz. Vor den Toren der Stadt haben sie das Konzentrationslager Bergen-Belsen befreit, sind dort erstmals mit den Massenmorden des Naziregimes konfrontiert worden. In Celle suchen sie nun nach Verantwortlichen, im Schloß nach beweiskräftigen Dokumenten. Drei Wochen lang wird es von den Truppen belagert und ziemlich auf den Kopf gestellt, bevor am Morgen des 4. Mai Kunstschutzoffizier Felix Harbord aus Hannover eintrifft.

Der Direktor des örtlichen Bomann-Museums, Dr. Albert Neukirch, spürt auf Anhieb „ungeheuchelte Hilfsbereitschaft, Güte und Noblesse ... – befreiend nach allen Eindrücken der Nazizeit“[155]. Harbord läßt sich die Räume des Schlosses zeigen und ein Inventar der Gegenstände anfertigen, veranlaßt Reparaturarbeiten und postiert vor dem Tor eine Wache. Dann vergehen sechs Wochen, ohne daß etwas geschieht. Als der kunstsinnige Sammler und Kaufmann Ernst-Jürgen Otto am 19. Juni auf eigene Initiative mit Neukirch nach Hannover fährt, um Harbord seinen persönlichen Plan zur Nutzung des Schlosses als Kunstzentrum zu erläutern, erfährt er von der Absicht, hier ein Kunstgutlager für den Inhalt der großen Salzbergwerke einzurichten.

Ottos Initiative ist Harbord sehr willkommen. Der Mann spricht fließend Englisch, hat gute Manieren und offenbar Organisationstalent. Sicher würde er ihm viel Arbeit abnehmen. Am 30. August, zweieinhalb Monate nach dem Treffen in Hannover, erscheint Harbord mit seinem Kollegen Aeneas McDonnell zu einem stilvollen Empfang beim Ehepaar Otto in Celle, um technische Einzelheiten und Personalfragen des geplanten Kunstgutlagers zu besprechen.

Neukirch erinnert sich: „Otto war begünstigt durch Harbords Neigung für musikalische und gesellschaftliche Veranstaltungen.“ „Dr. Otto“ – von seinen englischen Freunden wegen seines smarten Auftretens promoviert – weiß sich den Posten des Direktors zu sichern, der langjährige Museumsdirektor Neukirch wird Kustos, und der Provinzialkonservator von Hannover, Hermann Deckert verlagert sein ausgebombtes Denkmalamt aus Hannover ins Schloß und kümmert sich um die sachgerechte Unterbringung des Lagergutes, während Seeleke Widerspruch einlegt, weil Sicherheit und Klimatisierung durchaus nicht gewährleistet sind.

Anders als die *Collecting Points* der amerikanischen Besatzungszone in Marburg, Wiesbaden und München, die dem professionellen Management amerikanischer Spezialisten unterstehen, wird das britische *Fine Arts Repository* in Celle von Anfang an Deutschen überlassen. Felix Harbord meint, in Otto den Mann gefunden zu haben, der technische und organisatorische Aufgaben selbständig für ihn abwickelt. So kann er sich selber auch seinen Steckenpferden, einer Ausstellung höfischer Wohnkultur in der Orangerie des zerstörten Schlosses Herrenhausen in Han-

Felix Harbord und seine Schwester Auriol Palmer in deren Residenz Farley Hall, eingerichtet von Felix Harbord 1952–1954

nover und der Wiederbespielung des Celler Schloßtheaters zuwenden, denen er bis zu seinem Abschied im Oktober 1945 seine ganze Kraft widmet.

Dabei kommt ihm besonders die Loyalität der Welfen zustatten, die ihm die Rettung der Blankenburger Besitztümer vor Beschlagnahme durch die Russen danken und zur Ausstellung nicht nur die Reste ihrer Herrenhausener Residenz, sondern auch Möbel und Gemälde beisteuern. Weitere Schaustücke sind historische Kostüme aus dem Schloß Celle und niederländische Landschaften aus der von-Harlingschen Gemäldesammlung.

Die mit bühnenbildnerischem Raffinement arrangierte Ausstellung wird zu einem großen gesellschaftlichen Ereignis. In

Links: William Gear besucht eine Gear-Ausstellung (März 1947 in der Hamburger Galerie „Sungekunst“); rechts: Peter Eden (links) im Kornfeld

Anwesenheit einiger Generale, der Herzogin von Kent, Croyscher und Arenbergscher Fürstlichkeiten sowie der Welfen erfolgt am 14. September die Eröffnung mit Kammermusik und Sekt. Neukirch: „Zum ersten Mal (genoß man) wieder die Stimmung einer künstlerisch-kulturgeschichtlichen Schaustellung wie früher.“ Für die britischen Kunstschutzoffiziere ist die Ausstellung geradezu ein Wallfahrtsort.

Die Wiedereröffnung des barocken Celler Schloßtheaters am 16. Oktober 1945 ist zugleich Harbords Abschiedsfeier. Bereits am Abend des 31. August hatte er mit Neukirch die stilgerechte Ausstattung diskutiert, und noch ehe eine einzige Fuhre Auslagerungsgut in Celle eintrifft, nimmt das Braunschweiger Opernensemble dort seine Probenarbeit auf. Harbords Dienstvorgesetzter Geoffrey Webb hat für den Personenkult um seinen eigenmächtigen Untergebenen kein Verständnis. Kurz vor Vorstellungsbeginn verläßt er demonstrativ die Stadt. Rollo Charles wohnt der Vorstellung an der Seite Herzogin Viktoria Luises, der Tochter Kaiser Wilhelms II., in der Hofloge bei. Auch die Arenbergs und die Croys sind zugegen. Die barocke Illusion hält den ganzen Abend über an. Rollo Charles: „Nach der Vorstellung … gingen wir durch den roten Saal in den grünen Saal und dann in den gelben Saal zum Soupée. Die Künstler trugen ihre Kostüme des 18. Jahrhunderts ... das Essen war erstklassig. Hinterher gingen wir in den Ballsaal hinunter und tanzten bis zwei Uhr morgens."*

Auch die Nachfolger Felix Harbords als Kunstschutzoffiziere für die Provinz Hannover, Peter Eden und anschließend William Gear, fühlen sich für das Kunstgutlager nicht zuständig. Zwar haben sie ihr Büro aus dem zerstörten Hannover in das Schloß verlegt und wohnen auch dort – keiner der beiden kann sich aber daran erinnern, je einen Blick in eine der über 4000 Kisten geworfen zu haben, die Rollo Charles ab Oktober 1945 aus Grasleben und aus Vienenburg hierher überführt.[157]

Peter Eden und nach ihm William Gear bewohnen das Turmzimmer der dänischen Königin Karolina Matilda, die wegen ihres Verhältnisses zu Graf Struensee 1772 nach Celle verbannt worden war. Es macht ihnen Spaß, in dem barocken Baldachinbett zu schlafen. Andererseits müssen sie sich mit dem harten Alltag auseinandersetzen, wenn Herzogin Viktoria Luise zu Ingwergebäck und Tee erscheint, um Kohlelieferungen für die Marienburg zu besprechen – das aus Blankenburg dorthin gerettete Kunstgut muß im Winter in geheizten Räumen stehen.

Die romantische Atmosphäre wirkt auf die Kreativität des schottischen Künstlers William Gear verständlicherweise anregend. Er malt sehr viel in Celle und veranstaltet im Oktober 1946 im Schloß eine Ausstellung seiner eigenen abstrakten Bilder. Später wird er Kontakt zu dem informellen Maler Karl Otto Götz und der Cobra-Gruppe aufnehmen.

Natürlich sind Eden und Gear durch ihre Aufgaben außerhalb des Schlosses voll in Anspruch genommen. Am 9. Februar 1946 bricht in Hannover der Leinedamm, Keller und Erdgeschoß des Niedersächsischen Hauptstaatsarchivs laufen voll Wasser. Da sämtliche Fenster des Gebäudes aus Luftschutzgründen vermauert sind, bleibt die Hausmeisterfamilie zwei Tage lang wie in einer Luftblase im Lesesaal des 1. Obergeschosses gefangen. Peter Eden durchrudert die Magazine erstmals am 11. Februar mit

* Nach dem Krieg gewinnt Harbord internationalen Ruhm als Innendekorateur. Er ist einer der wenigen, die in den fünfziger und sechziger Jahren komplette Rokokointerieurs zu liefern vermögen.[156] Jahrelang arbeitet er für die Guinnessfamilie in Lutterellstown/Irland. 1982 stirbt er in Paris, wo er auf dem Friedhof von Montmartre ruht.

Das Baldachinbett der nach Celle verbannten dänischen Königin Karolina Matilda – Schlafstätte britischer Kunstschutzoffiziere

einem Kanu. Wenigstens die historischen Urkunden will er retten, aber die Kälte und die Dunkelheit in den vermauerten Räumen machen die Bergungsarbeiten sehr schwierig. Archivar Hans Goetting:

> „Die mitgebrachten Fackeln verursachten einen solchen Qualm, daß man den Nebenmann kaum noch sehen konnte und das Atmen erschwert wurde. Alle Beteiligten waren von Schlamm bedeckt und durchnäßt, was bei der herrschenden Kälte und der Zugluft recht unangenehm war. Immerhin wurden in ununterbrochener Arbeit unter Anspannung aller Kräfte – auch Major Eden legte selbst mit Hand an – bis zum Einbruch der Dunkelheit 55 Kisten geborgen, verladen und nach Celle abtransportiert."[158]

Am nachfolgenden Tag kommen noch 24 weitere Kisten hinzu – insgesamt sind es jetzt rund 35 000 durchnäßte Urkunden. In Celle sucht man nach der sinnvollsten Trocknungsmethode. Ein Sergeant wird mit dem Motorrad über die Dörfer geschickt, um sämtliche Haartrockner zu beschlagnahmen. 15 bis 20 junge Mädchen pusten Heißluft auf die Urkunden. Aber das Verfahren erweist sich als zu langwierig. Schließlich geht man dazu über, die Urkunden auf dem Fußboden eines großen, zentralgeheizten Saales im ersten Stock des Ostflügels auszubreiten, bald auch in den Räumen des Südflügels und auf sämtlichen Korridoren. Trokknungsdauer in dem beheizten Raum je nach Größe und Beschaffenheit: zwischen 12 und 36 Stunden, in den ungeheizten Räumen bei Februarwetter drei bis vier Tage. Die ganze Aktion dauert alles in allem sechs Wochen, dann wandern die Urkunden wieder in ihre Kästen zurück.[159]

Wie der amerikanische *Collecting Point* in Wiesbaden dient auch das britische *Fine Arts Repository* in Celle vor allem der Unterbringung von Sammlungsbeständen der Berliner Museen. Was US-Einheiten im April und Mai aus Grasleben nicht abtransportiert (bzw. im Juni dorthin zurückgestellt?) haben, überführt Rollo Charles ab Oktober mit einer eigens hierfür abgestellten Transporteinheit nach Celle.

Nur die fast 3000 Kisten umfassende Völkerkundesammlung bringt er zusammen mit den 284 Museumskisten aus Vienenburg bis März/April 1946 vorübergehend im Archivgutlager Goslar unter. Das *Fine Arts Repository* Schloß Celle beherbergt alles in allem Bestände aus zwölf Abteilungen der Berliner Museen[160]:

	aus Grasleben (Kisten)		aus Schönebeck (Kisten)	
Museum für Völkerkunde	2933	(über Goslar)	23	
Kunstbibliothek	651		–	
Kupferstichkabinett	242		–	
Antikenabteilung	54		136	(über Braunschweig)
Schloßmuseum	136		18	
Zentralbibliothek	–		107	
Islamische Abteilung	49		–	
Museum für Vor- und Frühgeschichte	42		–	
Ägyptische Abteilung	36		–	
Ostasiatische Abteilung	2		–	
	4165		284	
Nationalgalerie	226	Gemälde (über Braunschweig)		

Der Wert der hereinkommenden Objekte ist sehr unterschiedlich. Die 136 (tatsächlich 131) aus dem Kahn in Schönebeck stammenden Kisten der Antikenabteilung hatte Rollo Charles zunächst als besonders wertvoll eingeschätzt und zur Inventarisierung durch den Göttinger Archäologen Rudolf Horn bis April 1947 im Braunschweiger Anton Ulrich-Museum zwischengelagert. Dort stellte sich bald heraus, daß sie Grabungsfunde und Magazinware enthielten. Dem Assistenten Gross sprang allerdings ins Auge, daß ein Teil der Kisten offensichtlich von wenig sachkundigen Händen durchwühlt worden war. Man hatte ohne Beachtung der Stoßfugen viel zu voll gepackt und kaum mit Holzwolle gefedert, so daß neue Brüche entstanden waren.[161] Die Amerikaner hatten die Kisten während der Besetzung von Schönebeck im April und Mai 1945 wohl sondiert und mangels Interesses den Engländern dagelassen.

Der Goldraub von Celle

Auch der zweite, 54 Kisten umfassende Bestand der Antikenabteilung, der nach späteren Angaben von Peter Eden, Rollo Charles und ihm selbst erst im Januar 1946 in Grasleben ins Auge fällt, zeigt bereits bei seiner Auffindung deutliche Spuren einer vorausgegangenen Sondierung.[162] Die Kisten enthalten erstrangige Schaustücke wie den römischen Goldschmuck der Sammlung Gans und den Hildesheimer Silberfund, ein antikes Tafelsilber. Darunter ist auch die Kiste mit der Signatur A 66, die durch ihre spektakuläre, zweimalige Beraubung traurige Berühmtheit erlangt: Mangels Inventarlisten konnte bei einer ersten Inventarisierung im September 1946 noch nicht festgestellt werden, ob der Inhalt der Kiste vollständig erhalten war.

Als ein Jahr später Kopien der Verpackungsinventare aus Berlin eintreffen, werden diese im Büro von Direktor Otto unter Verschluß gehalten. Doch die 27jährige, mit Inventarisierungsarbeiten betraute Archäologin Baronin Helga von Heintze verschafft sich Zugang zu den Listen, um den Inhalt der Kisten nochmals zu überprüfen. Am 25. September 1947 stellt sie durch Vergleich der Celler Inventarliste von 1946 und der Berliner Packliste allein in der „Goldkiste“ A 66 das Fehlen von 32 antiken Schmuckstücken aus der Sammlung Gans fest – ein Verlust, der im Bergwerk Grasleben, auf dem Transport nach Celle oder im Schloß selber eingetreten sein kann.

Den Briten ist die Angelegenheit außerordentlich peinlich. Um keine Diskussion über die Verlagerungsgeschichte der Kisten aufkommen zu lassen, nehmen sie die Angelegenheit offiziell auf die eigene Kappe. Kunstschutzchef Norris läßt sich den Vorwurf gefallen, seine Aufsichtspflicht verletzt und die Leitung des Kunstgutlagers vertrauensselig den Deutschen überlassen zu haben. Fast das gesamte Personal wird jetzt ausgewechselt, auch Ernst-Jürgen Otto muß seinen Posten räumen und eine langwierige polizeiliche Untersuchung über sich ergehen lassen. Doch Kronzeugin von Heintze korrigiert ihre eigenen Aussagen. Das Verfahren wird schließlich eingestellt.[163]

Unter den wenigen Angestellten, die in Celle bleiben dürfen, ist auch die Baronin. Im Beisein des neuen Direktors, Professor Robert Schmidt, zuvor Direktor des Berliner Schloßmuseums, nimmt sie am 23. März 1948 eine erneute Inventur der Kiste A 66 vor.

Schmidt berichtet dem englischen Untersuchungsbeamten später, wie die Archäologin schon beim Öffnen des Deckels ausgerufen habe, es sei offensichtlich jemand daran gewesen, obwohl alles ganz ordentlich verpackt war. 200 weitere Schmuckstücke aus Gold fehlen. Diesmal handelt es sich um einen Verlust, der nachweislich in Celle und unter britischer Verantwortung eingetreten ist.

Hat der Dieb sich unter Hunderten von Kisten ausgerechnet dieses Skandalobjekt ausgesucht, das bereits Gegenstand einer polizeilichen Untersuchung ist, um diese englische Verantwortung aller Welt vor Augen zu führen? Die Beraubung jeder anderen Kiste hätte auf die Zeit vor dem Abtransport nach Celle datiert werden können. Jedem nach Bereicherung strebenden Täter wäre das nur recht gewesen. Die Wahl der Kiste A 66 deutet dagegen auf ein politisches Tatmotiv. Eine wahrscheinlich unter Tage erfolgte systematische Beraubung sollte im öffentlichen Bewußtsein als private Gaunerei erscheinen. Die britischen Kunstschutzoffiziere John F. Nicholls und Christopher Norris sind sich hierüber offenbar im klaren, als sie Direktor Schmidt im März 1949 zur Änderung eines für die Zeitschrift Kunstchronik verfaßten Artikels auffordern:

> „Jede Verweisung hinsichtlich Otto oder angeblicher Beraubungen der Sammlung während ihres Aufenthaltes in Celle muß entweder ausgelassen oder anders ausgedrückt werden ... von den 6800 Kisten in Celle war mehr als die Hälfte offen, als sie aus Grasleben geholt wurden. Der genaue Umfang der Verluste wird noch ermittelt."[164]

Dieser Aussage steht die von Kurt Seeleke bestätigte Tagebuchnotiz von Robert L. Charles vom 10. August 1945 entgegen.

Es soll verhindert werden, daß die schwerwiegenden, vor Ankunft der Kisten in Celle eingetretenen Verluste nachträglich den Briten in die Schuhe geschoben werden.

Am 11. Mai 1949 ist der Celler Goldraub Gegenstand einer Anfrage im britischen Oberhaus. Lord Henderson erklärt, „einige der Sammlungen sind möglicherweise vor Ankunft in Celle geplündert worden“ und – nichts sei „zutage gekommen, das irgendeinen britischen Offizier belasten würde“[165].

Die Stiftung Preußischer Kulturbesitz

Der größte Einzelbestand in Celle ist die 3000 Kisten umfassende Völkerkundesammlung. Rollo Charles lagert sie von Oktober 1945 bis März 1946 vorübergehend in der Kaiserpfalz in Goslar ein. In Celle wird festgestellt, daß die oft aus organischen Werkstoffen wie Federn, Leder und Textil gefertigten Gegenstände nach ihrer jahrelangen Irrfahrt dringend von Fachleuten kontrolliert und gegen Mottenfraß behandelt werden müssen. Hierzu werden auf Anweisung der Militärregierung nicht die mit den Sammlungen seit langem vertrauten Berliner Experten, sondern zwei Mitarbeiter des Völkerkundemuseums Hamburg herangezogen.

Dies ist Teil einer Politik, Berliner Kunstsammlungen von Berlin abzugrenzen, die bis Ende 1947 so strikt gehandhabt wird, daß Professor Carl Weickert, der verantwortliche Koordinator für die Auslagerung der Berliner Staatsmuseen, nicht einmal eine Antwort erhält, als er im Januar 1946 schriftlich um Auskunft über den Umfang der nach Celle geretteten Sammlungen bittet.[166] Möglicherweise soll mit Hinblick auf sowjetische Ansprüche jede Diskussion über den rechtmäßigen Standort der in Berlin beheimateten Sammlungen unterdrückt werden. Möglich aber auch, daß die Briten Berliner Museumsgut in Erwartung einer noch ausstehenden Viermächteregelung über *Replacement-in-Kind* zur Erfüllung kultureller Schadenersatzforderungen der von Deutschland besetzten Länder zurückhalten.

Zweifellos ist aber auch Ernst-Jürgen Otto und seinem Stab daran gelegen, über die Gegenstände so lange wie möglich allein zu verfügen – vielleicht in der Hoffnung, einzelne Sammlungsteile dauerhaft an den Standort Celle binden zu können. Unter Hinzuziehung von Kunstexperten veranstaltet Otto im Schloß allein sieben von wissenschaftlichen Katalogen begleitete Ausstellungen. Er sieht sich nicht als Direktor eines Lagerhauses, sondern eines Museums. So entsteht in Berlin die Befürchtung, man wolle sich die Sammlungen in Celle unter den Nagel reißen. Wie sich noch zeigen soll, nicht ohne Grund.

Am 6. September 1949, fünf Monate später als der amerikanische *Collecting Point* für deutschen Kunstbesitz in Wiesbaden, wird das *Fine Arts Repository* Celle der Treuhandverwaltung des zuständigen Bundeslandes (hier Niedersachsen, dort Hessen) übergeben. Darauf beginnt ein sechsjähriges Verhandlungsmarathon, an dessen Ende sich die westdeutschen Nachfolgeländer Preußens darauf einigen, ihren gemeinsamen Kunstbesitz in West-Berlin auszustellen.[167]

Am 7. Juli 1955 treffen die Ministerpräsidenten und der Regierende Bürgermeister von Berlin in Bonn zusammen, um die Vereinbarung zu unterzeichnen, als das Land Niedersachsen unerwartet die Bitte vorträgt: der Welfenschatz, das Lüneburger Ratssilber und der Hildesheimer Silberfund – drei Sammlungskomplexe, die vor Jahrzehnten rechtmäßig durch die Berliner Museen erworben wurden, sollen von der Vereinbarung ausgenommen werden und in Niedersachsen Aufstellung finden.

Um ihren so mühsam errungenen Kompromiß nicht scheitern zu lassen, geben die Ministerpräsidenten dem Ansinnen statt. Doch die Museumswelt reagiert mit Empörung. Schließlich einigt man sich in einem Zusatzprotokoll darauf, die Objektgruppen alternierend in Berlin und in Niedersachsen zu zeigen. Nach elf Jahren kann das Museumsgut jetzt endlich seine Heimreise nach Berlin antreten, wo im dörflichen Außenbezirk Dahlem ein neues Museumszentrum entsteht. Auch die zweihundert von ihrer Amerikareise zurückgekehrten Bilder des Kaiser-Friedrich-Museums sind dort heute zu bewundern. Erst das Bundesgesetz vom 25. Juli 1956, das die Stiftung Preußischer Kulturbesitz mit Sitz in West-Berlin als Institution rechtlich etabliert, negiert die Niedersachsenklausel. Eine darauf erfolgende Klage der Länder Niedersachsen und Hessen vor dem Bundesverfassungsgericht wird mit Entscheid vom 14. Juli 1959 abgewiesen.

6. Gentlemen Administrators – Kunstschutz in der Besatzungszeit

Bis zum 30. Juni 1945 haben sich die Besatzungstruppen auf die vereinbarten Zonengrenzen zurückgezogen. Amerikaner, Briten und Franzosen übernehmen je einen Sektor des russisch besetzten Berlin, dort nimmt der Alliierte Kontrollrat für Deutschland seine Arbeit auf. Wenig später, am 13. Juli, wird das gemeinsame Oberkommando der angloamerikanischen Streitkräfte (SHAEF) aufgelöst. An seiner Stelle entstehen zwei voneinander unabhängige Militärregierungen unter den Oberkommandierenden der Besatzungstruppen, General Dwight D. Eisenhower (Stellvertreter General Lucius D. Clay) und dem britischen Feldmarschall Bernard Law Montgomery (Stellvertreter General Brian Robertson).

Die Besatzungszone ist für das kriegserschöpfte und verschuldete Großbritannien ein kostspieliges Unternehmen, das nur mit Hilfe weiterer amerikanischer Kredite finanziert werden kann. 26 000 Mann stehen 1946 im Sold der aufwendigen Militärverwaltung, in England dringend benötigte Ressourcen wie Kohle und Stahl sowie 70 Prozent des Nahrungsmittelbedarfs der britischen Zone werden anfangs dorthin geliefert. Die aufgebrachte englische Bevölkerung, die manche Produkte bis weit in die fünfziger Jahre nur auf Bezugschein erhält, empfindet dies als „Reparationen an Deutschland“[168].

Doch Churchill und auch sein Nachfolger, Labour-Premier Clement Attlee, verfolgen langfristige geopolitische Ziele. Deutschland soll aus der Besatzungszeit als ein anderes, bis in die Gliederungen seiner Verwaltung, seiner Medien, seines Erziehungs- und Gerichtssystems demokratisiertes Land hervorgehen, das gegen totalitäre Tendenzen immunisiert ist, ohne aber in Mitteleuropa ein Machtvakuum zu hinterlassen. Montgomerys politischer Berater William Strang bringt diese Politik auf die Formel:

„Entweder ernähren wir die Deutschen, oder wir rücken ab – und jetzt abrücken hieße, die Russen hereinzulassen. Also bleiben wir noch eine Weile ... in der Hoffnung, daß die Deutschen, wenn wir schließlich abrücken, ausreichend mit rechten Ideen indoktriniert und der westlichen Lebensweise aufgeschlossen sind, um totalitären Tendenzen jeglicher Färbung zu widerstehen."[169]

Die Amerikaner schlagen ihr Hauptquartier in Wiesbaden auf, siedeln aber den Kunstschutz als Teil der Abteilung „Restitution, Auslieferung und Reparationen"* in Berlin an, wo im Alliierten Kontrollrat die Verhandlungen über kulturelle wie wirtschaftliche Reparationen geführt werden. Feldmarschall Montgomery läßt das britische Hauptquartier im nordöstlichen Zipfcl Ostwcstfalens über die Kleinstädte Bünde, Detmold, Lübbecke, Minden und Bad Oeynhausen verteilen und residiert selber zwanzig Autominuten westlich von Bad Oeynhausen im Schloß Ostenwalde. Einziger Vorteil dieses zersplitterten Hauptquartiers ist die Nähe der Autobahn, die vom Ruhrgebiet nach Berlin führt.** Das Verwaltungspersonal entstammt der 21. Heeresgruppe, erhält allmählich Zivilstatus oder wird durch Zivilisten ersetzt. Junge Engländerinnen übernehmen Bürotätigkeiten, als Fahrer und Dolmetscher werden auch Deutsche eingestellt.

Der britische Kunstschutz ist im Unterschied zum amerikanischen zunächst nicht Teil der Restitutionsabteilung, sondern der Abteilung „Innere Angelegenheiten und Kommunikation".*** Zusammen mit den Ressorts Erziehung, Polizei, Post und Telefon, Gesundheit, Religiöse Angelegenheiten, Wohnungsbau und Regionalverwaltung ist er in Bünde angesiedelt. Geoffrey Webb selber verläßt im Juli 1945 sein Londoner Büro und ruft seine Feldoffiziere nach ihren Streifzügen durch Süd- und Westeuropa im neuen Hauptquartier zusammen.

* R. D. & R. = Restitution, Deliveries, and Reparations

** Ein geschlossener Verwaltungskomplex sollte in Hamburg-Hoheluft entstehen. Zahlreiche Gründerzeitvillen, die den Krieg unbeschadet überstanden hatten, mußten dem nie realisierten Großprojekt weichen. 1949 werden auf dem Gelände die zwölf Grindelhochhäuser gebaut.

*** I. A. & C. = Internal Affairs and Communications. Nach Umstrukturierung der britischen Militärverwaltung am 15. 7. 1946 wird auch der britische Kunstschutz der Reparationsabteilung unterstellt.

Anders als in Italien, Frankreich und den Beneluxländern kann sich der Kunstschutz im besetzten Deutschland nicht darauf beschränken, Schäden zu inventarisieren, OFF LIMITS-Schilder anzubringen und die lokale Denkmalpflege zu reaktivieren. Die Infrastruktur des Landes ist so nachhaltig zerstört, daß sich die Offiziere über Jahre hinweg selber um den Denkmalschutz kümmern müssen. Deshalb werden in den Provinzhauptstädten Hamburg, Hannover, Braunschweig, Münster und Düsseldorf Regionalbüros aufgebaut, in denen meist jüngere, von der Front heimgekehrte Absolventen des kunsthistorischen *Courtauld Institutes* oder von ihnen empfohlene Freunde ihren Dienst versehen.

So treffen Professoren und Studenten nach fünf Kriegsjahren in einem bescheidenen Vorstadteigenheim vor den Toren einer westfälischen Kleinstadt wieder zusammen. Das Hauptquartier besteht aus zwei Büroräumen, gewohnt wird in den umliegenden Gründerzeitvillen – Gutshäusern reicher Tabakbauern. Die Stimmung ist beinahe übermütig. Es wird gefeiert, gelacht und getrunken. Der informelle, herzliche Umgang beruht auf der Vertrautheit im gediegenen akademischen Milieu der Vorkriegsjahre.

Das *Courtauld Institute of Fine Arts,* eine Kombination aus Forschungsstätte und Bildergalerie, war 1932 von dem Garnfabrikanten Samuel Courtauld gestiftet worden und damals das einzige kunsthistorische Institut Englands. Doch bereits zwei Jahre später legen im Londoner Hafen zwei Schiffe aus Hamburg an. Ihre Fracht: die Forschungsbibliothek des jüdischen Bankierssohnes und Kulturhistorikers Aby Warburg. Der amerikanische Familienzweig hatte deren Rettung unter großem finanziellem Aufwand eingefädelt.

In London erhält die Bibliothek den Status eines Universitätsinstituts – direkt neben dem *Courtauld* am Wolburn Square. Die beiden Institute arbeiten von Anfang an eng zusammen. In den beiden Jahren bis zum Kriegsausbruch kommt es hier zur historischen Verschmelzung von angelsächsischer Kunstkennerschaft und deutscher Kunstgeschichte, deren exponierteste Vertreter damals nach London auswandern oder dort Rast machen auf dem Weg nach Amerika. Vor allem die von Panofsky begründete Ikonographische Schule findet am *Courtauld Institute* mit den Wissenschaftlern Friedrich Antal, Ernst Gombrich, Edgar Wind und Rudolf Wittkower eine neue Heimat. Als Mitarbeiter der Warburg-Bibliothek stoßen Fritz Saxl und Gertrud Bing hinzu. Zeitweise wird hier mehr deutsch gesprochen als englisch, als die nur etwa dreißig handverlesenen Studenten in den späten dreißiger Jahren ihre Ausbildung erhalten – in vielen Fällen eine Ausbildung für den Kunstschutz im besetzten Deutschland.

Mit Geoffrey Webb, Ellis Waterhouse, Christopher Norris und Douglas Cooper hält hier das ganze spätere Hauptquartier von Bünde Vorträge, Vorlesungen und Tutorien. Der brillante, 1983 als KGB-Spion enttarnte Anthony Blunt ist seinerzeit stellvertretender Direktor. Er bewohnt einige Räume unter dem Dach des Instituts, die nur durch die Galerie zu erreichen sind. Dort verdient sich Anne Popham ihr Studium. In Bünde wird sie als einzige Frau im Majorsrang mit außerordentlicher Sachkompetenz das Büro leiten. Cecil Gould (später Münster und Bünde) und Ewan Phillips (später Hamburg) machen bei Blunt Examen.

Anthony Blunt ist 1943 wohl selber daran interessiert, die Leitung des Kunstschutzes für Nordwesteuropa zu übernehmen. Aber die Wahl des Kriegsministeriums fällt auf den geselligen und warmherzigen Geoffrey Webb (1898–1970), der in der englischen Fachwelt nur Freunde hat.[170]

Webb hatte mit der Veröffentlichung der Briefe des englischen Baumeisters Sir John Vanbrugh debütiert und dabei nachzuweisen versucht, daß es den Barock in der englischen Baukunst doch gibt, was immer wieder bestritten worden ist. Wegen seiner gedanklichen Wendigkeit schätzen ihn vor allem die Mitarbeiter der Warburg-Bibliothek. Auf Einladung Rudolf Wittkowers und Fritz Saxls ist er bis 1965 Mitglied im Vorstand des Instituts.

Seinen Studenten ist Webbs assoziativ-sprudelnder Vortragsstil unvergeßlich, Kollegen und Soldaten seine unanständigen Witze. Doch mit der schlecht ausgestatteten Kunstschutzoperation in Frankreich beginnt im Sommer 1944 sein Ruhm zu blättern. Die Offiziere im Feld bekommen zu spüren, daß Webbs Organisationstalent als Chef des alliierten Kriegskunstschutzes deutlich unter dem Niveau seiner sonstigen Fähigkeiten liegt. Offenbar hat er den Zenit seiner Leistungsfähigkeit 1945 bereits überschritten. So gibt er die Leitung des Kunstschutzes im Sommer 1946 an Christopher Norris ab und kehrt nach England zurück.

Geoffrey Webb (1898–1970)

Christopher Norris (1907–1987)

Väterlich besorgt, bringt er eine Reihe seiner jungen Mitarbeiter an den englischen Museen unter: Cecil Gould an der National Gallery, Rollo Charles am Nationalmuseum von Wales in Cardiff. Ihm selber wird der ehrenvolle Posten eines Generalsekretärs der *Royal Commission for Historical Monuments* übertragen. Doch Webb beginnt zu trinken und läßt als oberster Denkmalpfleger Englands die Zügel schleifen. Die lange Krankheit und der Tod seiner Frau haben ihn aus dem Gleichgewicht gebracht. Nur mühsam bringt er 1956 seinen Beitrag zur Pelican-Kunstgeschichte zu Ende – ein unförmiges Werk über die mittelalterliche Architektur Englands. Sein letztes Manuskript wird ihm samt Aktentasche in der Londoner U-Bahn gestohlen. 1970 stirbt Webb zurückgezogen in seinem Haus an der walisischen Küste.

Als Geoffrey Webb im Juli 1946 Deutschland verläßt, macht er Christopher Norris (1907–1987) zu seinem Nachfolger.[171] Norris ist ein beliebter Kamerad, und doch haftet seiner Existenz etwas Unheimliches an. Seine beiden älteren Brüder waren noch vor Erreichen des dreißigsten Lebensjahres an Krebs gestorben. Dem jungen Christopher, überzeugt davon, bald selber an der Reihe zu sein, nahm das jegliche Neigung, etwas Praktisches anzufangen. Er entschied sich für das Dasein eines Kunstliebhabers, und als sein Vater ihn vor die Wahl stellte, drei Jahre in Cambridge oder sechs Jahre auf dem Kontinent zu studieren – das Pfund Sterling stand sehr gut – zögerte er nicht, auf den Spuren von Velázquez und Rubens durch Europa zu reisen.

Er lebte ein Jahr in Madrid, eines in Paris, zwei Jahre in Florenz, studierte auch in München und Göttingen, ohne je einen Studienabschluß zu erwerben. Dann fiel das Familienvermögen der allgemeinen Geldentwertung zum Opfer, Christopher mußte sich als Berater reicher Kunstsammler durchschlagen, las am Courtauld Institute über Rubens (ein Gebiet, auf dem seine Autorität unbestritten ist) und entwickelte ein Auge für verkannte alte Meister, die er in Trödelläden und auf ländlichen Auktionen erwarb, ohne es allerdings über sich zu bringen, sie wieder zu veräußern. So trug er, fast mittellos, eine Sammlung hochkarätiger Bilder zusammen und stiftete der National Gallery 1944 eines der beiden überhaupt bekannten Verkündigungsbilder von Nicolas Poussin – wahrscheinlich in der Hoffnung auf eine ihm angemessene Anstellung.

Als Luftwaffenmajor kommt Norris 1943 bei der Bombardierung von Lübeck zum Einsatz – ein Erlebnis, das ihn, der die alten deutschen Städte gekannt und geliebt hat, für lange Zeit nicht mehr losläßt. Es ist für ihn wie eine Therapie, als er kurz darauf mit der Anfertigung der sogenannten Tedder-Maps für Italien beauftragt wird.[172] Mit Hilfe dieser Spezialkarten werden Bomberpiloten in die Lage versetzt, gezielte Operationen unter Schonung historischer Bausubstanz zu fliegen.

Nach Kriegsende kommt Norris auf Bitten seines Freundes Webb nach Deutschland, wo er den Kunstschutz zunächst als Verbindungsoffizier beim Alliierten Kontrollrat in Berlin vertritt. Dort nimmt er, zusammen mit Geoffrey Webb, an den Verhandlungen über die Verwendung von Kunstwerken zu Reparationszwecken teil. 1952 veröffentlicht er im Burlington Magazine die Liste der 417 Bilder aus dem Kaiser-Friedrich-Museum, die angeblich nach Kriegsende im Flakturm am Friedrichshain verbrannt sind.[173] Seither verstummen die Spekulationen nicht, Norris müsse das wahre Schicksal dieser Bilder gekannt haben, die ja nach Angaben des verantwortlichen Bergungsleiters Carl Weickert in den Westen gerettet wurden.[174]

Als Norris 1950 Deutschland verläßt, hat er in England den Ansturm auf die vakanten Posten bereits verpaßt. Im Süden von London mietet er sich in das Schloß Polesden Lacy ein und führt, zurückgezogen zwischen Gemälde und Bücher, ein durchinszeniertes Leben mit altem Porzellan und guten Weinen, während Frau und Töchter in großer Bescheidenheit leben. Aufwendig empfängt er Freunde vom Kontinent, darunter viele deutsche Museumsdirektoren, und umsorgt sie mit zuvorkommender Gastfreundschaft. 1987 stirbt er achtzigjährig – an Krebs.

Webbs charakterlicher Gegenpol und sein ärgster Rivale im Hauptquartier von Bünde ist der sieben Jahre jüngere, ehrgeizige und aufstrebende Kunstwissenschaftler Ellis Kirkham Waterhouse (1905–1985).[175] Nur schwer erträgt er es, in Bünde der behäbig-jovialen Vaterfigur Webbs unterstellt zu sein. Wohl zu Recht ist Waterhouse der Überzeugung, daß er selber die bessere Besetzung für den Posten gewesen wäre, und er demütigt den Vorgesetzten damit, daß er es alle merken läßt.

Waterhouse hat Altphilologie in Oxford und Kunstgeschichte in Princeton studiert, an der National Gallery und an der British

Ellis Waterhouse (1905–1985)

School in Rom gearbeitet, in Oxford gelehrt und eine Malereiausstellung der Royal Academy betreut, als während seines Griechenlandurlaubs der Krieg ausbricht. Er will sich zunächst der französischen Exilarmee in Syrien anschließen, wird dann aber Geheimdienstoffizier auf dem Balkan und bis September 1944 Botschaftsmitarbeiter in Kairo. Dann erreicht ihn ein Ruf Geoffrey Webbs, nach England zurückzukehren und sich auf seinen Einsatz als Kunstschutzoffizier in Europa vorzubereiten. Waterhouse am 6. September 1944 in seinem Tagebuch:

„Ein bedeutungsvoller Tag. Ich habe den Staub Kairos, ja ganz Afrikas von meinen Schuhen abgewaschen, hoffentlich für immer, und zum ersten Mal seit Mai 1941 werde ich meine Füße auf europäischen Boden setzen. Wieviel das bedeutet, kann ich nicht sagen. Aber *daß* es viel bedeutet, entnehme ich einem Gefühl geistiger Aufhellung und der erstaunlichen Tatsache, daß ich dieses Tagebuch angefangen habe."[176]

Als Waterhouse von März bis Mai 1945 mit der 1. Kanadischen Armee durch Belgien und Holland nach Deutschland einzieht, sind seine Tagebuchnotizen lange nicht mehr so anschaulich. Nichts lenkt den ästhetisch ausgehungerten Gelehrten von der Analyse der Gemälde ab. Auf Anhieb erkennt er einen „Vermeer" von der Hand des Hans van Meegeren als Fälschung.

In Bünde wird der überlegene und stolze Waterhouse von seinen Kameraden scherzhaft „The Knight" genannt – der Ritter.[177] 1975 verleiht ihm Königin Elisabeth II. in der Tat diesen Titel für seine außerordentlichen Verdienste um die britische Kunstwissenschaft.

Ein Privatgelehrter mit höfischer Lebensart wie Christopher Norris, ein Träumer wie Felix Harbord oder ein Gemütsmensch wie Geoffrey Webb – alle drei moralisch unanfechtbare Persönlichkeiten mit starker Ausstrahlung, großem Sprachwitz und kleinen Marotten – verkörpern Großbritanniens Kunstschutz zur Zeit des Schwindens der imperialen Macht des Königreichs. Reichtum und Sicherheit sind von den Vätern ererbt, nicht mühsam erworben. Charakter zählt mehr als Effizienz.*

* Ellis Waterhouse gehört bereits einer neuen Epoche an. Er bringt Unruhe und Hektik in die altmodische Idylle. Sein Aufstieg beruht allein auf Leistung und Präzision, sein Tagebuch gleicht einem Computerausdruck. Lange Zeit lehrt Waterhouse in den USA. Seine 15 000 Bände umfassende Bibliothek verkauft er an das Getty Center nach Los Angeles.

Die Britische Besatzungszone

Personal des britischen Kunstschutzes – Monuments, Fine Arts & Archives Branch

Londoner Kriegsministerium

Sir Leonard Woolley	(*1880), Archäologe, Ausgräber der assyrischen Stadt Ur
Lady Woolley	Vorbild für die Figur der exzentrischen Mrs. Leidner in Agatha Christies Roman „Mord in Mesopotamien“

Hauptquartier Bünde

Geoffrey Webb (im Juli 1946 gefolgt von C. Norris)	(*1898), Architekturhistoriker, später Leiter der königlichen Denkmalschutzkommission (R.C.H.M.)
Ellis Waterhouse (bis September 1946)	(*1905), Kunsthistoriker, 1975 zum Ritter geschlagen
Aeneas McDonnell (bis April 1946)	(*1904, Australier), Kunsthistoriker, später Einkäufer für die Nationalgallery Melbourne
Douglas Copper (bis Dezember 1945)	(*1912), Kunsthistoriker, Freund Picassos
Cecil Gould (bis März 1946)	(*1918), Kunsthistoriker, später Vizedirektor der National Gallery London
Anne Popham (im März 1947 gefolgt von Pauline Jacka)	(*1916), Kunsthistorikerin, später Herausgeberin der Tagebücher von Virginia Woolf
zuständig für den Archivschutz: Roger Ellis	(*1910), Archivar, später Vizedirektor des Public Record Office (Britisches Staatsarchiv)
Cecil Meekings	(*1914), Archivar

Britischer Sektor von Berlin
(und Verbindungsmann zum Kunstschutz der Alliierten)

Christopher Norris	(*1907), Kunsthistoriker, ab 15. 7. 1946 Leiter des gesamten Besatzungskunstschutzes

Hamburg (für Hamburg und Schleswig-Holstein)

August 1945 – August 1946	George Willmot (*1907), Archäologe
November 1945 – März 1946	Donald King (*1920), Kunsthistoriker
August 1946 – September 1948	Ewan Phillips (*1914), Kunsthistoriker
August 1948 – 1950	Hugh Murray-Baillie (*1916), Historiker

Hannover (Kunstgutlager Celle; Provinzen Hannover, Oldenburg und später Braunschweig)

Mai 1945 – Oktober 1945	Felix Harbord (*1903), Innenarchitekt Sidney Frank Markham (*1887), Jurist, konservativer Abgeordneter im Unterhaus
Oktober 1945 – April 1946	Peter Eden (*1913), Historiker
Januar 1946 – April 1947	William Gear (*1915), Maler
April 1946 – September 1946	Donald King (*1920), Kunsthistoriker
April 1947 – 1950	George Willmot (*1907), Archäologe
August 1948 – 1950	John F. Nicholls (*1906)

Braunschweig (Land Braunschweig)

August 1945 – Juli 1946	Robert Lonsdale Charles (*1916), Literaturwissenschaftler

Münster (Westfalen)

Juli 1945 – Mitte 1946	Giles Robertson (*1913), Kunsthistoriker
September 1945	Jerry Granger-Taylor (*1917), Architekt

Düsseldorf (Rheinprovinz)

1945	Michael Ross (*1905), Maler
Januar 1945 – 1950	Lionel Perry (*1905), Kunsthistoriker
Januar 1946 – August 1948	Hugh Murray-Baillie (*1916), Historiker
Januar 1947 – April 1947	George Willmot (*1907), Archäologe

Anne Popham beim Picknick

Donald King in seinem Hamburger Büro

Aeneas McDonnell

Cecil Gould und Valéry von Arenberg

Giles Robertson (links) und Jerry Granger-Taylor

Auch in Deutschland treten sie als Gentlemen auf, kümmern sich neben der Denkmalpflege auch um das Musik- und Theaterleben, pflegen Kontakt zur Aristokratie. Zu kurz kommt dabei das Organisatorische, weil sie einerseits zu vertrauensselig sind, andererseits die entschlossene Professionalität der Amerikaner nicht haben. So bleibt den materiell desinteressierten Briten zwar „Wiesbaden" erspart (die demoralisierende Auseinandersetzung um die Reparationspolitik), dafür lassen sie sich in den „Goldraub von Celle" verstricken, der unter Walter Farmer in Wiesbaden oder unter Craig Smyth in München kaum denkbar gewesen wäre. Nur einmal regt sich bei den britischen Kunstschutzoffizieren Protest gegen höchste Dienstanweisungen. Sie müssen klarstellen, daß sie nicht nach Deutschland gekommen sind, um die verwöhnten Wohnansprüche ihrer Militärgouverneure zu befriedigen.

Schloß Ostenwalde

Feldmarschall Montgomery und seine Nachfolger residieren in Deutschland wie Fürsten. Nicht weit von Bad Oeynhausen requiriert Montgomery für sich und seinen Stab noch während des Krieges Schloß Ostenwalde, eine Dreiflügelanlage aus dem 17. Jahrhundert. Obwohl gerade der Adel den Engländern viel zu verdanken hat, trifft die Beschlagnahme bei den Bewohnern des Schlosses – Abkömmlingen der Grafen von Vincke, die das Schloß seit Jahrhunderten bewohnen – nicht gerade auf Begeisterung.[178] Am 13. April 1945 müssen Schloß und Wirtschaftsgebäude binnen 24 Stunden geräumt werden. Gemälde, Mobiliar und Hausrat aus den über dreißig Zimmern bleiben zurück.

Lediglich als Gärtner dürfen die ehemaligen Hausherren ihr Anwesen noch betreten. Gravierend sind die Verluste im Inneren des Schlosses: Für Montgomery ist die Anlage nicht repräsentativ genug. Ein Teil des Mobiliars wird ins Bückeburger Schloß ausgelagert, dafür kommen 13 Stücke aus Schloß Vinsebeck (Kreis Höxter) hinzu,[179] außerdem sechs große flämische Wandbehänge, die in der SS-Kultstätte Wewelsburg beschlagnahmt wurden und vermutlich aus der Beute des Einsatzstabs Rosenberg stammen.[180]

Im Oktober 1945 erhält Geoffrey Webb den Auftrag, eine Auswahl erstrangiger Museumsstücke zur Dekoration der Zimmerwände bereitzustellen. Gemeinsam mit Cecil Gould fährt er nach

Schloß Ostenwalde, alter Rittersitz der Grafen von Vincke, dient 1945–1951 als Residenz der britischen Militärgouverneure in Deutschland

Hamburg, wählt aus dem Depot der Kunsthalle (dem Bunker auf dem Heiliggeistfeld) 17 Gemälde aus und bringt sie am 19. Oktober in einem Lastwagen nach Ostenwalde.[181]

Als Feldmarschall Montgomery am 2. Mai 1946 Deutschland verläßt, wird Luftmarschall Sir Sholto Douglas Schloßherr von Ostenwalde. Im Juli reist ihm Lady Douglas nach, die sich in den Kopf gesetzt hat, ausgerechnet in diesem historischen Gebäude ihre Vorstellungen von Inneneinrichtung zu verwirklichen. Das ganze Haus ist von ihren Umgestaltungsplänen betroffen[182]: Im großen Saal werden die Louis-XVI-Täfelungen von den Wänden gerissen, die Zimmer in Pfefferminzgrün und Rosa gestrichen. Die Bilder aus Hamburg reichen ihr nicht, und beim Kunstschutz werden 23 weitere Meisterwerke aus der Krupp-Galerie Villa Hügel in Essen bestellt, die am 24. August 1946 eintreffen.[183]

Es ist die Zeit der „clean pictures" (sauberen Bilder). An der Londoner National Gallery wird mit chemischen Lösungsmitteln experimentiert, um jahrhundertealte Schmutzschichten abzulösen, Bilder werden mit Acryllack gefirnißt. Es handelt sich um Experimente mit unbekannter Langzeitwirkung, die aber die Mode des Tages bestimmen. Lady Douglas möchte, daß auch ihre

Restaurator Herzig in seiner Braunschweiger Werkstatt

Bilder wieder leuchten. Gleich nach Ankunft in Deutschland schickt sie vier der Hamburger Bilder, venezianische Kabinettstücke von Guardi, Canaletto und Longhi, zur Reinigung nach Braunschweig.[184] Dort ist im Dezember 1945 auf gemeinsame Initiative von Landeskonservator Kurt Seeleke und von Kunstschutzoffizier Rollo Charles die einzige funktionierende Restaurierungswerkstatt der britischen Zone entstanden. In der Mansarde des Lustschlößchens Richmond leistet der Restaurator des Braunschweiger Denkmalsamtes, Fritz Herzig, Herkulesarbeit. Ihm ist auch die Rettung der 226 brandgeschädigten Gemälde der Berliner Nationalgalerie aus Grasleben zu verdanken.

Die meisten der hierfür benötigten Materialien stammen aus dem Militärkrankenhaus Braunschweig. Jetzt wird Herzig durch Lady Douglas' Dekorationswünsche noch mehr belastet. Die vier gereinigten Bilder sendet er sogleich nach Ostenwalde zurück. Später, als die Lösungsmittel getrocknet sind, wird Herzig von Christopher Norris aufs Schloß gefahren, um unter den Augen der Hausherrin den neuen Firnis aufzutragen.[185]

Als Lady Douglas weitere zwölf Bilder der Kruppsammlung zur Reinigung nach Braunschweig schickt, erhält sie von Anne

*Der Herzog von Braunschweig mit Herzogin und seinen vier Söhnen**

Popham, der selbstbewußten Büroleiterin im Kunstschutzhauptquartier Bünde, einen bösen Brief:

„In der Braunschweiger Restaurierungswerkstatt wartet eine große Anzahl von Bildern aus Braunschweiger und Berliner Museen auf dringende Behandlung und Restaurierung. Viele davon sind bei einem Brand im Bergwerk Grasleben so stark geschädigt worden, daß die Entfernung des Salzes und des rauchgeschwärzten Firnis allerhöchste Dringlichkeit hat, wenn die Bilder nicht unwiderruflichen Schaden nehmen sollen. So konnte ich es nicht vertreten, den Restaurator anzuweisen, seine eigentliche Arbeit zugunsten der Bilder des Oberkommandierenden zu vernachlässigen, die schließlich nicht gefährdet sind.“[186]

* Ernst August, der letzte Herzog von Braunschweig und Lüneburg mit der Herzogin Viktoria Luise (Tochter des letzten deutschen Kaisers) und seinen vier Söhnen (v. l. n. r.): Ernst August, Christian, Georg Wilhelm und Welf Heinrich. Aufgenommen 1944 auf Schloß Blankenburg nachdem die Söhne auf Hitlers Befehl aus der Wehrmacht ausgeschlossen wurden. Herzog, Herzogin und die Söhne halfen tatkräftig, die auf Schloß Blankenburg ausgelagerten Kunstschätze vor den anrückenden Sowjets in Sicherheit zu bringen.

Militärgouverneur Sir Sholto Douglas fand Gefallen an „Ostenwalder Porzellan" und nahm es mit nach England

Ostenwalde macht einen Rückzieher. Man habe Geduld. Lediglich Goyas Porträt des Herzogs von Wellington möge mit Priorität gereinigt werden.[187] Sir Sholto sieht sich offenbar in der Tradition dieses großen englischen Feldherrn, der 1815 Napoleon schlug. Als Christopher Norris im Juli/August 1947 im Schloß eine Inventur vornimmt, ist eines der Hamburger Gemälde, „Die Jäger“ von Gonzales Coques, verschwunden.[188] In den Rahmen hat Lady Douglas einen Spiegel einpassen lassen, an das Bild kann sie sich nicht erinnern. Umgehend wird eine Untersuchung eingeleitet, über zwei Jahre hinweg werden Hauspersonal und Besucher interviewt, um den Verbleib des Bildes zu klären. Eine deutsche Hausangestellte bezeugt, daß es beim Einzug des Ehepaars Douglas noch im Schloß gehangen hat.

Sir Sholto begeistert sich vor allem für das Ostenwalder Porzellan: Ein Gedeck für 24 Personen, das um 1844 in der Berliner Manufaktur für den Schloßherrn Freiherr Ludwig von Vincke angefertigt worden war. Auf kleinen, handgemalten Medaillons zeigt es Kanäle, Brücken und Schleusen, die er als langjähriger Oberpräsident von Westfalen errichtet hatte. Eines Tages lädt Sir Sholto das Porzellan in sein Militärflugzeug und nimmt es mit nach England. Erst 1956 erhält die Familie Vincke mit Hilfe der englischen Militärbehörden einen Teil ihres Porzellans zurück.

Am 1. November 1947 tritt General Brian Robertson, seit Montgomerys Tagen stellvertretender Oberbefehlshaber der Besatzungstruppen, an Sholto Douglas' Stelle. Ostenwalde atmet auf. Wie ein freundlicher Gutsherr lädt der General Nachbarn und Eigentümer zu Festen aufs Schloß, wo auch die Hochzeit seiner Tochter gefeiert wird.

Einer Bitte der Hamburger Kunsthalle, die an alten Meistern nicht eben reich bestückt ist, um Rückgabe ihrer Bilder, wird im Mai 1948 jedoch nicht entsprochen.[189] Nach einigem Zögern trennt sich der General lediglich von der Auferstehungsskizze von Rubens.[190] Erst 1951 erhalten Hamburg und Essen ihre Bilder zurück. Das Schloß wird auch noch nach Gründung der Bundesrepublik Deutschland als „church-house“ zur religiösen Erbauung der britischen NATO-Truppen militärisch genutzt. Nicht vor November 1957 kann Freiin Sabine von Vincke damit beginnen, ihren verstreuten Hausrat wieder zusammenzutragen.

Rollo Charles und Montgomery 1942 bei einem Fronturlaub in England. „Montys“ Schwester ist mit dem Bruder von Rollos Mutter verheiratet

7. Rollo Charles in Braunschweig – Die Welt des Tagebuchs

Robert Lonsdale Charles (1916–1977) kommt gleichermaßen unbefangen wie unvorbereitet nach Deutschland.[191] Als Sohn eines Schulinspektors in Cornwall aufgewachsen, belegt er am Corpus Christi College in Oxford die Fächer Deutsch und Französisch und verfolgt nebenher die kunstwissenschaftlichen Vorträge am Ashmolean Museum, wo er Geoffrey Webb kennenlernt. 1938 erwirbt „Rollo" mit 22 Jahren seinen Studienabschluß und lebt anschließend sechs Monate lang als Sprachstudent in einer deutschen Familie in München.

1939 meldet er sich freiwillig zum Militär und zieht 1940 als Panzerabwehroffizier in den Wüstenkrieg, wo er sich am 16. Juli 1942 bei El Ruweisat durch große Tapferkeit hervortut: Obgleich selber durch die Explosion eines Munitionslasters verwundet, übernimmt er inmitten des Granatenhagels von zwei außer Gefecht gesetzten Kameraden das Feuer und wehrt so die deutsche Attacke ab. Während all dessen, sagt er später, habe er an ein Thema von Beethoven gedacht. Feldmarschall Montgomery zeichnet ihm mit dem Military Cross aus, einem Tapferkeitsorden, der dem Eisernen Kreuz I. Klasse entspricht. Nach Ausheilung seiner Verletzungen kommt Rollo noch einmal in Frankreich zum Einsatz. Am 5. August 1945 betritt Rollo Charles als frisch gebackener *Monuments, Fine Arts and Archives*-Offizier deutschen Boden. In Bünde trifft er Geoffrey Webb wieder und auch die von ihm umworbene Joy Stephenson, die dort als Referentin in der Erziehungsabteilung arbeitet. Christopher Norris hatte Joy und Rollo noch in England auf einem Abschiedsempfang miteinander bekannt gemacht.

Am zweiten Tag nach seiner Ankunft erfährt Rollo von der Existenz eines Landes Braunschweig und nach weiteren zwei

Tagen trifft er Felix Harbord, der ihm einen Stoß Akten übergibt und ihn dann dorthin fährt: „Direkt in den Rachen des Löwen!"

Der englische Stadkommandant, Group Captain Hicks, macht keinen Hehl daraus, daß er den Kunstschutz für überflüssig hält und daß mit seiner Hilfe nicht zu rechnen ist. Rollo läßt sich nicht entmutigen, aber ohne Ortskenntnis ist er verloren. So ist es ein Segen, daß er auf den nur vier Jahre älteren Landeskonservator Kurt Seeleke trifft, der sich während des Krieges um den Kunstschutz in Stadt und Land Braunschweig gekümmert hat. Die beiden verstehen sich ausgezeichnet, haben sogar am selben Tag Geburtstag und bilden im Kampf um die Kunstdenkmäler des Landes Braunschweig ein hervorragendes Gespann.

Die Gegend um Braunschweig ist das Stammland der deutschen Kaiser. Ottonen, Salier und Staufer haben in Königslutter, Hildesheim und Goslar bauliche Monumente geschaffen, noch bevor im 12. Jahrhundert Heinrich der Löwe in Braunschweig seinen Dom, seine Burg Dankwarderode und davor zum Zeichen der Gerichtsbarkeit seinen Burglöwen errichtet – ein bauliches Ensemble, das noch 800 Jahre später im großen und ganzen erhalten ist.

Unter Heinrichs Nachfahren sind auch der Büchernarr Herzog August, der die Bibliothek Wolfenbüttel gründet, und der barocke Herzog Anton Ulrich, der in seinem 1813 abgerissenen Schloß in Salzdahlum den Grundstock zu den bedeutenden herzöglichen Kunstsammlungen legt. Noch immer hat das Land einen Welfenherzog, der, hätte in England das salische Thronfolgerecht gegolten, heute an Stelle Elisabeths II. König von England wäre – ein Umstand, der seinen Eindruck auf die englischen Besatzer nicht verfehlt und wohl mit dafür verantwortlich ist, daß dem kleinen, aber im Bewußtsein der Engländer so wichtigen Lande Braunschweig ein eigener Kunstschutzoffizier zugeteilt wird.

Kurt Seeleke entstammt einem traditionsreichen Braunschweiger Handwerkshaus – einer Honig- und Pfefferküchlerei, die ihre Spezereien in Zinnbehältnissen bis nach Japan und Amerika liefert und zu deren Stammkundschaft auch das Herzogshaus gehört.[192] In dem Fachwerkhaus am Prinzenweg speisen Meister und Gesellen noch gemeinsam an einem großen Tisch. Seeleke zog aus, um diese liebgewonnene Welt zu erhalten – doch seine Lebensgeschichte bleibt ungeschriebene Chronik ihres

Das Land Braunschweig 1945
Zonengrenze der Besatzungsmächte
Land- und Kreisgrenze
Verwaltungssitze des gleichnamigen Kreises
Celle
Gifhorn
Wolfsburg
Öbisfelde
Lehrte
Peine
Braunschweig
Königslutter
Helmstedt
Wolfenbüttel
Schöningen
Schöppenstedt
Hildesheim
Marienburg
zu Wolfenbüttel
zu Goslar
Salzgitter
Hornburg
Bockenem
sowjetisch
Osterwiek
Goslar
Bad Harzburg
Seesen
Gandersheim
Halberstadt
besetzte
zu Wolfenbüttel
Wernigerode
Clausthal-Zellerfeld
Blankenburg
Zone
Osterode
Northeim
zu Blankenburg
Göttingen

Untergangs. Über Nacht sollte die mittelalterliche Stadt fast bis auf die turmreichen Monumentalbauten verschwinden und mit ihr die Reste der bürgerlichen Gesellschaft, von der sie geprägt worden war.

Ein glückliches Zusammentreffen von handwerklichem Geschick und vielerlei künstlerischer Empfindlichkeit hatte Seeleke für das Amt des Denkmalpflegers prädestiniert, noch ehe ein solches in Braunschweig überhaupt existierte. Der Umgang mit Karl Steinacker, dem im Hause verkehrenden Direktor des Vaterländischen Museums, läßt bereits den Zwölfjährigen wie durch ein Privatstudium in seine spätere Aufgabe hineinwachsen. Nach dem Abitur folgt das Studium der Kunstgeschichte bei Wilhelm Pinder in München und Berlin. Der preußische Staatskonservator Robert Hiecke sieht in ihm seinen Benjamin, unter dessen Händen die Braunschweiger Denkmalpflege, bislang ehrenamtliche Nebentätigkeit von Museumsleuten, gesetzlich fundiert und mit weitreichenden Kompetenzen ausgestattet werden soll. Doch Seelekes Probezeit ist noch nicht beendet, als der Krieg ausbricht und den „denkmalpflegerischen Wettlauf mit der Vergänglichkeit“ zu einem hoffnungslosen Unterfangen macht.

Noch Ende 1939 werden die Museen geschlossen, Ausstellungsgegenstände zunächst in die Kellerräume gebracht. Die besten Stücke des Herzog Anton Ulrich-Museums kommen zunächst noch unter Direktor August Fink und bis zum Heeresdienst seines Stellvertreters Dr. Hans Werner Schmidt in den Hochbunker Salzdahlumer Straße. Im Frühsommer 1940 wird auch Seeleke durch einen Stellungsbefehl nach Frankreich aus den ersten Auslagerungsarbeiten herausgerissen – der pensionierte Steinacker muß die Arbeit, so gut es geht, mit dezimierten Hilfskräften weiterführen. Als Seeleke dann im November 1941 krankheitsbedingt aus der Armee entlassen wird, schickt man ihn zunächst in das warme Klima Italiens, wo er eine Lehrtätigkeit an der Deutschen Akademie in Palermo, später in Rom übernimmt. Hier wird er durch Fachkollegen mit den virtuosen Kunstschutzmaßnahmen der Italiener vertraut. Bei der Bombardierung von Rom erlebt er hautnah die Verletzbarkeit als unberührbar geltender Kunstdenkmäler durch moderne Waffen. Über die Kurierpost des Auswärtigen Amtes und bei gelegentlichen Blitzbesuchen betreibt er auch von hier aus Braunschweiger Denkmalpflege, bis

Oelschlägern
15→40
Schule
Evers

Nach italienischem Vorbild wird die gotische Steinfigur Heinrichs III., Bischof von Hildesheim, an Ort und Stelle im Dom eingemauert

heimatliche Panik nach dem Flächenbombardement auf die Altstadt von Lübeck ihn im August 1943 zurückbeordert.

Eingesetzt zugleich als kommissarischer Leiter des kriegsverwaisten Herzog Anton Ulrich-Museums und unterstützt durch dort verbliebene Arbeitskräfte, nimmt er jetzt in großem Maßstab die dezentrale Auslagerung der beweglichen Kunstschätze in Angriff. Auf Anordnung des Ministerpräsidenten Klagges vom 19. Januar 1945 wird Seeleke Gesamtkunstschutzbeauftragter, seine Zuständigkeit auf privaten und kirchlichen Kunstbesitz ausgedehnt.[193]

Mit den Eigentümern verbunden, sucht er in Gutshäusern, Domänen, Forstämtern, Amtsgerichten und selbst Dorfkirchen geeignete Ausweichquartiere, die regelmäßig inspiziert und von den Hausherren zuverlässig beschützt werden. Besondere Schwierigkeit: der Transport – Industrielle und Privatleute helfen mit Last- und Personenwagen, z.T. springen Feuerwehr und Krankenwagen ein.

Schätze der Braunschweiger Kirchen werden, soweit nicht ausgelagert, nach italienischem Vorbild an Ort und Stelle einge-

Seite 167: Fachwerkstraßen in Braunschweig vor dem Kriege

Auf Befehl des Polizeipräsidenten wird ein Teil der Bilder im März 1945 erneut abtransportiert. Braunschweiger Bürger helfen mit ihren Personenwagen

mauert. Das Wertvollste aber, die Grabplatten Heinrichs des Löwen und der Herzogin Mathilde, der große siebenarmige Bronzeleuchter und das Imerward-Kruzifix aus dem Dom werden mit dem Burglöwen am 13. August 1943 im Rammelsberg bei Goslar unter Tage gebracht.[194] Gegen Weisung zur Ostverlagerung behielt Seeleke alles in erreichbarer Nähe.

Am 10. Februar 1944 um die Mittagszeit fallen erstmalig Bomben auf die Altstadt. Als Seeleke nach Entwarnung den Bunker des Einsatzstabs verläßt, brennt auch das historische Mummehaus. Für Löscharbeiten ist es viel zu spät. Seine eigensinnige Konsequenz: Fortan wird er bei Fliegeralarm nicht mehr in den Luftschutzbunker, sondern auf den Turm der Martinikirche steigen, um so als erster das Aufflackern von Brandherden zu erkennen. Im Turmraum stehen Auto und Fahrrad, mit denen er sofort dorthin gelangen und seine kleine freiwillige Bürgerwehr verstärken kann, die mit je einem Feuerlöschgerät in St. Andreas, St. Katharinen, im Dom und im Anton Ulrich-Museum bereitsteht. Er selber läßt sich zum Feuerwehrmann ausbilden. Am 12. Februar fällt ihm ein Zug geschickter italienischer Zwangsarbeiter auf. Seeleke ruft sich vier von ihnen zur Trümmerräumung heraus und organisiert so seinen „bis zur gemeinsamen Befreiungsfeier im Lager tollkühn und treu bewährten" Noteinsatztrupp. Nach Möglichkeit wird die Auslagerung fortgesetzt und auf die restlichen Fachwerkhäuser ausgedehnt, deren wertvolles Schnitzwerk abmontiert oder aus den Trümmern geborgen und fuderweise aus der Stadt gebracht wird. (Noch 1945 nimmt Seeleke die gesamte Fassade vom Gildehaus am Burgplatz ab.) Immer häufiger fallen die Bomben. Bereits am 23. April 1944 setzt ein erster Nachtangriff das Vieweghaus in Brand. Seeleke bringt das Feuer mit seinen Italienern unter Kontrolle, während der offizielle Einsatztrupp mangels Einsatzbefehls höhnisch zuschaut.

Zur schwärzesten Nacht wird der 15. Oktober 1944. Seeleke notiert nur noch: „Zerstörung von Alt-Braunschweig, 2 : 30, durch englische Flieger". Schwer angeschlagen, ragen allein die massiven Kirchen aus dem Trümmerfeld heraus.

Als erstes wird der Dom mit einem Notdach versehen, vom Altstadtmarkt werden die Reste des geschmolzenen Bleibrunnens abtransportiert – städtischer Zuständigkeitsfanatismus hatte eine rechtzeitige Auslagerung durch den Landeskonservator verhindert. Wirklich in Sicherheit befinden sich nur die erstrangigen Schätze des Anton Ulrich-Museums im Hochbunker Salzdahlumer Straße. Da ergeht der Befehl des Polizeipräsidenten, die Depots zum 5. März für die Zivilbevölkerung zu räumen.[195] Seeleke ist empört.

Er leistet hinhaltenden Widerstand, fürchtet aber eine Zwangsräumung. Nur die Tiefkeller des Blankenburger Schlosses scheinen ihm Sicherheit zu garantieren. Am Steuer eines holzgasbetriebenen Lastwagens der herzöglichen Forstverwaltung holt Prinz Christian 16 Kisten mit Kunstgewerbe ab; die besten Gemälde transportiert der stets hilfsbereite Industrielle Bruno Lange in seinem besser gefederten Sportwagen. Nur wenige Bürger werden eingeweiht. Das Fehlen zweckdienlicher Fahrzeuge und der zu große Zeitaufwand der ständig von Tieffliegern bedrohten Transporte zwingen Seeleke jedoch zu dem Risiko, die großformatigen Gemälde befehlswidrig, aber sorgfältig kontrolliert zurückzulassen, während er zur Schloßverteidigung in Blankenburg festsitzt. Dort haben die Gemälde und Kostbarkeiten aus dem Anton Ulrich-Museum wie in einer kunstgutüberlastigen Arche Noah Zuflucht gefunden, als sich neues Unheil zusammenbraut.

Der Burglöwe bei der Einfahrt in den Rammelsberg, August 1943

Seeleke bringt eine der zwölf Unglückskisten mit Kunstgewerbe des Anton Ulrich-Museums in eine Höhle bei Börneke (Kreis Blankenburg)

Der Polizeipräsident
in Braunschweig
Luftschutzleiter

Fernsprecher: 5440–5447
Postschließfach: 359

Geschäftszeichen:
S. LS. Nr. 5494/Anl./45.
(in Eingaben anzugeben)

Braunschweig, den 27. Februar 1945
Münzstraße 1
Geschäftsstelle: Wilhelmplatz 2

An den
Herrn Braunschweigischen
Minister für Volksbildung
z.Hd.d. Herrn Dr. Seelecke,
o.V.i.A.

Braunschweig

Betr.: Benutzung der obersten Stockwerke von LS-Bunkern, die nach der "Anweisung für den Bau bombensicherer LS-Räume - Fassung November 1940" - gebaut worden sind.

Bezug: a) Mein Schreiben S/LS Nr. 5494/Anl./625/44 g v. 25.10.44,
b) " " S/LS Nr. 5494/Anl./44 v. 3.12.44,
c) Mündliche Verhandlung am 19.1.1945 mit Herrn Dr. Seelecke.

Die von mir im Interesse der schutzsuchenden Bevölkerung angestrebte Räumung der von Ihnen mit Kunstgegenständen belegten Kabinen im LS-Bunker an der Salzdahlumer Strasse ist trotz wiederholter Bitten nicht durchgeführt worden. Eine Weisung des Luftgaukommandos an mich, wonach es bei dem jetzigen Zustande verbleiben soll, ist von Ihnen offenbar nicht erwirkt worden, denn eine solche ist bei mir bislang nicht eingegangen.

Ich muss daher unter Zurückstellung aller Bedenken auf schnellster Räumung bestehen und bitte, diese nunmehr bis zum 5.3.1945 durchzuführen. Eine Fristverlängerung kann ich unter keinen Umständen zugestehen. Der Kreisleiter ist von mir unterrichtet.

Das Veranlaßte bitte ich mir baldmöglichst mitzuteilen.

M.d.F.d.G.b.
Geiles

ϟϟ-Standartenführer und
Oberst der Schutzpolizei.

F/1108

Am 19. Mai 1944 sieht Seeleke vom Kirchturm aus die traditionsreiche elterliche „Honig- und Pfefferküchlerei" in die Luft fliegen

Der Raum um Blankenburg ist im April 1945 letzter Zufluchtsort der von den Amerikanern im Harz eingekreisten deutschen Truppen.[196] Hitler will hier militärische Kräfte für eine letzte Gegenoffensive sammeln. Noch am 8. April läßt er die Stadt, in der es allein sieben Lazarette gibt, zur Festung erklären. Blankenburg soll bis zum letzten Mann verteidigt werden. Dem Schloß droht damit ein ähnliches Schicksal wie der Abtei von Montecassino. Als der Räumungsbefehl eintrifft und erste Schützengräben

Der Befehl des Braunschweiger Polizeipräsidenten vom 27. Februar 1945, den Hochbunker an der Salzdahlumer Straße, in dem die Bilder gut verwahrt waren, für die Zivilbevölkerung zu räumen

gezogen werden, scheint das Schicksal der Kunstschätze besiegelt. Herzogin Viktoria Luise, die mit dem Oberhaupt des Welfenhauses verheiratete, einzige Tochter Kaiser Wilhelms II., erinnert sich:

„Dr. Kurt Seeleke, der Braunschweiger Denkmalspfleger, hatte sie aus den Kirchen Braunschweigs und dem Herzog Anton Ulrich-Museum vor den Bomben gerettet. Da waren van Dycks, Jordaens, Ruisdaels, Rubens, Holbeins ‚Bildnis des Kaufmanns Kale'. Kustos Seeleke war verzweifelt, daß diese Schätze, die er nur mit größter Mühe aus Braunschweig gerettet hatte, nun doch noch der Vernichtung ausgesetzt sein sollten.“[197]

Noch am Nachmittag des 12. April finden sich deshalb sämtliche Chefärzte, der Landrat, Landcskonservator Seeleke und Prinz Ernst August, der älteste Sohn des Herzogs, beim Bürgermeister ein, um nach Möglichkeiten zu suchen, das drohende Unheil abzuwenden. Sie wissen, auf jeden Versuch, „den Kampfkommandanten von seiner Pflicht abspenstig zu machen“, steht die Todesstrafe. Vor dem Rathaus ist bereits ein Galgen aufgebaut. So stößt Seelekes Vorschlag, gemeinsam den General aufzusuchen, auf Verhaltenheit.

„Mitgerissen von der jugendlichen Tollkühnheit des jüngsten Prinzen, Welf Heinrich“[198], wagt er am nächsten Morgen, Freitag, dem 13. April, auf eigene Faust den Vorstoß zu dem im Forsthaus von Altenbrak verborgenen Kampfkommandanten, um seine Belange als Konservator zu verteidigen. Für alle Fälle haben sich die jungen Männer von ihren Angehörigen verabschiedet, doch General Walter Lucht läßt sie eintreten und ihr Anliegen vortragen.

Seeleke hatte, stellvertretend für die gefährdeten Kunstschätze, das berühmte bereits durch Fluchtabenteuer vor Napoleon bekannte Mantuanische Onyxgefäß aus dem Anton Ulrich-Museum in die Tasche gesteckt, das er jetzt hervorzieht. Aus diesem Gefäß, fabuliert er, seien in Rom die deutschen Kaiser gesalbt worden. Über tausend Jahre hätte sich immer eine Hand gefunden, es zu bewahren – jetzt liege es in der Hand des Generals, diese Kette zu durchbrechen. „Halten Sie es, werfen Sie es gegen die Wand! Wenn Sie sicher sind, diesen Krieg noch zu gewinnen, so möge alles geopfert sein. Wenn aber nicht ...“ Im Raum beklommenes Schweigen. Dann, nach einer Weile, die Aufforderung zu gehen: Sie werden von uns hören.

Am Nachmittag erscheint der General mit einer Abordnung hoher Militärs im Schloß und wird im Kaiserzimmer vom Herzogspaar empfangen. Exzellenz Knoke, Hofjustitiar noch aus Regierungszeiten, Hofmarschall von Grone, Kurt Seeleke und Prinz Ernst August kommen hinzu. Wortkarg und mit beinahe feierlichem Ernst wird abgewogen, ob das Schloß in die Verteidigungslinie einbezogen werden muß.

Dann verabschiedet man sich ohne gesprochenes Resultat wie im stummen Einvernehmen über das höhere Gebot der Stunde. Noch während die Abordnung den Berg hinabfährt, setzt sich unter den ungläubigen Blicken der Schloßbewohner ringsum Militär in Bewegung, verschwindet auf Nimmerwiedersehen.

Doch der fanatische Militärarzt Leidig lehnt die Einrichtung eines Zusatzlazaretts (und damit die Anbringung eines schützenden roten Kreuzes auf dem Dach des Schlosses) ab. Seeleke behilft sich damit, daß er auf dem Trockenplatz vier große Quadrate aus Bettlaken aufspannt, deren Zwischenraum aus Fliegersicht als riesiges Kreuz erscheint. Das Zeichen wird verstanden. Als sich der Belagerungsgürtel enger zieht, schießen die Amerikaner über das Schloß hinweg. Nach einer schweren Bombardierung des Stadtkerns am Morgen des 20. April wird die Bevölkerung mit Lautsprechern zur Kapitulation aufgefordert. Am späten Nachmittag rollen die Panzer in die Stadt. Es ist Führers Geburtstag.

Der amerikanische Stadtkommandant macht mit Gefolge noch am selben Abend einen offiziellen Besuch auf dem Schloß, um praktische Fragen der Besatzung wie die Entwaffnung der Werwölfe und die Kontrolle der befreiten Zwangsarbeiter zu besprechen. Die Gelassenheit des Herzogs, das historische Ambiente und die unsichtbare Regie des Hofprotokolls entwaffnen die Besatzer.

Der Besuch verwandelt sich in ein lockeres Gespräch, als hätte der Krieg nie stattgefunden. In gewohntem Englisch bittet der Herzog um schonende Behandlung der Kriegsgefangenen und stellt Landeskonservator Seeleke vor. Die erbetene Bewachung der Kunstdepots in den umliegenden Dörfern wird sofort zugesagt, schon für den folgenden Tag eine Inspektionsfahrt vereinbart, auch nach Börneke. Dort hatte Seeleke in den Tagen, da das Schicksal des Schlosses ungewiß war, zwölf Kisten mit Kunstgewerbe in einer vorbereiteten Höhle versteckt. Jetzt findet er italienische Fayencen, Fürstenberger Porzellan und barocke Elfenbeinschnitzereien zerschlagen und verkohlt am Boden liegen. Hatten marodierende Fremdarbeiter die amerikanischen Wachposten verjagt und ihre Beute aus Enttäuschung darüber, daß sie nicht eßbar war, mit zuvor von Seeleke verstecktem Fluchtbeginn in Brand gesetzt?

Obwohl Blankenburg nach diesen schicksalhaften Stunden noch lange keine Ruhe findet – das Eintreffen der sowjetischen Besatzer steht bevor –, können sämtliche Kunstschätze des Anton Ulrich-Museums mit Ausnahme dieser zwölf Kisten und eines Barockschreibtisches über den Krieg gerettet werden.

Rollo Charles wohnt in Braunschweig direkt am Burgplatz, in dem als Offiziersmesse hergerichteten Hotel „Deutsches Haus". Sein Büro richtet er in einem kargen Verwaltungsraum im ersten Stock des ausgeräumten Anton Ulrich-Museums ein, in das ihn Seeleke nicht ganz uneigennützig eingeladen hatte. Charles dankt mit der Verteidigung des schnell reparierten Museums gegen die Besetzung durch die Militärregierung. An einem Armeeschreibtisch aus Sperrholz sitzt die Sekretärin, einziges Schmuckstück im Raum ist ein großes Barockmöbel, dessen bauchige Schubladen als Aktenablage dienen. Keller und Erdgeschoß des Museums dienen als Magazin für gestrandetes Bergungsgut.

Bemerkenswert an Rollos Charakter: seine vollkommene Unbefangenheit gegenüber den besiegten Deutschen sowie seine Fähigkeit, immer wiederkehrenden Pannen und Katastrophen eine komische Seite abzugewinnen. Rollo läßt sich seine Lebensfreude nicht nehmen, zwischendurch ist immer Zeit für ein Picknick oder eine Besichtigung, abends für Konzerte und Opernaufführungen. Im Club des 198er Regiments trifft er seine ehemaligen Kampfkameraden, und manchmal ergibt sich die Gelegenheit zu einem Besuch in Bünde bei Joy.

Nach den schweren Bombenangriffen auf Braunschweig am 15. Oktober 1944 ragen allein die massiven Kirchen aus dem Trümmerfeld

III. Teil

Das Tagebuch des britischen Kunstschutzoffizier Robert Lonsdale Charles

(vom 10. August 1945 bis 22. November 1945)

Samstag, 4. August 1945

Ich meldete mich 10:15 Uhr beim Air Transport Office in der St. James Street, wurde gewogen, nach meiner Religion gefragt und in einen Laster geschubst, der mich und noch etwa fünfzehn andere nach Northolt brachte. Dort mußten wir unsere Papiere vorzeigen, durch den Zoll gehen und unser Geld wechseln. Nach halbstündigem Warten wurden wir zur Maschine gebracht.

Es war eine Dakota mit Platz für 21 von uns. Das Gepäck wurde unter die Sitze verstaut, die sehr unbequem längs des Rumpfes verliefen. Für den Start und die Landung mußten wir uns anschnallen. An den Seiten kleine Bullaugen, durch die man, wenn man den Hals verrenkte, einen kreisrunden Ausblick bekam.

Pünktlich um 12 Uhr ging es los, und ich glaube, daß wir über Süd-London flogen: gesehen habe ich es nicht, auch weiß ich nicht, wo wir die Küste überflogen. Es war eine Flußmündung und könnte die nördliche Küste von Kent gewesen sein, aber ich konnte es nicht gut sehen. Während der ganzen Flugstrecke von Northolt bis Holland flogen wir am oberen Rand einer dichten Dunstschicht, die schätzungsweise bis zu einer Höhe von 600–700 Fuß hinauf reichte.

Als wir nach etwa einer halben Stunde die Küstenlinie erreichten, hatten sich auch meine nervösen Ängste gelegt – am Anfang hatte ich es absolut nicht schön gefunden.

Die See sah sehr ruhig und schläfrig aus, fast eine Stunde brauchten wir für die Überquerung. Als wir wieder Land sahen, war es die holländische Küste, und nach einer Weile sagte ein gegenübersitzender Wing Commander mit drei DFCs*, daß wir über Amsterdam seien. Bald danach, über der Zuider Zee, behinderten kleine, weiße Wolkenfetzen unter uns die Sicht, wurden immer dichter und bildeten schließlich eine geschlossene Decke, soweit der Blick reichte. Wir waren ziemlich hoch darüber, und in dem gleißenden, heißen Sonnenlicht sah es aus, als flögen wir über eine grenzenlose Ebene von rauhem, unebenem Schnee. Eigenartig der Gedanke, daß dort unten der Himmel ganz bedeckt sein mußte.

Dann schmerzten mir die Ohren, und ich bekam ein taubes Gefühl. Der Schmerz wurde immer stärker, und es war eine Erleichterung, als einer ansagte, daß wir in zehn Minuten landen würden. Runter ging's durch die Wolken, die so dicht waren, daß sie die Maschine bocken ließen, dann in einem grauen Himmel über einen langen, bewaldeten Kamm, von dem ich annehme, daß es der Teutoburger Wald war. Der Mann neben mir wies auf die Porta Westfalica (Minden Gap) hin, wo die Weser durch die Hügel fließt; wenige Minuten später waren wir – wie es schien in fürchterlicher Geschwindigkeit – in Bückeburg gelandet. Ich hielt mir die Nase zu und preßte meinen Atem, was meine Ohren-

*Auszeichnung der Royal Air Force

schmerzen vertrieb. Es war 2:40 p.m., also 15:40 Uhr Ortszeit.

Ein Fahrzeug holte mich zusammen mit einem Wing Commander Last, der zum Sekretariat der Control Commission gehört, ab und brachte uns nach Lübbecke. Dort traf ich Colonel Webb, der mir eröffnete, daß ich zu Major Ellis Waterhouse im Stabshauptquartier des 21. Regiments zu gehen hätte, von dort für eine kurze Zeit nach Hannover, um dann – Gott helfe mir – auf die Provinz Oldenburg losgelassen zu werden. Da kein Tee angeboten wurde, ging ich mit Last in seine Messe. Dann noch ein kurzer Besuch bei Joy, wobei ich von ihrem Brigadier überrascht wurde, (der nicht sehr erbaut schien, mich zu treffen) und weiter nach Bad Oeynhausen. Joy sagte, daß sie außer Christopher und mir die ganze Abteilung MFA & A nicht verknusen könne.

Waterhouse fand ich sehr viel älter und grauer, als ich ihn von Oxford her in Erinnerung hatte. Wieder keine Einladung zum Essen, was er eigentlich hätte tun können. Er sagte, sonntags würde normalerweise niemand arbeiten, er aber schlüge es dennoch vor, woraus ich schloß, daß ich auch erwartet würde. Gar nicht so dumm! Sollte die Tür abgeschlossen sein, müsse ich durchs Fenster klettern, sagte er mir mit einem Lachen – dem einzigen Anzeichen von Menschlichkeit. Dann schickte er mich los, meine Unterkunft zu finden: Messe Nr. 2 für Lt. Col. und Ränge darunter. Huuh! Ich schlafe im Nebengebäude.

Nach dem Abendessen ging ich noch ein wenig im öffentlichen Park spazieren und saß dann da – eine Beute melancholischer Gedanken!

Rollo Charles (1919–1977) als junger Soldat

Sonntag, 5. August 1945

Das Fehlen von Kopfkissen macht das Schlafen ziemlich unbequem. Ich mußte mich mit dem Kopfkeil, auf dem die Kissen hätten liegen sollen, begnügen und ihn umdrehen – nicht sehr befriedigend.

Frühstück noch gerade bevor abgeräumt wurde – um 9 Uhr – und dann den Hügel hinauf zu Waterhouses Büro, wo der Morgen mit Berichtelesen und Tratsch verging. Mein Eindruck wurde gemildert; er ist a. nicht sehr alt und b. ganz menschlich. Ein kluger Kopf, viel gereist, voller Ideen, Pläne und Initiativen, dazu sehr witzig. Als Alternative zu meinem Einsatz in Oldenburg schlug er vor, daß ich mich um die größtenteils archivierten Auslagerungen in Grasleben kümmern sollte, was eine dringendere Aufgabe sei. Er ist ziemlich unbefangen in seiner Kritik an Webb und offensichtlich davon überzeugt, selber die geeignetere Besetzung zu sein, wenn er nicht schon im nächsten Monat aufhören würde (wer glaubt das schließlich nicht von sich!).

Es gibt eine Menge Projekte auf der höheren Ebene: Ausstellungen, Fotografie, Büchereien usw. – aber es fiel kein Wort über die Routinearbeiten des Inspizierens, Bergens und Berichteschreibens über Depots, Gebäude usw. Zum Mittag ging ich in Waterhouses Messe, deren Leib und Seele er zu sein scheint. Er behauptet, die Kanadier hätten beim Einmarsch in Utrecht allen Ernstes eine ganze Weile nach Dr. Strabismus* gesucht.

*DR. STRABISMUS ist eine Kunstfigur aus der seit 1924 wöchentlich im Daily Express erscheinenden Kolumne „By the Way“ des Satirikers J. B. Morton . Der Doktor ist Inhaber eines Lehrstuhls der Universität Utrecht und gilt als Erfinder einer ungewöhnlichen Waffe. Sie wird als hochkonzentrierte Flüssigkeit beschrieben, die Hosenträger auf eine Meile Entfernung durchrotten läßt.

Nach dem Essen packte mich ein starkes Schlafbedürfnis, ich mußte aber wieder mit ins Büro, um weitere Papiere zu studieren. Ich ging dann aber zurück in mein Zimmer und tat nur so, bis ich um 18:30 Uhr aufwachte. Schrieb nach Hause.

Montag, 6. August 1945

Noch ein Tag in Waterhouses Büro, Berichte lesen und schwatzen. Die Idee ist jetzt, daß ich das gesamte Land Braunschweig übernehmen soll. Das finde ich eigentlich gut. Die Aufgabe in Grasleben ist offensichtlich gewaltig. Am schönsten wäre es natürlich, herumzufahren und Dörfer und Kirchen zu inspizieren – als Art von Dauervergnügen! Am Morgen ging ich rüber zur Generalstabsbibliothek um herauszufinden, was man dort vom Graslebener Depot wüßte. Es ist riesig und besteht in der Hauptsache aus Archiven – eine Menge aus der russischen Zone. Es sind auch zwei Briefe von Kopernikus dort. U. a. ging ich in dieser Angelegenheit auch zur Task-Force. Sie wollten sich zurückmelden, aber bisher ist nichts geschehen.

Wieder ein intellektuelles Feuerwerk Waterhouses. Vielleicht neigt er ein wenig dazu, mit Wissen zu prahlen, das er gar nicht hat, aber dann mühe ich mich wiederum die ganze Zeit, meine totale Ignoranz zu überspielen. Mit instinktivem Spürsinn tastet er ab, wovon ich überhaupt eine Ahnung habe – und zweifellos weiß er jetzt, wie die Dinge stehen. Sich selber hält er für eine alles überragende geistige Autorität und läßt fast jeden seinen bissigen Spott und seine Abneigung spüren – ausgenommen Karl Parker.

Nach dem Abendessen eine Runde im Stadtpark von Bad Oeynhausen – etwas öde, aber entspannend. Eine beeindruckende Menge hoher Tiere drängt sich herdenartig auf engstem Raum zusammen; ständig ist irgend jemand am Salutieren.

Das Stadtzentrum ist völlig mit Stacheldraht abgeriegelt, so daß man so gut wie keine Deutschen sieht.

Mein Zimmer muß ich heute mit einem ziemlich gewöhnlichen Offizier aus der Rechnungsführung teilen. Er sagt, daß er in Potsdam war als einer der drei ersten Offiziere, die die russische Zone betraten. Als sie die „Freundschaftsbrücke“ bei Magdeburg betraten, wurden sie prompt für fünf Tage eingesperrt ...

Dienstag, 7. August 1945

Heute fuhr ich mit Webb und Waterhouse zum Abtransport von Teilen der Wallraf-Richartz-Sammlung aus dem Schloß von Fuechtorf südlich von Osnabrück. Ein hübscher Ort. Die Arbeit wird von Gould und Robertson durchgeführt, zwei ganz besonders netten Kerlen.

Die Bilder waren größtenteils Mist, abgesehen von den zahlreichen Kästen mit Stichen, Holzschnitten usw. – das Schloß selber ziemlich verfallen. Wir brauchten zwei Stunden kreuz und quer durch den Teutoburger Wald, um dorthin zu gelangen. Beeindruckend Waterhouses enorme Bildung. Er ist in der Lage, eine Unmenge abseitiger Maler zu identifizieren, deren Namen keiner von uns auch nur gehört hatte, und verschüchtert damit Webb, der – zugegeben – auf Architektur spezialisiert ist.

Nachricht des Tages ist die Atombombe – vielleicht der letzte Nagel im Sarg der Menschheit.

Mittwoch, 8. August 1945

Starker Regen am Morgen. Mit großer Verspätung wurde ich mit dem Wagen von Col. Webb abgeholt und nach Hannover gebracht, wo ich dann endlich, nach weiteren Verzögerungen, das 22. Infanterieregiment fand – die Leute, die ich gesucht hatte. Col. Webb hatte mich unterwegs überholt und war mit Harbord schon angekommen. Er gab mir seinen Segen und fuhr nach Hamburg weiter. Harbord übergab mir dann die Braunschweiger Akten und fuhr mich nach einer Tasse wäßrigen Tees in seiner enormen Luxuslimousine nach Braunschweig. Ein etwas geziert wirkender, schwer einschätzbarer junger Mann, der dabei Wohlwollen und Nettigkeit ausstrahlt. Waterhouse sagte mir, er würde seine Zeit mit der Jagd auf Herzöge und königliche Hoheiten verbringen und hätte ein kleines Haus am Rande von Alexandria und ein weiteres in Venedig. Anscheinend weiß niemand so recht etwas mit ihm anzufangen, nicht einmal Christopher.

Mittwoch, 8. August 1945, Fortsetzung

Wir kamen gegen 6 Uhr in Braunschweig an, und Harbord brachte mich zum Museum, um Seeleke zu besuchen, der aber nicht da war. Ich meldete mich daraufhin beim Befehlshaber der Abteilung, Group Captain Hicks, und spazierte somit direkt in den Rachen des Löwen. Ich muß schon sagen, ich hätte keinen schlechteren Zeitpunkt für meine Ankunft wählen können: Ein großer Kampf ist entbrannt ums Museum, in das die Militärregierung einziehen möchte, das wir aber für unsere eigenen Zwecke gebrauchen. Tatsächlich haben wir die Schlacht gewonnen, aber sie wurde mit einer gewissen Skrupellosigkeit seitens des Military Government über meinen Kopf hinweg entschieden. Das spielt aber keine Rolle, wohl aber, daß ich mich nun als Neuer und Erster von MFA & A zwischen diesen Leuten bewege, die alle voller Mißgunst auf unsere Abteilung blicken. Pflichtgemäß hörte ich dem Group Captain zu, der mich höflich darüber informierte, daß

a. die Deutschen selber viel lieber hätten, daß das Gebäude als Hauptquartier der Militärregierung genutzt würde anstatt als Museum (was ich nicht glaube),
b. daß die Umbauten für die Verwendung als Hauptquartier dreiviertel komplett seien (was nicht der Wahrheit entspricht, denn abgesehen vom Einsetzen einiger Glasscheiben ist außer Plänemachen nichts geschehen);
c. drückte er seine Geringschätzung für MFA & A aus und machte mir
d. deutlich, daß ich für das Gebäude keinen einzigen Dachziegel oder auch nur Nagel aus ihm herausbekäme – angesichts der Wohnungsnot ein nachvollziehbarer Standpunkt, den man aber auch höflicher hätte zum Ausdruck bringen können.

Sein Verbindungsoffizier, Captain Marigold, hat sich unterdessen im Museum einquartiert und zeigte mir nach dem Mittag sein Büro – es ist ganz hübsch, und es hängen zwei oder drei Bilder an der Wand.

Donnerstag, 9. August 1945

Ich übernehme die MFA & A-Akten von Major Southey aus der Finanzabteilung, der sie bisher geführt hatte. Versuchte vergeblich, Seeleke zu treffen, und machte mich dann auf den Weg durch die Kirchen. In St. Katharinen spielte jemand Orgel, ich konnte aber nicht hinein. Soweit ich Beschädigungen sehen konnte, waren es fehlende Ziegel auf dem Dach und zerbrochene Fenster. St. Andreas ist teilzerstört, die Bausubstanz selber wirkt in Ordnung. Einige Rabauken haben Hakenkreuze mit Kreide an die Wände geschmiert. Ich besuchte noch zwei weitere Kirchen, beide beschädigt. Eine davon muß die Brüdernkirche gewesen sein.

Nach dem Mittag immer noch kein Seeleke. So nahm ich einen Dienstwagen, einen kollossalen Horch mit einem kleinen, alten, komisch livrierten Fahrer, und fuhr mein altes 198er Regiment besuchen – großer Spaß! David lud mich abends zum Essen in den Regimentsclub ein. Mein Wagen machte bei allen riesigen Eindruck. Ich holte mein Gepäck vom Museum ab und erfuhr, daß Seeleke schon wieder fort war. Wie auch immer, er wurde telefonisch erreicht und zurückgebracht. Ein ganz netter junger Mann. Er ist wirklich derjenige, der sich im Land um MFA gekümmert hat. Er schlug mir vor, mich im Museum niederzulassen, was ich wahrscheinlich auch tun werde. Ich sagte ihm, was meiner Meinung nach getan werden müßte und was unser Programm sein sollte, angefangen bei einem Besuch in Grasleben gleich morgen früh. Er erzählte mir, daß fast der gesamte Schaden in Braunschweig bei einem Brandbombenangriff am 15. Oktober 1944 angerichtet worden war.

Fast den ganzen Tag strömender Regen – nicht gerade gut für den Dom und das Museum, fürchte ich. Major Wale von Property Control zeigte Seeleke einiges Silber, das einem deutschen Oberst abgenommen worden war – alles ziemlich armseliges Zeug, darunter an die 20 Zigarettendosen.

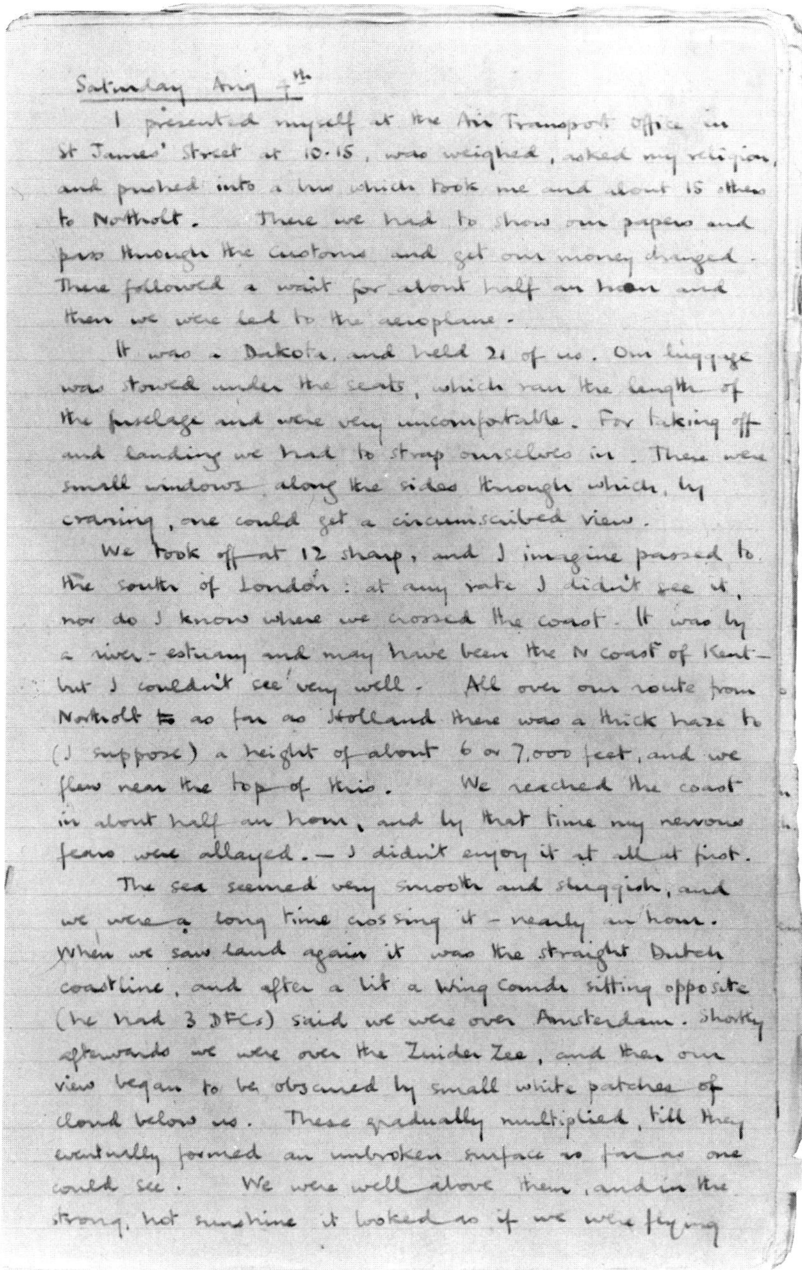

Saturday Aug 4th

I presented myself at the Air Transport Office in St James' Street at 10.15, was weighed, asked my religion, and pushed into a bus which took me and about 15 others to Northolt. There we had to show our papers and pass through the customs and get our money changed. There followed a wait for about half an hour and then we were led to the aeroplane.

It was a Dakota, and held 21 of us. Our luggage was stowed under the seats, which ran the length of the fuselage and were very uncomfortable. For taking off and landing we had to strap ourselves in. There were small windows along the sides through which, by craning, one could get a circumscribed view.

We took off at 12 sharp, and I imagine passed to the south of London: at any rate I didn't see it, nor do I know where we crossed the coast. It was by a river-estuary and may have been the N coast of Kent – but I couldn't see very well. All over our route from Northolt ~~to~~ as far as Holland there was a thick haze to (I suppose) a height of about 6 or 7,000 feet, and we flew near the top of this. We reached the coast in about half an hour, and by that time my nervous fears were allayed. – I didn't enjoy it at all at first.

The sea seemed very smooth and sluggish, and we were a long time crossing it – nearly an hour. When we saw land again it was the straight Dutch coastline, and after a bit a Wing Comdr sitting opposite (he had 3 DFCs) said we were over Amsterdam. Shortly afterwards we were over the Zuider Zee, and then our view began to be obscured by small white patches of cloud below us. These gradually multiplied, till they eventually formed an unbroken surface so far as one could see. We were well above them, and in the strong, hot sunshine it looked as if we were flying

Eine Seite aus dem Originaltagebuch

Am Abend nahm ich einen anderen Dienstwagen und fuhr zum Abendessen in den Regimentsclub, wo David, Jack, Bill, Bell, Frank F., Jonah usw. waren. Alle schienen sich über meine Anwesenheit zu freuen, und es war alles in allem sehr nett. Ich darf nicht die Ankunft meines neuen Burschen, Hall, vergessen.

Freitag, 10. August 1945

Wieder ein Regentag. Es begann mit einer Besprechung beim Group Captain, wo ich als Leiter eines Aufgabenbereichs anwesend sein mußte. Zu meiner Person gab es nur weitere Schmähungen – diesmal in aller Öffentlichkeit. Am liebsten wäre ich aufgestanden und rausgegangen. Aber das hätte auch niemanden gekratzt – jeder ist auf sich gestellt.

Dann tauchte ein junger Mann auf, der sagte, er sei Däne. Er zeigte einen Paß von der SHAEF-Mission in Kopenhagen vor, der ihn zum Betreten der britischen Zone ermächtigte, um seine Verlobte in ein Krankenhaus in Dänemark zu bringen. Aber, so sagte er mir, er habe herausgefunden, daß sie in der russischen Zone sei und ob wir ihm wohl helfen könnten, nach drüben zu gelangen. Heute abend erfuhr ich, daß man ihn zum Hauptquartier der 5. Division geschickt habe, weil diese die Pässe zur Grenzüberschreitung ausstellt.

Dann gab es Schwierigkeiten mit der Beschaffung eines Fahrzeugs, schließlich aber fuhr ich mit Seeleke um 10:30 Uhr in seinem Wagen – einem komischen kleinen Zweitakt-Autounion, betrieben mit irgendeinem unchristlichen Treibstoff, in Richtung Grasleben los. Um 12 Uhr waren wir dort und tauchten mit dem Förderkorb 430 Meter unter Tage, wo sich die Depoteinlagerungen befinden. Dann folgte ein langer Weg durch zahllose Tunnel und Korridore, nur erleuchtet durch übelriechende Acetylenlampen, die von Seeleke und einem Wärter getragen wurden, bis wir endlich bei den Sachen ankamen: Kisten, Kisten und noch mehr Kisten mit Akten der Archive von Hannover, Bremen, Braunschweig, Düsseldorf, Danzig, Reval, Königsberg, Elbing – von überall her aus Nord- und Ostdeutschland. Einige waren durch plündernde DPs* aufgebrochen, einzelne Papiere, Karten, Bündel von Manuskripten, Bücher etc. lagen herum, aber der größte Teil war unberührt. Ein Bergwerksbeamter, Krüger, tauchte aus einem dämmrigen Tunnel auf und nahm uns in seine Obhut.

Er führte uns an zahllosen Verschlägen entlang mit dem verschiedensten Inhalt: dem Hauptteil des Völkerkundemuseums Berlin, der unschätzbaren Wolfenbüttler Bibliothek, Theater- und Opernmaterial aus Hannover, fotografisches Material aus Braunschweig (zum großen Teil geplündert oder entfernt),

* DPs = Displaced Persons. Englische Bezeichnung für jene 11,3 Millionen Männer, Frauen und Kinder aus den besetzten Ländern, deren Zwangsarbeit das Fundament der deutschen Kriegswirtschaft bildete. Sie waren in fast allen Landwirtschafts- und Industriebetrieben beschäftigt, hatten aber weder Einkommen noch Rechte und meist keinerlei Kontakt zur deutschen Bevölkerung. Während Franzosen, Italiener, und Holländer nach ihrer Befreiung rasch nach Hause zurückkehren, zögern viele Polen vor diesem Schritt, deren Heimat von der Sowjetunion teils annektiert worden ist, teils von ihr kontrolliert wird. Viele von ihnen machen sich, in Banden organisiert, auf die Suche nach Nahrungsmitteln. In der Saline Grasleben ist eine Plünderung durch DPs allerdings auszuschließen. Unmittelbar nach Einnahme wurde der Förderschacht blokkiert, die Mine weiträumig abgesperrt und unter Bewachung gestellt. Der Abstieg auf Leitern in eine Tiefe von 430 Meter über den aufgelassenen Notausgang hätte wegen der verhängten Ausgangssperre nur tagsüber unter den Augen der Amerikaner erfolgen können.

mehr und noch mehr Archive, Propaganda- und Reisebücher, außerdem privates Eigentum: Teeservice, Möbel, Bücher, einige hoffnungslos beschädigt und durcheinander gebracht, andere unberührt oder nur aufgebrochen und durcheinander gebracht.

Der größte Schaden war durch ein Feuer jetzt im Juni angerichtet worden; die Briten brachten eine Menge Material weg (oder ließen es wegbringen), das der Reichsrundfunkgesellschaft gehörte, ein Arbeiter stolperte gegen eine Kiste und stieß dabei eine Lampe um, die auf einige Filme fiel, und WUFF! Höchst erstaunlich, daß nicht mehr verloren ging, aber dieser Teil der Mine war gerade erst wieder geöffnet worden.

Endlich kamen wir dort an, wohin wir wollten; kreuz und quer aufgestapelt in einer Ecke, teilweise mit Pappen abgedeckt, an die hundert Gemälde aus der Berliner Nationalgalerie (zu vergleichen mit der Tate Gallery). Ein schrecklicher Anblick. Nur wenige waren unter Glas und die an der Außenseite sind für immer zerstört durch die Hitze, den Rauch und das Salz. Der arme Seeleke wanderte umher, den Tränen nahe vor Wut und Kummer. Es ist ein Desaster: das Feuer hätte kaum Schaden angerichtet, wenn sie ordentlich gelagert worden wären – in Kisten, in Packpapier oder dergleichen. Aber sie kamen ohne verantwortlichen Aufseher oder Facharbeiter, wurden nur übereinander in einer Ecke gestapelt.

Wieder oben am Tageslicht, besuchten wir den Minendirektor, Kissler; er zeigte mir eine Liste all dessen, was seines Wissens in der Mine war und versprach mir davon eine Kopie. Ein großer Teil des Lagergutes war schon von der einen oder anderen Dienststelle abgeholt oder auch geplündert worden. Man berichtete uns, amerikanische Soldaten hätten wohl 10 Prozent der Bilder mitgehen lassen.

Das Dorf Grasleben liegt direkt an der Grenze. Tatsächlich reichen einige Stollen der Mine bis in die russische Zone, und die Eisenbahn, die von der Mine nach Braunschweig führt, macht sogar eine Schleife durch ehemals russisches Gebiet, wurde aber jetzt von uns übernommen. Wenn wir wollen, können wir jetzt also die Archive mit der Bahn abtransportieren, was viel besser sein dürfte als der Einsatz von Lastwagen: Wir würden mindestens 200 dafür benötigen. Wie auch immer, Seeleke weiß von einem Möbelwagen, der sich zum Abtransport der Gemälde eignet. Ich hoffe, wir können am Montag damit anfangen.

Ohne etwas gegessen zu haben, fuhren wir gegen 2 Uhr zurück nach Braunschweig. Immer noch Regen in den Vororten. Seelekes Auto blieb unterwegs wegen Benzinmangels stehen und mußte in eine Garage geschoben werden. Peinlich, daß ich zugesagt habe, ihm bei der Benzinbeschaffung zu helfen, denn ich kann eigentlich überhaupt nichts für ihn tun. Die Zivilbehörden haben seinen Wagen als „unbedingt notwendig" anerkannt, und er bekommt seine Ration – da ist weiter nichts zu machen.

All diese Dinge werden aber von den zivilen Behörden erledigt, und da kann ich mich unmöglich einmischen. Ich hatte bislang noch keine Gelegenheit, ihm das zu sagen. Wieder zurück, schrieb ich an meinem 14-Tage-Bericht, diesmal für zwei Tage.

Seeleke war mit der Wehrmacht in Frankreichfeldzug, wo er seinen eigenen, inoffiziellen Kunstschutz organisierte, um die Wehrmacht davon abzuhalten, Schlösser in der Normandie zu besetzen. Er wurde dann krank und zur Wiedergenesung nach Italien geschickt.

Wieder zurück in Braunschweig, unternahm er auf eigene Faust lokale Kunstschutzaktivitäten: Abtransportieren und Sicherung der Museumssammlungen, Versuche, den Dom wieder einzudachen, das Organisieren italienischer Hilfsarbeiter und sogar den selbständigen Einsatz von Feuerlöschgeräten. Er nimmt an, sagte er mir, daß die Kisten vom Völkerkundemuseum eine Sammlung enthalten, die Reidemeister gehört. Schrieb nach Hause.

Samstag, den 11. August 1945

Grau zuerst, aber dann sonnig und heiß. Den Morgen verbrachte ich mit Herumtrödeln, Ordnen der MFA-Papiere und mit Warten auf Col. Webb. Er kam in dem Augenblick, als ich gerade zum Essen gehen wollte. Ich nahm ihn mit zum Group Captain. Nach einigem Geplänkel kamen sie zur Sache und gingen ins Detail wegen des Museums. Colonel Webb war recht standhaft: das Gebäude war immer auf der SHAEF-Liste, und an diese Liste muß man sich halten. Und überhaupt, wir brauchten Lagerraum für Archive usw. – nicht nur aus unserer Zone, sondern auch für solche, die zu unserer Zone gehören, sich aber jetzt in der amerikanischen Zone befinden. Der Group Captain brachte seine Argumente gleich zweimal vor. Dann nahm ich Col. Webb mit, das Museumsgelände zu besichtigen. Nachdem wir überall herumgelaufen waren, fuhr er ab, und ich ging zum Lunch.

Das alte Braunschweig. Ein Blick auf die Andreaskirche

Hinterher versuchte ich ein- oder zweimal, Seeleke zu erreichen, um ihm zu sagen, daß die Besichtigung vorbei war. Schließlich ging ich zu ihm nach Hause, wo er auch nicht war. Auf dem Rückweg ein Blick in die Magnikirche, die offensichtlich einen Volltreffer abbekommen hat und nur noch eine Ruine ist. Der größere Teil der Türme ist allerdings wiederherstellbar, und auch vom Dachgestühl ist noch etwas vorhanden. Es könnte wiederaufgebaut werden, dies wird allerdings eine sehr große Aufgabe sein, die anzufangen jetzt noch nicht lohnt. Dann ging ich zum Schloß, einem riesigen georgianischen Klotz, ziemlich stark ruiniert. In einige Räume des Nordost-Flügels haben sich ukrainische Familien eingenistet. Der Bau stammt von 1844, war bis 1918 bewohnt, wurde dann Museum und später SS-Kaserne.

Sonntag, 12. August 1945

Seeleke kam um 10 Uhr, da ich es bewerkstelligt hatte, ihn mit einem Kanister Benzin zu seinem gestrandeten Wagen bringen zu lassen. Er berichtete allerdings, daß er bereits durch normale Kanäle „Saft" bekommen hatte, und somit war alles bestens. Wir warteten noch bis 10:30 Uhr, als er auf Veranlassung von Stevens eine kleine Führung auf dem Burgplatz machen sollte. Er zeigte uns das Gildehaus, die Ruinen des rekonstruierten Festsaales von Dankwarderode und den Dom. Das Gildehaus selber ist nicht alt, wohl aber seine Fassade und die des benachbarten Hauses. Er zeigte uns Fotografien, wie sie früher ausgesehen hatten, auch Fotos ganzer Straßenzüge mit ähnlichen Häusern, 15. und 16. Jahrhundert, jetzt alle hin. Wunderschöne alte Fachwerkhäuser, die Balken rot, blau und grün angestrichen oder in ihren natürlichen Farbtönen; das Rot wurde aus Ochsenblut hergestellt. Der Festsaal war im 19. Jahrhundert recht verschwenderisch auf alten Ruinen wiederhergestellt worden. Ich mußte sagen, daß die Rekonstruktion recht sorgfältig war, aber das Resultat muß scheußlich gewesen sein – wie Alton Towers. Einige Räume waren von einer Familie bewohnt, die gerade dabei war, Regenwasser vom Fußboden aufzuwischen...

Der Dom war höchst interessant. Heinrich der Löwe hatte ihn gegründet, aber unvollendet hinterlassen. Ursprünglich im 12. Jahrhundert als Basilika errichtet, und als einzige spätere Zutat die Erweiterung des Längsschiffes im 16. Jahrhundert. Die Ausführung der Nordseite ist einzigartig in diesem Teil Deutschlands. Es gibt keine schriftlichen Urkunden darüber, aber man nimmt an, daß es englische Baumeister waren, da der Stil Tudorarbeiten sehr ähnlich ist. Die Südseite ist stark verziert, die zwei Türme zu zweidrittel vollendet, der Glockenstuhl dazwischen ist später, ich nehme an 13. Jahrhundert.

Als das Gebäude in eine Nazi-Wallfahrtsstätte umgewandelt wurde, nahm man Heinrich und Mathilde aus ihren ursprünglichen Gräbern heraus, dann wurde eine große Krypta für sie ausgebuddelt. Alle Welt protestierte vergeblich, und die örtlichen Architekten durften sich nicht einmal in der Nähe aufhalten, während die Arbeiten vorangingen. Infolge dieser weiteren Ausschachtung wurden die Mauern des Gebäudes gefährlich geschwächt, und die Dachgewölbe mußten mit Zugankern verstärkt werden. Die Heinrichsgruft wurde in Granit ausgeführt (wäh-

Die von den Nationalsozialisten geschaffene Heinrichsgruft im Braunschweiger Dom

rend der Rest des Gebäudes Kalkstein ist). [In diesen Abschnitten sind Charles einige Versehen unterlaufen. So hat z. B. der Dom zwei Erweiterungen erfahren. Ferner wurden, wie üblich, die Mauern mit Rogenstein aufgefüllt und der berühmte Sarkophag dort hinein überführt, umgeben von den Wappen der Städte, die Heinrich gegründet hatte, und dazu ein Hakenkreuz.] Der Sarkophag ist noch nicht zu besichtigen, weil Seeleke ihn zum Schutz mit Ziegelsteinen eingemauert hat. Der Effekt muß schon überwältigend gewesen sein, selbst wenn alles falsch war*.

Viel unangenehmer sind die Dekorationen oben – enorme Wandgemälde, das üb-

* Die Nationalsozialisten sahen in Heinrich dem Löwen (1129/30–1195) einen Kronzeugen für ihre Ideologie vom „Volk ohne Lebensraum". Ihrer Auffassung nach hatte Heinrich, indem er die Ostkolonisation des Deutschritterordens militärisch flankierte, schon 800 Jahre vor Hitler erkannt, daß „Deutschlands Zukunft im Osten liegt". Jüngste Untersuchungen lassen es fraglich erscheinen, ob die Gebeine tatsächlich von Heinrich dem Löwen stammen.

Links: Das nördliche Seitenschiff des Braunschweiger Doms

liche Nazizeug, aber irgendwie noch garstiger als sonst. Seeleke haßt es selbstverständlich und nennt es eine Schamlosigkeit.

Wir erstiegen den Glockenturm. Die Nazis hatten befohlen, die Glocken einzuschmelzen, Seeleke war es aber gelungen, das zu verhindern. Doch er hat zwei romanische Glocken verloren und glaubt, daß sie jetzt in Hamburg sind. Er redet davon, daß er dorthin will, um sie zu suchen. Dann zeigte er mir das Dach, das ihn sehr beunruhigt. Im Ostende der Kirche sind einige Wandmalereien des 14. Jahrhunderts. Noch vor der Besetzung der Stadt hatte Seeleke einige Dachziegel ergattert, Hilfe mobilisiert und das Dach darüber wieder abgedeckt: somit sind sie vergleichsweise sicher. Die Gefahr ist aber noch nicht vorüber. Er sagt, die Wände seien durch die Explosionen geschwächt, und der Regen dringe auf das Dachgewölbe durch. Zehntausend Dachziegel werden benötigt, aber seine eigene Anforderung wurde abgelehnt. Die Sache ist dringend, denn wir hatten in letzter Zeit viel Regen.

Ich schlief zwischen Mittag und Fünf-Uhr-Tee und ging dann mit Gourley von den Royal Engineers spazieren. Wir gingen zum Altstadtmarkt und besichtigten die Martinikirche, die so aussieht, als könnte sie wiederhergestellt werden. Dann sahen wir uns den Till-Eulenspiegel-Brunnen an (modern) und gingen entlang der alten Wallanlagen und an der Katharinenkirche vorbei nach Hause.

Abendessen, und dann zu einem Konzert in den Dom: der Organist ist nicht allzu gut, und die Orgel hat einen scheußlichen Pfeifton in den höheren Lagen. Das Arrangement des Violin-Doppelkonzertes war *nicht* sehr glücklich, der Sopran ganz gut. Der Dom war

Der gotische Brunnen zerschmilzt während des Bombenangriffs

proppenvoll, unter den Besuchern aber nur sehr wenige Briten.

Montag, 13. August 1945

Ein Tag mit Verspätungen und Fehlschlägen zum wahnsinnig werden. Es fing an mit einer Besprechung. Thema: der letzte Besuch von Colonel Webb. Angeblich unterstützt der Kommandant des 30. Korps der 5. Division die Position der Militärregierung, und die Arbeiten sollen wieder aufgenommen werden (Ausbau des Museums zum Hauptquartier der Militärregierung). Major McNicoll, der zweite Mann, leitete die Besprechung. Er riet mir, Col. Webb vor dieser neuen Entwicklung zu warnen.

Um 9:30 Uhr war es mir endlich gelungen, einen PKW und einen Transporter samt Packern für die Berliner Bilder zu bekommen. Die Sandwiches waren fertig, alle waren startbereit, aber vor 11 Uhr kam kein Fahrzeug. Dann holte ich vom Museum Dr. Seeleke, den Wolfenbüttler Archivar Dr. Meyer und den Bibliothekar Prof. Dr. Herse ab (der auch so aussieht, als sei er bald soweit).* Ich befahl, den altersschwachen Transporter mit den Packern hinterherzufahren, und brauste nach Grasleben los, wo wir eine Ewigkeit auf den LKW warteten – schließlich fuhr Seeleke zurück, um ihn zu suchen. Ich stieg mit den beiden Wolfenbüttlern in den Schacht zu ihren Besitztümern hinunter. Herse war mit seinen Akten ganz zufrieden, aber die von Meyer sind ziemlich durcheinandergebracht. Morgen kann er mit Hilfskräften zurückkommen und anfangen einzupacken.

*der Name „Herse“ klingt im englischen wie „hearse“, Leichenwagen.

Wir waren eben wieder oben, da kam Seeleke mit der Nachricht, daß der Lastwagen unterwegs zusammengebrochen und umgekehrt war. Kein Grund also, noch länger hier zu bleiben. Wir fuhren über *Süpplingenburg* zurück, wo ein anderer Teil des Wolfenbütteler Archivs ausgelagert ist: 168 Kisten, von denen wir nur drei fanden! Große Bestürzung – bis sich herausstellte, daß amerikanische und britische Truppen im Haus Quartier genommen und sie einfach in den Keller geschafft hatten. Einige Kisten waren umgestürzt und ausgeleert worden, das Holz verheizt – wir werden etwa zwölf neue brauchen. Kein großer Schaden am Archivgut, außer daß einiges naß geworden ist. Wir suchten den Bürgermeister auf und veranlaßten eine bessere Bewachung der Archive, die recht bald abgeholt werden müssen, denn „Polen" sind in der Nähe. Dann nach Hause mit Zwischenstopp in Königslutter, wo eine Muffe des Kühlwasserschlauches repariert werden mußte. Setze Meyer und Herse noch in Wolfenbüttel ab. Sie sind ein ganz umgängliches Paar. Herse, ein Gelehrter von gewissem Ruf, ist ein erstaunlicher Anblick: er sieht aus wie ein Vogel Strauß. Beide haben kurzgeschorenes Haar und Brillen mit dicken Gläsern.

Dienstag, 14. August 1945

Ein etwas erfolgreicherer Tag. Bekam problemlos einen Wagen, der auch zur rechten Zeit eintraf, und holte Meyer samt Helfern in Wolfenbüttel ab. Seeleke war mit seinem Möbelwagen schon eine Stunde vor uns in Grasleben angekommen. Wir sausten also nach unten, Meyer begann seine Archive einzupacken, und ich ging weiter und fand Seeleke beim Packen der Bilder. Gegen ein Uhr brachte er sie nach oben. Meyer war um 2:15 Uhr fertig. So fuhr ich auch nach oben, und wir machten uns gemeinsam auf den Rückweg. In Braunschweig half ich noch eine Stunde beim Abladen der Gemälde, von denen einige in äußerst beklagenswertem Zustand sind – darunter eine Skizze von Bonington und ein hinter dem verräucherten Glas unerkennbarer Whistler, der ganze Rest Deutschland, 19. Jahrhundert. Einige teilweise arg mitgenommene Caspar David Friedrichs. Seeleke sagt, der Restaurator des Museums ist in Blankenburg. Ich muß versuchen ihn aus der russischen Zone herauszubekommen.

Mittwoch, 15. August 1945

Ein Tag zu Hause. Schönes Wetter. Im Vieweghaus begegnete mir ein ernster Mann mit glattrasiertem Kopf im grünen Mantel, der sich als Lübbing vorstellte – Archivar von Oldenburg. Der langweilige Mann war schon gestern angekommen, bewaffnet mit den verschiedensten Papieren und zwei Möbeltransportern, die in Grasleben auf ihn warten sollten. Verflucht nochmal, nun muß ich morgen auch dorthin und ihn beaufsichtigen, wenn er die Sachen aus der scheußlichen Mine auflädt. Er wird dann eine achtstündige Rückfahrt nach Oldenburg antreten, und wenn er am Samstag zurückkommt, um den Rest zu holen, muß ich schon wieder nach Grasleben. Er hatte angeordnet, daß seine Laster noch heute leer zurückfahren sollten, falls sie nichts von ihm hörten. Daher mußte ich ihnen eine Nachricht übermitteln, damit sie blieben. Aber sie hatten nur bis morgen Verpflegung mitgenommen – eine äußerst schlecht beratene Expedition, noch dazu nicht mit mir abgestimmt. Ich denke, eigentlich müßte ich das verdammte Zeug den ganzen Weg nach Oldenburg zurückbegleiten, um sicherzugehen, daß sie auch ankommen – aber das ist nun wirklich zu viel verlangt!

Im Museum lief ich der Sekretärin von der Zivilverwaltung (sie sieht aus wie die liebevolle Momma Hopper) in die Arme, die mir einige Briefe übergab: einen ungenauen, sechs Wochen alten Bericht über das Graslebener Depot und ein Rundschreiben über die Wichtigkeit, sich am Telefon nicht mit „Hallo" zu melden. Dann setzte ich mich in den Raum von Marigold (hoffentlich gibt er ihn auf, nachdem er zu einer anderen Dienststelle versetzt worden ist!). Er war nicht da. Ich schrieb einen Bericht über die Mine und rief T-Force wegen der morgigen Transporte an. Unsere herrliche Telefonzentrale unterbrach mich nur zweimal. Der T-Force Kommandant Goslar lud mich für Sonntag zum Lunch ein – sehr nett von ihm!

Versuchte außerdem Col. Webb in Lübbecke zu erreichen, um ihm zu sagen, daß die Schlacht um das Museum jetzt vom Kommandanten des 30. Korps geführt wird, kam aber nicht durch. Dann zu Seeleke ins Erdgeschoß. Er gab mir Fotos von dem gestrigen Bergungsunternehmen, die er bereits entwickelt hatte (schnelle Arbeit!), und machte mich mit Thulesius bekannt, dem Rektor [eigentlich Professor] der Technischen Hochschule – ein anständiger Kerl, der mich fragte, ob ich ihn mit der Kriegsgräberkommission in Verbindung bringen könnte, er hätte die gleiche Arbeit zuvor für die Deutschen getan. Gerade als ich gehen wollte, kam Marigold. Er will sein Büro keinesfalls aufgeben und zeigte mir die Pläne für den Museumsumbau:

kein Büro für unsere Abteilung vorgesehen! Nach dem Essen suchte ich im Rathaus nach einem Russen, mit dem ich wegen des Bilderrestaurators aus Blankenburg reden könnte. Es waren aber keine Russen dort. Dann ärgerte ich mich wieder über unsere Telefonzentrale: Ich kam weder nach Lübbecke noch zur Kriegsgräberabteilung der 5. Division durch, konnte aber wenigstens einen Telefonanschluß für den Raum im Museum beantragen, der so Gott will eines Tages mein Büro wird. Seit zwei Tagen schreit die Sekretärin des Stadtkommandanten nach mir, weil sie nicht weiß, ob sie „Bodenaltertümer" besser mit „Archaeology" oder mit „Antiquities in the ground" übersetzen soll. Ging auf mein Zimmer und las einen Roman. Nach dem Tee in nur fünf Minuten eine Telefonverbindung nach Lübbecke, am anderen Ende Christopher – sehr ermunternd. Webb will wegen des Museums sofort aktiv werden. Ich kann mir ausmalen, daß am Ende Monty persönlich darüber entscheiden wird!

Anschließend eine Belehrung über das Salutieren mit praktischem Drill für alle Captains und untergeordnete Dienstgrade. Oh Götter! Danach zum Kommandanten der Wirtschaftsabteilung, um Dachziegel für den Dom aufzutreiben – es sieht hoffnungslos aus.

Ich vergaß zu sagen, daß ich nach dem Lunch einige Zeit damit verbrachte, im Rathaus umherzuwandern, um einen Russen zu finden, mit dem ich die Sache mit dem Bilderrestaurator aus Blankenburg diskutieren konnte. Es waren aber keine Russen dort.

Donnerstag, 16. August 1945

Fuhr mit Lübbing und seinem Hausmeister –

einem alten Mann, der kein Wort sprach – nach Grasleben. Lübbing machte auf mich einen sehr zweitrangigen Eindruck. Er ist ein harmloser Mann im mittleren Alter mit nur geringen Englischkenntnissen. Erst vor zwei Wochen war er aus einem amerikanischen Kriegsgefangenenlager entlassen worden. Er war Feldwebel im Hauptquartier in Griechenland, nahe Athen stationiert. Ich fragte ihn, wie er denn nach Oldenburg zurückkommen wollte, falls die Lastwagen Grasleben schon verlassen hätten? Er meinte, mit dem Zug über Hannover und Bremen. Zu meiner Freude waren die LKWs tatsächlich schon zurück nach Oldenburg gefahren – beladen mit Salz! Ich nahm ihn und seinen Hausmeister mit nach unten, damit sie ihre Archive ansehen konnten. Auf der Rückfahrt passierte nun, was ich befürchtet hatte: Er bat mich, ihnen den Wagen für die Rückreise nach Oldenburg zur Verfügung zu stellen! Anscheinend fährt der Zug von Braunschweig nur morgens. Armer alter Lübbing! Ganz sicher kam er auf Grund eines äußerst schlecht beratenen Auftrages, und ich habe das Gefühl, daß ihn irgendjemand an der Nase herumführt. Da er nichts mehr zu essen hatte, gab ich ihm mein Sandwich und befahl dem Fahrer, ihn wenigstens bis Hannover zu bringen. Ich sagte, er würde *von mir* Bescheid bekommen, wann er seine Archive abholen kann. Nach dem Lunch überarbeitete ich meinen Graslebenbericht und tat dann nichts mehr, weil Feiertag ist.

Freitag, 17. August 1945

Ging zum Museum, um zu sehen, was mit meinem Zimmer passierte, und rief dann wegen des Bilderrestaurators die 5. Division an. Ermutigender als ich dachte. Wieder zurück, hatte Col. Webb angerufen mit der Bitte um Rückruf. Der vergebliche Versuch nahm den ganzen Morgen in Anspruch. Am Nachmittag von 2:00 bis 4:30 Uhr eine Besprechung, wo ich den ödesten Nachmittag meines Lebens verbrachte. Dann Tee und weitere Versuche, nach Lübbecke durchzudringen. Schließlich gab ich es auf, aß zu Abend und hörte im Radio die Pastorale, bis der Strom ausfiel. Dann ins Bett. Starker Regen.

Samstag, 18. August 1945

Verbrachte den Vormittag im Umkreis meines neuen Büros im Museum, ohne viel zu erledigen. Gott sei Dank habe ich jetzt wenigstens einen Raum und ein Telefon! Seeleke stellte mir den vorläufigen Museumsdirektor, Hans-Werner Schmidt, vor. Er ist gerade aus einem Kriegsgefangenenlager bei Brescia zurückgekommen. Für die Reise hatte er zwei Wochen benötigt, wenn ich mich recht erinnere. Er war (als Fotograf) beim deutschen Kunstschutz in Italien und nach dem Krieg im selben Lager wie Reidemeister und Evers. Anscheinend ist er entnazifiziert und kann frei herumlaufen, aber ich weiß nicht, ob er im Museum sein sollte.

Kurz vor dem Mittagessen kam ein Offizier von der 5. Division und bat um Genehmigung für einen Dankgottesdienst im Dom. Er schien von meiner Zuständigkeit so überzeugt, daß ich ihm sagte, es sei in Ordnung. Es fehlten aber noch 300 Stühle, und er wollte mich heute Nachmittag dort treffen. Als ich um 2:15 Uhr kam, hatte er bereits herausgefunden, daß ich für die Benutzung des Gebäudes gar nicht verantwortlich war. Ich

Die zerstörte Ägidienkirche in Braunschweig

riet ihm, seine Stühle beim Oberbürgermeister anzufordern.

Dann tauchte Seeleke mit einer Frau Stenger auf, weil er glaubte, daß sie für mich die geeignete Sekretärin sein könnte. Ich bat sie, am Montag um 10 Uhr wiederzukommen. Dann holten wir Professor Thulesius und das Oberhaupt der römisch-katholischen Kirche samt seinem stotternden Kaplan ab, um uns die Ägidienkirche anzuschauen. Sie ist – oder vielmehr war – eine stattliche Kirche des 13. Jahrhunderts. In den Napoleonischen Kriegen diente sie den Franzosen als Pferdestall und ist seitdem als Kirche nie wieder benutzt worden. Sie wurde in ein „Vaterländisches Museum" für Objekte der lokalen Kunst und Geschichte verwandelt, soll aber jetzt den Katholiken als Kirche zurückgegeben werden. Angrenzend der Chor einer dem heiligen Paulus geweihten Kirche aus dem 14. Jahrhundert, die im letzten Jahrhundert abgerissen, und hier neu errichtet wurde. Die meisten Museumsstücke sind bereits ausgelagert worden, aber einige müssen noch folgen, da das Bauwerk praktisch ohne Dach ist. Im Juni haben es die Katholiken bewerkstelligt, mit Genehmigung der Militärregierung 60 000 Dachziegel für diese Kirche zu kaufen, die jetzt noch in einer Ziegelei südlich von Hannover sind und die sie gerne abholen möchten.

Wir verabschiedeten uns von den katholischen Herren und gingen zur Brüdern- oder Franziskanerkirche, ebenfalls 14. Jahrhundert, die in äußerst beklagenswertem Zustand ist. Drinnen nichts, was auszulagern sich lohnen würde, ausgenommen vielleicht ein Lettner des 16. Jahrhunderts. Aber die ganze Bausubstanz dieser Kirche muß bald dahin sein, noch dazu in Erwartung des Winterfrostes.

Zum Schluß fuhren wir noch zum Bunker, um nach den dort ausgelagerten Bildern des Museums zu sehen. Was für ein Unterschied zu den unseligen Berliner Gemälden! Diese sind alle in Ölpapier verpackt und numeriert, und das Ganze ist durch und durch fachgerecht gemacht.

Es sind vier Luftschutzräume voll, jeder hinter Doppeltüren. Die äußeren Türen waren als Schlußsicherung mit zwei eisernen Querriegeln versehen, ein Ende schwenkbar und das andere mit Vorhängeschloß. Eigenartigerweise war von den beiden ersten Räumen je ein Vorhängeschloß verschwunden. Da aber für jede Tür noch fünf weitere Schlösser zu betätigen waren, sind die Gemälde in Ordnung, aber Seeleke will sich beschweren. Selbstverständlich wird der Ort Tag und Nacht bewacht.

Zufluchtsort der besten Bilder des Anton Ulrich-Museums im Hochbunker Salzdahlumer Straße: Die Bilder sind gut geschützt

Der oberste Schutzraum wirkte auf mich nicht gar so sicher – die äußere Tür hatte nur einen Querriegel und ein Vorhängeschloß, die innere überhaupt nur ein Schloß. Ich machte Seeleke darauf aufmerksam, der sich entschuldigend räusperte und sagte, daß er beide Türen heimlich angebracht habe, nachdem er sie in einem ausgebombten Haus gefunden und passend gemacht hatte! Er erzählte mir, wie er während der Bombenangriffe mit seinen vier Italienern in den Ruinen stocherte, um nach alten geschnitzten Holzbalken zu suchen.

Einige davon lagerten sie im Kreuzgang der Franziskanerkirche. Unglücklicherweise kam irgendeine Firma auf die Idee, ihre Geschäftsunterlagen dazuzupacken, diese fingen während des Luftangriffes am 15. Oktober Feuer und verbrannten samt der Balken zu feiner Asche*.

Sonntag, 19. August 1945

Ging zum Gottesdienst in den Dom. Da es ein offizieller Anlaß war, herrschte ein ziemliches Gedränge, auch eine Musikkapelle war da. Wegen der fehlenden Glasfenster wurde unser Gesang aber trotzdem nicht besonders laut. Wir lieferten eine erbärmliche Wiedergabe der Nationalhymne! Anschließend verbrachte ich wieder meine Nachtwache am Telefon, kam auch tatsächlich durch und sprach mit Christopher, der im Begriff war, nach Berlin zu gehen. Ich beneide ihn nicht. Die Schlacht ums Museum hätten wir gewonnen, sagte er. Hinterher traf ich Stephens und lud ihn nach Goslar zum Mittagessen ein, was mangels Wagen nicht realisierbar war. Also mußte ich es auf morgen verschieben – ziemlich peinlich. Immerhin fand ich dann in Stephens Zimmer, von wo aus ich telefoniert hatte, ein Exemplar von *Tristram Shandy* und legte mich nach dem Essen damit zu Bett. Um 6 Uhr wachte ich wieder auf und ging eine Weile spazieren. Kein besonders gelungener Geburtstag.

*Ähnlich erging es den Balken, die Seeleke mit „seinen" Italienern aus den Trümmern gerettet und unter der Eisenbahnbrücke Salzdahlumer Straße gelagert hatte. Als der Konservator in den letzten Kriegstagen in Blankenburg eingeschlossen war, wurden sie von der Bevölkerung verheizt. Nur die im Dorf Hessen in der sowjetischen Zone ausgelagerten Balken aus dem Vaterländischen Museum und die Fassade des Gildehauses entgingen der Zerstörung.
Im Austausch gegen das Chorgestühl des Magdeburger Domes konnte Seeleke sie 1955 zurückholen – der erste innerdeutsche Kulturaustausch!

Montag, 20. August 1945

Im Anschluß an die übliche Besprechung nahm ich meine Nachforschungen wegen des Bilderrestaurators und der Kriegsgräberkommission wieder auf. Dann stellte sich Frau Stenger bei mir vor. Da ich aber nicht genug Arbeit für sie hatte, schickte ich sie weiter zu Parker, dem Personalchef. Anscheinend mochte sie ihn nicht – und wer kann ihr das verdenken. Seeleke fährt gern mit nach Goslar. Um 11:45 Uhr hielt ich Ausschau nach dem von mir bestellten Wagen. Als er um 12:40 Uhr immer noch nicht da war, stellte man mir den von Major Southey zur Verfügung. Auf halbem Wege war das Benzin alle. Für 12:30 Uhr war ich eingeladen, beim Glokkenschlag 2 Uhr waren wir da. Immerhin bekam Seeleke bei Freunden noch etwas zu essen (er behauptet es wenigstens), und ich wurde bei T-Force verpflegt. Anschließend trafen wir uns mit Davenport von T-Force, um uns das Bergwerk Rammelsberg anzusehen. Ich hatte gedacht, T-Force würde es bewachen, aber die hatten noch nie davon gehört, und als wir in die Nähe kamen, meinte Davenport, dies sei wohl die Gegend, wo polnische DPs gesichtet worden seien. Ich war nahe an einem Herzanfall – Aber der Löwe war noch da, und bis auf ein Loch in seinem Hinterteil war alles in Ordnung. Russische Fremdarbeiter hatten es hineingeschlagen, weil sie glaubten, er sei mit Gold gefüllt. Und dann waren da noch, in Kisten verpackt, Heinrich und Mathilde, der Leuchter und das Kruzifix. Wir veranlaßten, daß morgen mit Ausnahme des Löwen alles abgeholt würde.

Die Kaiserpfalz in Goslar (nächste Doppelseite)

(nächste Doppelseite)

Dann sahen wir uns das Städtische Museum an, um zu sehen, ob es als Lager brauchbar wäre. Es ist recht umfangreich und als Museum einer Kleinstadt ganz ausgezeichnet; natürlich waren die besten Sachen nicht ausgestellt. Einiges könnten wir hier unterbringen, aber nicht viel. Dann zum Kaiserhaus, das sicherlich den benötigten Raum bietet. Auf romanischen Fundamenten errichtet, ist es unter Kaiser Wilhelm II. umgebaut und ausgeschmückt worden. Ziemlich schrecklich! Außerdem gibt es noch eine karolingische Kapelle, die wir aber nicht gesehen haben.

Schließlich sahen wir uns in Vienenburg die Schule an, um die es so viel Aufregung gibt. Am 1. September soll sie wieder eröffnet werden, ist im Augenblick aber noch mit Archiven und Museumsgut aus der Schönebecker Mine vollgepackt. Unter den Museumsstücken einige Kisten des Völkerkundemuseums und andere, voller griechischer Vasen, aus dem Alten Museum. In einem Raum ein riesiger Haufen unverpackter, unsortierter Bücher, unter denen ich zu meinem Entsetzen Noten von Ph. E. Bach fand – zum Glück keine Originale. Nicol vom Preußischen Staatsarchiv Berlin, der zur Zeit in Gandersheim wohnt, war auch dabei; er will eine Liste zusammenstellen von dem, was dort lagert und was nach seiner Erinnerung in der Schönebecker Mine, als die Russen kamen, zurückgelassen wurde. Zurück nach Goslar, wo wir die verschiedenen Leutchen, die wir mitgenommen hatten, absetzten und gerade rechtzeitig ankamen, um auf dem Marktplatz den Zapfenstreich des Cameron-Regiments zu hören – eine ziemlich große Zuschauermenge. Seeleke war sehr beeindruckt. Dann besuchten wir einen Metallgießer namens Bastam, der eventuell den Löwen flicken könnte; wegen Krankheit fällt er aber für die nächsten zwei Wochen aus. Dann nach Hause. Nach dem Essen bis Mitternacht in den Club. Eigenartige Frauenspersonen hinter dem Tresen.

Dienstag, 21. August 1945

Wachte auf und fühlte mich den ganzen Tag über elend. Trotzdem ganz erfolgreich, zumal Seeleke und ich nur 15 Minuten später als geplant einen Wagen bekamen. Er brachte einen gewissen Werner Kump, Metallbildhauer, Richard-Strauss-Weg 9, mit, von der er sagt, daß er eine bemerkenswerte Person ist. Ich weiß eigentlich nicht, was so außergewöhnlich an ihm sein soll. Sicherlich macht er einen ziemlich sonderbaren Eindruck; während man Seeleke mit einem Blick richtig einschätzen kann, habe ich fast den ganzen Tag in Gegenwart dieses Mannes verbracht und weiß keinen Deut über ihn.

Auf der Fahrt nach Goslar sprach er zu Seeleke mit unverständlichem Braunschweiger Akzent, so daß ich der Unterhaltung nicht viel Beachtung schenkte. Dort angekommen, widmete er sich dem Hinterteil des Löwen in priesterhafter, hochmütiger Manier mit der Metallsäge; da kam dann auch schon ein T-Force-Viertonner mit vier Soldaten, und mit der Hilfe von einem Dutzend Bergleuten schufteten wir die Kisten mit dem Kruzifix und dem zerlegten Leuchter und die schweren Grabplatten von Heinrich und Mathilde an Bord.

Kump und ich luden uns zusammen mit den beiden T-Force-Sergeants beim Headquarter ihres Zugs zum Mittag ein, während

Lebensgroße Grabplastik Herzog Heinrichs des Löwen mit dem naturgetreuen Modell des von ihm gestifteten Braunschweiger Domes

Neben Heinrich ruht im Braunschweiger Dom Herzogin Mathilde, beide Plastiken um 1250

„Die großen Kisten mit Heinrich und Mathilde gingen so gerade eben durch die Pforte – mit nur einem Millimeter Platz an jeder Seite."

Seeleke mitgebrachte Butterbrote aß. Nachdem Kump noch einen Freund besucht hatte, machten wir uns auf den Weg zurück nach Braunschweig, und zwar so langsam über die holprigen Straßen der Stadt, wie wir die Fahrer irgend zügeln konnten. Nach der Ankunft zeigte sich, daß einer der Kistendeckel mit Teilen des Leuchters aufgeplatzt war, es war aber nichts kaputtgegangen. Das Kruzifix setzten wir im Museum ab und brachten den Rest in den Dom, wo wir mit Hilfe von Polizei und Feuerwehr zwei hektische Stunden lang ausluden.

Die großen Kisten mit Heinrich und Mathilde gingen so gerade eben durch die Pforte – mit nur einem Millimeter Platz an jeder Seite. Zum Schluß mußten wir sie wie einen Keil hineintreiben, indem die LKWs sie von hinten anschoben.

Mittwoch, 22. August 1945

Fuhr ohne Seeleke nach Vienenburg, um mit der Bergung der Sachen in der Schule zu beginnen. Dort dachte aber niemand daran, vor morgen damit anzufangen, was mir recht gut in den Kram paßte. So fuhr ich ein weiteres Mal zum Kaiserhaus, um festzulegen, welche Räume wir übernehmen wollten. Da aber sowohl Keller als auch erstes Geschoß verschlossen waren, hinterließ ich, daß ich nach dem Essen wiederkäme. Machte mit meinem Fahrer ein Picknick am Okerufer zwischen Goslar und Vienenburg. Von der Straße aus sieht der Fluß fischbar aus, er hat aber eine starke Strömung und ist ziemlich tief. Das Tal, das er durchfließt, ist an dieser Stelle sehr flach, und ich kann mir vorstellen, daß der Fluß es im Winter weit überschwemmt, zumal der Harz nur wenige Meilen entfernt ist.

Nach dem Essen zurück zum Kaiserhaus zur Besichtigung der Kellerräume, die zwar leidlich gut, aber keinesfalls hervorragend sind.

Ich machte den Hausmeister darauf aufmerksam, daß wir vielleicht den riesigen Kaisersaal benötigen würden, was ihm anscheinend nicht besonders gefiel. Anschließend zurück nach Braunschweig, wo ich die geheimen Unterlagen studierte (hätte ich längst tun sollen!), meinen Vierzehntagesbericht schrieb und den über das Graslebener Depot zum Tippen brachte. Dann zu einem Gespräch mit McDonnell über Fotografie und ähnliches. Mit einiger Verbitterung berichtete er mir vom letzten Stand der Schlacht ums Museum. Er scheint sich damit abzufinden, sie zu verlieren. Erwarte Denis zum Abendessen, der aber nicht auftaucht.

Donnerstag, 23. August 1945

Seeleke kam heute morgen mit einer Stunde Verspätung ins Museum, wodurch sich auch unsere Ankunft in Vienenburg beträchtlich verzögerte. Aber als wir erst einmal da waren, lief alles gut ab, und binnen kürzester Zeit hatten wir drei Lastwagen mit Sachen aus dem Völkerkundemuseum beladen. Wir brachten sie dann nach Goslar, wo wir vor folgendem Problem standen: Die Kaiserpfalz diente als Depot für beschlagnahmte Kleidung, dem Verantwortlichen unterstand das gesamte Gebäude, und zusammen mit dem amtlichen Führer versuchte er uns davon abzuhalten, es in Beschlag zu nehmen. Unterdessen warteten draußen die Lastwagen samt der Pioniere, die sie entladen sollten und die jetzt auch noch ihr Mittagessen verpaßt hatten. Man führte uns um das Gebäude herum und erzählte uns eine Menge Lügen über undichte Dächer und angebliche Anweisungen der Militärregierung. Schließlich durchhieb ich den Knoten und sagte, daß wir das Gebäude brauchen, ob es ihnen gefalle oder nicht, ließ die Soldaten beim Abladen und ging zur Militärregierung, wo niemand etwas gegen unsere Pläne einzuwenden hatte. Dann zurück, um beim Auspacken zu helfen, womit wir schnell fertig waren, und gegen zwei Uhr zum Essen nach Vienenburg. Die Sergeants gaben Seeleke und mir etwas zu essen, was sehr nett war. Um drei Uhr machten wir weiter und waren um 5:30 Uhr mit der zweiten Fuhre fertig. Dann gerieten wir noch mit dem Kleidermann aneinander, der verständlicherweise darauf bestand, die Schlüssel des Gebäudes zu behalten. Wir einigten uns darauf, daß er am nächsten Morgen mit Seeleke zur Regierung gehen sollte, während ich beim

Militär die Bewachung des Gebäudes veranlassen würde. Der Ortskommandant bat mich, es ihm einmal zu zeigen, wenn ich mal wieder da wäre – wahrscheinlich am Samstag. Dann nach Hause über Wolfenbüttel, wo Seeleke das Landeskirchenamt etwas auf Trab bringen will. Er zeigte mir das Haus, wo Lessing „Emilia Galotti“ und „Nathan der Weise“ geschrieben hat. Sandte meinen vierzehntätigen Bericht ab.

Freitag, 24. August 1945

Der Tag der großen Konferenz. In Wirklichkeit zwei: zuerst die routinemäßige, alle zwei Tage stattfindende Besprechung der Militärregierung, auf der wir das meiner Meinung nach Abschließende über das Museum erfuhren. Danach ging ich rüber zum Museum, wo ich mir bis 11 Uhr die Beine in den Bauch stand, bis meine eigene Konferenz stattfand. Eigentlich war es nicht meine, sondern Seelekes: Er hatte sie vorgeschlagen, den Tag bestimmt, entschieden, wer kommen sollte, und dazu eingeladen. Das Resultat war dann, daß ich mich um 11 Uhr an einem Tisch zwanzig Deutschen gegenüber fand, zu meiner Linken ein Staatsminister, neben ihm ein Dolmetscher. Seeleke zu meiner Rechten hielt eine Rede über mich an die Versammlung, stellte mir jeden namentlich vor, und ein jeder machte in seinem Sitz eine steife Verbeugung in meine Richtung, die ich ebenso steif erwiderte. In der großen Runde saßen Professoren, Kirchenleute, Archivare, Experten, Amateure sowie eine Frau Professor Mühlenpfordt, Malerin. Seeleke schloß seine Rede und setzte sich; dann sprach ich zu der Versammlung in wohlgesetzten Worten – auf Englisch, weil ich dachte, das sei eindrucksvoller. Es ist schrecklich einfach, eine Rede zu halten, wenn man sich dabei eines Dolmetschers bedient. Während er übersetzt, denkt man darüber nach, was man als nächstes sagen will. Ich bat um Entschuldigung dafür, daß ich Englisch sprach, sagte, daß ich im Gegensatz zu ihnen kein Experte sei, berichtete, warum ich hier und was meiner Meinung nach die Hauptaufgaben wären – schließlich, daß ich aus ihren Beiträgen guten Nutzen zu ziehen hoffte. Dann machten sie alle ihr Sprüchlein, manche ganz zur Sache, andere nicht: der Mann aus Goslar z. B. schwenkte ein Papier, auf dem er grob aufgelistet hatte, was seiner Meinung nach alles für die Stadt getan werden müßte, die vom Krieg absolut verschont geblieben und wo Schwerindustrie ausgelagert war. Tode vom staatlichen Museum schlug vor, das Vaterländische Museum in Landesmuseum umzubenennen usw.

So ging es über zwei Stunden. Als Tode über die ausgestopften Vögel im Naturkundemuseum sprach, wurde er von Zurufen unterbrochen: „Wo ist der berühmte Alk?“ Der große Alk, sagte er, sei unglücklicherweise in der russischen Zone, und man müsse nur hoffen, daß die Russen ihn fälschlich für eine Gans hielten. Aber ehe ich vom Dolmetscher das Protokoll bekam, wußte ich eigentlich nicht, worum es sich handelte. Ich saß also nur da und machte ein weises Gesicht.

Mit vielem Händeschütteln und großer Herzlichkeit endete die Zusammenkunft. Die Frau Professor, die kaum ein Wort gesagt hatte, hielt meine Hand geradezu liebevoll. Der Dolmetscher gratulierte mir zu meinem Verständnis der deutschen Sprache, und Seeleke fuhr mich in seinem Wagen zurück zur

Offiziersmesse zum Mittagessen. Nach so viel Aufregung konnte ich am Nachmittag wohl kaum arbeiten. Brachte es fertig, zwei Briefe zu schreiben, ging dann zum Tee zurück in die Messe und machte mich für den Rest des Tages dünne. Beim Abendessen erzählte uns Smith vom Straßentransport so grauenhafte Geschichten von seinen Verwundungen im letzten Krieg, daß ich kaum einen Bissen herunterbekam. Dann zog ich mich zurück in die tröstliche Gesellschaft jener bekannten Stimme, die unablässig gelehrten Blödsinn über Shandy Hall von sich gibt ...

Samstag, 25. August 1945

Kam mit Seeleke mehr oder weniger rechtzeitig los und verbrachte den Tag damit, Kisten von Vienenburg nach Goslar zu bringen. Heute schafften wir sieben Wagenladungen – gegenüber drei am Donnerstag ein guter Fortschritt! Alle Kisten mit Objekten aus der Südsee, aus Indien und den größten Teil der afrikanischen Sachen haben wir jetzt weggebracht. Einige lose herumliegende Gegenstände – darunter acht japanische Schwerter – nahmen wir zur Verwahrung mit ins Museum. Alles verlief ziemlich glatt und reibungslos, außer daß ich am Nachmittag das Fehlen eines kleinen Aktenköfferchens bemerkte, das wir zwischen den Kisten gesehen hatten. Offenbar hatte es irgend jemandem gefallen. Taktvoll fragte ich den Sergeant danach, der das Fehlen auch schon bemerkt hatte. Er veranlaßte eine Blitzinspektion der Quartiere und hielt einen Appell ab, was ich ihm alles hoch anrechnen muß.

Nachdem wir mit den Tagestransporten fertig waren, fuhren Seeleke und ich ins nahegelegene Bündheim, um einige Sachen des

Anton-Ulrich-Museums zu inspizieren [die dort in der Residenz des NS-Ministerpräsidenten von Braunschweig, Klagges, ausgelagert waren, Anm. d. Übers.]. Ein kleiner Raum mit Gemälden war entgegen den Anordnungen geöffnet worden, damit Leute in eine Küche gelangen konnten, und befand sich in einem ziemlichen Durcheinander. Darüber gerieten die zwei Leute, die uns herumführten, in eine derartig hitzige Auseinandersetzung, daß ich schon glaubte, es käme zu einer Prügelei. Wessen Schuld es nun eigentlich war, weiß ich nicht, aber es ist wohl kein ernsthafter Schaden entstanden.

Hinter dem Gebäude werden Pferde für Ausflügler aus Bad Harzburg gehalten. Sie werden vom Veterinärcorps der British Army verpflegt. Die müssen einen leichten Krieg gehabt haben.

Sonntag, 26. August 1945

Den ganzen Vormittag gelesen, den ganzen Nachmittag geschlafen, nach dem Tee ein Spaziergang nach Richmond und abends ein Brief an Schwester Ursie und an Joy. Rollo, Rollo...

Montag, 27. August 1945

Heute Morgen wieder einmal krampfhafte, vergebliche Mühen, einen Wagen zu bekommen. Schließlich fuhren wir in dem von Seeleke. Dr. Buchler kam auch mit nach Vienenburg. Wir waren rechtzeitig da, um uns vor dem Essen noch etwas umzusehen, während Dr. Buchler schon mit dem Heraussuchen einiger dort mit ausgelagerter Privatgegenstände beschäftigt war. Dann machten wir oberhalb der Stadt erst einmal Picknick. Ein herrlicher Tag – eigentlich zu heiß, aber gut für die Ernte. Dr. Buchler hat enge Kontakte nach England und hielt die ganze Zeit über eine lebhafte Unterhaltung in Gang. Seeleke und er zeigten mir, wo einst die Burg Vienenburg gestanden hatte – jetzt ein großer Gutshof mit dem Grundriß eines leeren Vierecks und einem Wehrgraben ringsherum, in der Mitte ein mittelalterlicher Wachturm. Buchler versuchte vergeblich, den örtlichen Thingplatz zu finden – einen uralten, vorchristlichen Versammlungsort und sehr geschätzt von den Nazis, hatte aber keinen Erfolg.

Nach dem Picknick beluden wir die LKWs mit den restlichen Kisten des Völkerkundemuseums (Afrika und Ostasien). Während ich sie zum Kaiserhaus brachte, füllte Seeleke noch zwei weitere Kisten mit Gegenständen des Alten Museums, die wir mit nach Braunschweig nahmen. Seelekes Chauffieren jagt mir Schrecken ein – und amüsiert mich gleichzeitig. Wenn er nicht selber am Steuer sitzt und wir einem voll beladenen Lastwagen voranfahren, dreht er sich dauernd nach dem LKW um und sagt „langsamer, langsamer!“, aber wenn er selber fährt, ist er ein wahrer Teufel. Nebenbei: Auf dem Weg zurück kochte sein Motor. Wir hielten bei einem Bauernhof, er rannte zu einer Pumpe und füllte seinen Kühler mit einer seltsamen irdenen Tasse – merowingisch, neuntes Jahrhundert! Er schleppt sie zu diesem Zweck mit sich herum.

Wir wollten die griechischen Sachen im Bunker Salzdahlumer Straße unterbringen, die Türen waren aber zu eng, und wir mußten sie zum Museum bringen. Übrigens verkündete der Stadtkommandant heute kurz und bündig bei der Morgenbesprechung, die Militärregierung werde nun endgültig ins Museum einziehen, die Umbauten seien mit erster Priorität voranzutreiben. Sofort unterrichtete ich Webb, der mir versicherte, daß der Kommandant hinter dem Mond ist. Will ich hoffen!

Dienstag, 28. August 1945

Holte heute morgen als erstes im Museum drei Bilder ab, von denen Seeleke meint, wir könnten sie ruhig für die Offiziersmesse ausleihen. Nichtssagende Bilder zeitgenössischer Maler: eine junge Akkordeonspielerin (ganz gut) und von Nicolai ein Ochse auf dem Feld mit einigen Leuten, die Kartoffeln ausbuddeln. Ich zeigte sie Lt. Col. Alexander (Rechtsabteilung), dem Messepräsidenten, der mich bat, die Aufhängung zu beaufsichtigen. Da ich voraussah, daß dies einige Zeit beanspruchen würde, rief ich T-Force an mit der Bitte, in Vienenburg für mich abzusagen. Dann telefonierte ich mit Waterhouse und berichtete ihm, daß Schloß Richmond als Residenz für den Kommandanten der 5. Division hergerichtet werden soll – eine sehr befriedigende Regelung. Er sagte mir auch, was die 5. Division unternehmen sollte, um die Genehmigung zu erhalten, was ich, nachdem die Bilder gehängt waren, sogleich überbrachte. Das Bild mit dem Ochsen und den Kartoffeln ist inzwischen „Nahrungsmittel und Landwirtschaft“ getauft worden.

Seeleke fragte mich, ob ich um sieben Uhr mit ihm das barocke Schloß Lucklum, einige Kilometer vor der Stadt, besuchen wolle; aber als die Zeit so weit war, hatten wir keine Fahrzeuge. (Ehrlich gesagt, hatte ich mich auch gar nicht darum bemüht.) Schade, denn es war ein sehr schöner Abend. Seeleke versuchte vergeblich, doch noch einen Wagen aufzutreiben, während ich zu Abend aß. Als er wieder auftauchte, lud er mich zu sich nach Hause ein, um die Zauberflöte auf seinem Grammophon zu hören. Ich sagte ihm, daß es eigentlich nicht erlaubt sei, doch es war himmlisch! Er zauberte einige Braunschweiger Honigkuchen hervor und dazu eine Flasche weißen Rheinwein, den wir aus Gläsern des 17. Jahrhunderts tranken. Die Aufnahmen waren in der Berliner Oper unter Beecham gemacht worden. Der schönste Abend, den ich in Braunschweig bisher verbracht habe! Er fuhr mich nach Hause, und ich hoffe, daß er vor der Ausgangssperre zu Hause war. Andernfalls kann er ins Gefängnis kommen, und ich bin erledigt.

Mittwoch, 29. August 1945

Nach der Morgenkonferenz – uninteressant – fuhren Seeleke und ich nach Vienenburg, wo wir einen erfolgreichen Morgen mit kleineren Transporten zubrachten. Oberregierungsrat Weitz war mitgekommen, den wir anschließend in Bad Harzburg absetzten. Dann schnell zurück, weil ich um 2 Uhr bei der 14tägigen Besprechung sein mußte. Als ich hinkam, gab es anscheinend keinen Platz für mich – ich verdrückte mich also und verbrachte den Nachmittag mit Lesen in meinem Zimmer. Fühlte mich ein bißchen schuldig, weil ich durch Abwesenheit geglänzt hatte, erfuhr dann aber beim Tee, daß es niemandem aufgefallen war.

Um 5.30 Uhr eine obligatorische Führung durchs Museum, die mir gar nicht gefiel. Schlimmer noch: Kein Mensch ist mit den Plänen [für den Umbau des 1. Obergeschosses] einverstanden. Nach dem Dinner fuhr ich mit Major Spettique (Royal Engineers) und einem anderen Major, dessen Namen ich nicht weiß, nach Wolfenbüttel, um eine Operette anzusehen. Zuerst bekam ich einen ziemlichen Schrecken: ein rührend gehemmter Versuch des Braunschweiger Opernensembles, munter und unbekümmert zu sein. In der zweiten Hälfte hatten sie sich aber etwas warm gelaufen. Die Bühne beherrschte die Zuhörer, nicht umgekehrt, und es wurde ganz unterhaltsam.

Donnerstag, 30. August 1945

Ein ausgefüllter und erfolgreicher Tag in Vicnenburg. Wir haben jetzt alle Museumskisten abtransportiert, ausgenommen die vom Alten Museum, die wegen ihres großen Wertes nach Braunschweig gebracht werden müssen. In erster Linie transportierten wir heute Bücher – kleine Kisten von enormem Gewicht. Seeleke belud zwei Lastwagen mit Kisten aus Bündheim, die der Wolfenbütteler Bibliothek und dem Anton Ulrich-Museum gehören und die wir auf dem Rückweg alle in Wolfenbüttel abluden. Für die braven Leute von der Bibliothek war dies eine große Überraschung, sie tanzten geradezu vor Freude. Prof. Herse war da und zeigte uns ein Officium der Reichenau aus dem 10. Jahrhundert und eine französische Übersetzung des Lebens von Boccaccio, die im 14. Jahrhundert für den Duc de Berry angefertigt worden war. Darin ein sehr schönes Bild des Übersetzers, wie er das Buch in Gegenwart des Königs dem Duc überreicht. Gegen sieben Uhr zurück.

Freitag, 31. August 1945

Heute ohne Seeleke nach Vienenburg. Wir schafften nur eine Fuhre, denn ich mußte um fünf Uhr zu einem Vortrag von Col. Alexander zurück sein. Er referierte über die juristischen Aspekte der Militärregierung – weniger brillant, als ich erwartet hatte, und etwas zusammenhanglos. Er stellte heraus, daß wir etwas ganz Neues tun: früher eroberten wir ein Land, um es zu annektieren, oder wir besetzten es, ließen seine Souveränität aber offiziell bestehen. Dieses Mal jedoch haben wir Deutschland nicht annektiert, seine Souveränität aber aufgehoben. Dabei betonte er allerdings, daß die örtliche Verwaltung nicht unsere Aufgabe, sondern die der Deutschen sei, die wir dazu veranlassen und kontrollieren müßten. Anschließend arbeitete ich an einer Liste der nach Goslar verbrachten Sachen. Nach dem Abendessen hörte ich im Promenadenkonzert den „Emperor" – kein besonders guter Empfang.

Samstag, 1. September 1945

Der Teufel, der mich verfolgt, hatte heute einen besonders guten Tag. Der für 9 Uhr bestellte Wagen war letzte Nacht zusammengebrochen, wurde noch repariert und sollte jeden Moment fertig sein. Daher ging ich rüber zum Museum und versuchte bis 12.30 Uhr vergeblich, Hannover zu erreichen. Um 12.30 Uhr erschien dann mein Wagen. Ich war stinkwütend und startete grimmig in Richtung Vienenburg. Auf halbem Weg nach Wolfenbüttel machte er dann erneut Schwierigkeiten, und wir waren gezwungen umzukehren. Zurück in Braunschweig, stellte sich heraus, daß MEIN EIGENER WAGEN Gestalt angenommen hatte. Ein 6-Zylinder-Hansa, neu lackiert, mit Zierleisten, der nur noch auf Benzin und Versicherungspapiere wartete. Alles bekam ich nach dem Mittagessen und flog sogleich nach Vienenburg.

Ziemlich geräuschvoll, schwerfällig in den Gängen und mit viel Spiel in der Steuerung, aber ziemlich schnell und bequem. Ich mußte die beladenen LKWs nur noch nach Goslar begleiten und abladen.

Abends in den Club 73. Gegen 10 Uhr machte ich mich auf den Heimweg, und was geschah? MEIN Auto, MEIN NEUES Auto – gab den Geist auf. Ich wurde von einem Dreitonner der Feldpost abgeschleppt, der die Künstler von der Wolfenbütteler Truppenunterhaltung nach Hause brachte, und ruinierte dabei noch meine Stoßdämpfer. Jetzt ist der Wagen außer Verkehr und der Teufel hoffentlich zufrieden.

Sonntag, 2. September 1945

Wachte spät auf und mußte mich beeilen, mein Frühstück noch zu bekommen, hinterher ließ ich mich vom Friseur rasieren und fummelte eine Weile nervös an meinem Wagen herum. Der Himmel mag wissen, was mit ihm los ist und wann er wieder fahren wird! Ich arbeitete eine Stunde im Museum und faßte den Entschluß, am Nachmittag nach Grasleben zu fahren, um herauszufinden, wieviele Kisten die einzelnen Sammlungen umfassen. So fuhr ich nach dem Lunch mit Gomley in seinem Wagen, einem schrulligen Wanderer, der nicht schneller als 35 zu fahren wagte. Wir kamen auch in Grasleben an. Dort war aber weit und breit kein Mensch zu sehen, schließlich war ja Sonntag. So beauftragte ich den T-Force-Offizier mit dem Zählen der Kisten, und wir fuhren mit Gomley nach Königslutter.

Der Dom ist ein gediegenes Bauwerk, wie Webb sagen würde – reine Romanik, abgesehen von den Malereien im Innern. Lothar II.

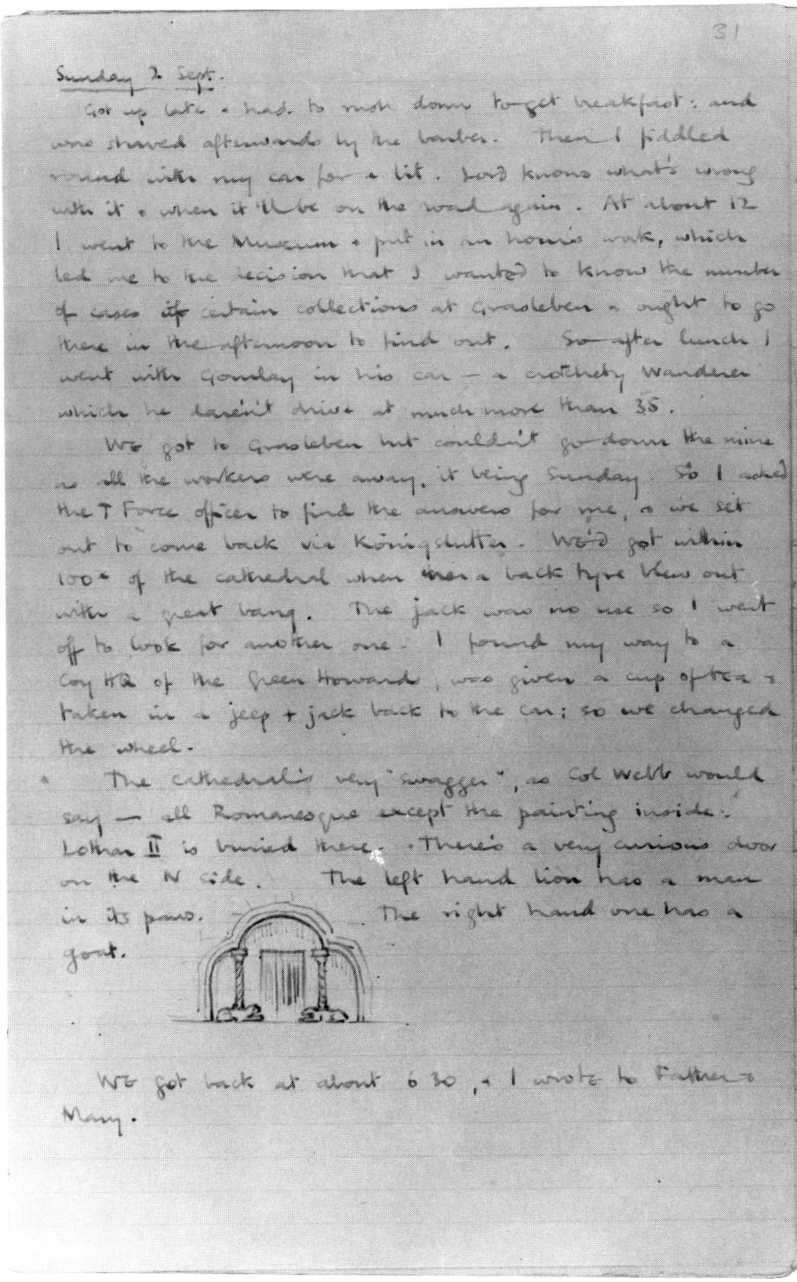

31

Sunday 2 Sept.

Got up late & had to rush down to get breakfast: and was shaved afterwards by the barber. Then I fiddled round with my car for a bit. Lord knows what's wrong with it & when it'll be on the road again. At about 12 I went to the Museum & put in an hour's work, which led me to the decision that I wanted to know the number of cases of certain collections at Grasleben & ought to go there in the afternoon to find out. So after lunch I went with Gourlay in his car — a crotchety Wanderer which he daren't drive at much more than 35.

We got to Grasleben but couldn't go down the mine as all the workers were away, it being Sunday. So I asked the T Force officer to find the answers for me, & we set out to come back via Königslutter. We'd got within 100 x of the cathedral when then a back tyre blew out with a great bang. The jack was no use so I went off to look for another one. I found my way to a Coy HQ of the Green Howards, was given a cup of tea & taken in a jeep + jack back to the car; so we changed the wheel.

The cathedral is very "swagger", as Col Webb would say — all Romanesque except the painting inside. Lothar II is buried there. There's a very curious door on the N side. The left hand lion has a man in its paws. The right hand one has a goat.

We got back at about 6.30, & I wrote to Father & Mary.

Tagebuchseite mit Detailzeichnung vom Dom in Königslutter

Der Dom von Königslutter ragt mit seinem massiven Westwerk aus der ländlichen Bebauung heraus

ist dort begraben. An der Nordseite ein bemerkenswertes Portal: der linke Löwe hält einen Mann in seinen Klauen, der rechte eine Ziege.

Wir hatten uns bis auf hundert Meter dem Dom genähert, da platzte mit großem Knall der Hinterreifen. Das Hebewerkzeug war nutzlos, und ich machte mich auf die Suche nach einem anderen, wobei ich zum Headquarter einer Kompanie „Green Howards" gelangte, die mir eine Tasse Tee anboten und mich in einem Jeep zurück zum Wagen brachten; so konnten wir endlich den Reifen wechseln.

Montag, 3. September 1945

Obgleich ich mich den ganzen Morgen über nicht so recht fühlte (vielleicht auch gerade deshalb), war der Tag recht erfolgreich. Er begann mit der Morgenbesprechung, wo mich der Stadtkommandant mit der Frage überraschte, wie es mit den Dachziegeln für den Dom stünde. Der Zahlmeister hatte ihn darauf angesprochen, und trotz eines eindeutigen Neins der Abteilung „Commerce and Labour" schien er sich für die Sache zu interessieren – man könnte ihn vielleicht bearbeiten.

Im Museum fand ich die Übersetzung von Krämers Gutachten über das Altstadtrathaus und das Gewandhaus vor. Seeleke fragte im Ministerium, ob das Gewandhaus für die Handelskammer vorgesehen sei, was bestätigt wurde. Somit bestehen gute Aussichten für seine Restaurierung. Außerdem erhielt ich die Liste der Graslebener Bilder. Dann meldete sich Bergmann, der Bibliothekar von Lippe-Detmold, der in Grasleben seine Sachen abholen will. Ich gab ihm ein Schreiben an T-Force, und da der gute Mann auf meine Veranlassung gekommen war, seinen Transport selber organisiert hatte und anscheinend keinerlei Hilfe brauchte, schickte ich ihn los.

Dann rief Colchester aus Wolfenbüttel an und berichtete, der Landrat habe ihn angeschrieben und gefragt, ob einige am Ort ausgelagerte Archive zurückgebracht werden könnten – der Landrat würde den Transport selber bewerkstelligen. Wieder etwas, das ins Rollen gebracht ist.

Dann ein Rückschlag. Der russische Verbindungsoffizier bei der 5. Division rief an, um mir zu sagen, daß es keinerlei Möglichkeit gibt, Reddecker, den Bilderrestaurator, auf lokaler Ebene von Blankenburg hierher zu bringen. Ich muß mich deswegen an die Armee wenden und Waterhouse einschalten, der aber nicht zu erreichen ist.

Schließlich nahm Seeleke mich zum Städtischen Museum mit, wo ich Direktor Jesse traf und durch die Räume geführt wurde. Der Hauptschaden ist am Glasdach entstanden, das nötige Material für die Reparatur steht aber schon bereit. Es werden nur noch Arbeitskräfte und etwa 120 Kubikmeter Holz für Fensterrahmen benötigt. Gar nicht mal so schlimm.

Ich sagte Seeleke, daß der General das Lustschloß Richmond nicht haben wolle, und er geriet darüber in freudige Erregung: Vielleicht könnten wir es benutzen, um Gemälde dort aufzuhängen und Konzerte zu geben – ein herrlicher Gedanke!

Nach dem Essen fuhr ich nach Vienenburg. Die Laster waren schon beladen, und es ging gleich weiter nach Goslar. Während die Pioniere dort abluden, zählte ich die aufgestapelten Kisten, wobei sich meine Liste als völlig ungenau erwies. Auf dem Rückweg schaute ich noch schnell bei Meyer im Wolfenbütteler Archiv herein, um mit ihm einige Transportarrangements zu treffen. Seeleke war bei ihm. Außerdem bemerkte ich, daß ich den Schlüssel vom großen Saal der Kaiserpfalz mitgenommen hatte. Hoffentlich können sie ihn abschließen! Nach dem Tee erwartete mich im Büro ein Berg belanglosen Papierkrams – darunter auch die Antwort auf meinen Brief wegen der Wandgemälde im Dom, von denen die Leute bei der politischen Abteilung Fotos haben wollen.

Versuchte wieder, Waterhouse zu erreichen, und schickte ihm schließlich einen Brief. Nach dem Dinner fand ich mich in einer Gruppe, die vergeblich versuchte, Smithhard von Public Health auf die Palme zu bringen, indem sie das Medizinische Corps heruntermachten. Um dem Gespräch eine andere Wendung zu geben, erzählte ich ihm von meinem Besuch in Königslutter, von dem ich wußte, daß er ihn interessieren würde, und fragte, ob er den 800 Jahre alten Lindenbaum dort gesehen hätte. Er behauptete, daß Bäume nie an Altersschwäche stürben, und damit war er mitten in einem hitzigen Streitgespräch.

Dienstag, 4. September 1945

Saß den größten Teil des Vormittags auf dem Trockenen, so daß ich bis 12 Uhr im Museum blieb und schließlich, als es mir zu langweilig wurde, in die Messe ging. Dort erfuhr ich, daß mein Wagen wieder fahrbereit sei. Fuhr dann zur Truppenbetreuung bei der 5. Division. Erstens wegen einer Fußballausrüstung (dies in meiner Eigenschaft als

Sportoffizier), vor allem aber wegen Lustschloß Richmond. Der für Sport zuständige Mann war ganz hilfsbereit und versprach, alles für mich zu tun, was in seinen Kräften steht, aber der für Truppenunterhaltung zuständige Mann war nicht da.

Nach dem Lunch fuhr ich nach Grasleben, um zu sehen, wie Bergmann voran kam. Ich traf ihn nicht, erfuhr aber, daß sie einen Wagen bereits beladen und zurückgesandt hatten; demnach scheint alles gut zu gehen.

Auf dem Rückweg sah ich mir die Kirche in Riddagshausen an. Der Pfarrer versprach mir für fünf Uhr eine Führung. Er ist ein Fanatiker, wie er im Buche steht. Er unterbrach seine langen Ausführungen immer wieder, um mir zu predigen. Seine Kirche ist prachtvoll. Sie wurde in der zweiten Hälfte des 12. Jahrhunderts von den Zisterziensern gegründet, etwa gleichzeitig mit dem Dom. Der jetzige Bau ist aber ungefähr ein Jahrhundert jünger, frühe Gotik. Bei weitem zu groß für seine Gemeinde. Eine sehr schöne Kanzel aus dem frühen 17. Jahrhundert! Einige Fenster sind zerbrochen, und auf der Südseite ist der Dachstuhl beschädigt: 500 Dachziegel und 40 Balken werden benötigt. Nach dem Essen fuhr ich Major Spettigue nach Wolfenbüttel zur Vorstellung für die Truppen. Schon nach hundert Metern war das Benzin alle. Spettigue drehte um, holte seinen eigenen Wagen und für mich einen Kanister Benzin. Die Vorstellung war hervorragend. Viel besser als in der vorigen Woche.

Mittwoch, 5. September 1945

Wieder ein Tag in Vienenburg. Wir machten zwei Fahrten, aber es geht nicht schnell genug voran. Das Gerücht geht um, daß die Schule am 10. wieder eröffnet werden soll, aber bis dahin wird sie unmöglich geleert sein. Nicol war dabei. Er hat ein wundervolles Talent, überall im Wege zu sein. Wir aßen unsere Sandwiches an der Oker und dösten anschließend in der Sonne. Das Wetter war in den letzten paar Tagen untadelig. Auf dem Rückweg sah ich noch einmal in Richmond hinein. Die Reparaturen werden fortgesetzt. Hoffentlich nur deshalb, weil niemand daran gedacht hat, sie zu stoppen.

Donnerstag, 6. September 1945

Anfangs diesig und kühl, dann kam die Sonne durch und wurde strahlend hell, abends wieder kälter. Ich nahm Seeleke mit nach Vienenburg, wo wir Nicol trafen, die griechischen und römischen Sachen einluden und nach Braunschweig ins Museum brachten. Vor der Arbeit machten wir einen kleinen Ausflug zum etwa zwei Kilometer entfernt gelegenen Wasserschloß Wiedelah und aßen unsere Sandwiches. Seeleke hat dort einige seiner geliebten Balken ausgelagert.

Ein finsterer Ort: ein Raubritterschloß aus dem 12. Jahrhundert, jetzt nur noch ein großer Block aus Mauerwerk mit Innenhof, großem Turm und wenigen, kleinen Fenstern hoch oben in den Außenmauern. Dahinter ein großer, verwildeter Garten, wo wir an einem Klapptischchen unsere Brote aßen. Seeleke hatte vergessen, sich etwas mitzubringen, daher gingen wir hinein, um etwas zu kaufen, als auch schon die Tochter des Pächters mit einer Schüssel Suppe und einer Art süßem Fruchtgelee ankam, das ich oft in München gegessen habe, aber nicht beschreiben kann.

Hinterher fuhren wir behutsam zurück nach Braunschweig und luden weitere Kisten im Museum ab. Unterdessen erschien Harbord, inzwischen Major, um einige Gegenstände für seine Ausstellung zu borgen und den Abtransport der Hannoveraner Sachen aus Grasleben zu organisieren. Ich nahm ihn mit zum Tee.

Freitag, 7. September 1945

Ein recht anstrengender Tag voll von Pannen und von Leuten, die etwas von mir wollten. Nr. 1 war Propst Stuke, der würdige Papist: begleitet von seinem stotternden Kaplan segelte er in mein Büro und attackierte mich wegen der Ägidienkirche.

Zugegeben, bislang habe ich [wegen der Dachziegel] nichts unternommen, was ich wirklich hätte tun sollen. Nun bleibt mir wohl keine Wahl mehr. Dann kam Kurt Mohr, Direktor der Kunstgewerbeschule, oder was auch immer. Ich wollte von ihm noch einige Bilder für die Messe haben, er aber warf mir vor, mich nicht genügend für die Wiedereröffnung seiner Schule einzusetzen. Wir verabredeten, um 6 Uhr seine Bilder anzusehen.

Dann ab nach Vienenburg, Archivgut verpacken usw. Während die Soldaten zu Mittag aßen, fuhr ich nach Goslar zu T-Force, um mich um den Abtransport der Hannoveraner Archive aus Grasleben zu kümmern.

Ich erkundigte mich nach dem Silber, das aus Vienenburg fortgeschafft worden war. Ich hatte schon an Plünderung gedacht, man sagte mir aber, daß gerade dies hatte verhindert werden sollen. Ich kann es haben, wenn ich will, und somit scheint es ja seine Richtigkeit zu haben.

Meine Sandwiches aß ich dann draußen vor dem Kaiserhaus und fuhr anschließend wieder zurück, um nach den Lastwagen Ausschau zu halten. Ich kam bis Vienenburg, wo mein Wagen, der verdächtig nach Benzin gestunken hatte, mit einem leeren Tank liegen blieb. Daraufhin lieh ich mir für die Rückfahrt einen Kanister bei den Pionieren. Die LKWs waren schon längst wieder in Goslar, und ich kann mir nicht erklären, wie ich sie verpaßt haben soll. Die Leute hatten natürlich während meiner Abwesenheit nur auf dem Rasen gelegen. Also luden wir ab, und ich fuhr nach Hause.

In Goslar hielt ich nochmals an, um nachzusehen, warum der Wagen so ein fürchterliches Geräusch machte, und entdeckte, daß das Benzin nur so herauslief: Der Gummischlauch zum Vergaser war kaputt. Mit Hilfe einiger Passanten schob ich den Wagen zum etwa hundert Meter entfernten Parkplatz der Militärregierung, wo ich um Hilfe bat. Jack Brooks war da, telefonierte nach einem deutschen Mechaniker und bot mir eine Tasse Tee an, die ich gut gebrauchen konnte. Der holländische Verbindungsoffizier berichtete mir von einem geraubten Rembrandt, von dem er in Watenstedt gehört hatte, und wir verabredeten uns, um gemeinsam danach zu suchen. Danach kam der Mechaniker, brachte meinen Wagen in Ordnung, ich lieh mir noch mehr Benzin und kam mit etwas Verspätung nach Hause, wo ich mit Kurt Mohr verabredet war. Mohr ist ein ziemlich finsterer und launenhafter Künstler und malt schlechte Bilder.

Er bot mir einen Schnaps an. Kurz vor dem Abendessen kam Col. Alexander, der Präsident der Offiziersmesse, auf mich zu und erzählte mir, daß ich zum Messesekretär gewählt worden war. Meine letzte Hoffnung schwand! Ich protestierte so heftig, wie ich konnte und ließ die Angelegenheit damit – hoffentlich – offen.

Samstag, 8. September 1945

Ein lästiger Tag. Ich stand früh auf, verschreckte die Leute im Museum, weil ich schon vor dem Frühstück ankam, um meinen Bericht fertig zu schreiben. Nach einigen fruchtlosen Telefonanrufen ein erneuter Besuch von Stukes Kaplan wegen der Dachziegel für die Ägidienkirche. Ich suchte mit verzweifelter Ausdauer den District Commander der Royal Engineers, wo mir Parker die Aussichtslosigkeit der Situation klarmachte; selbst angenommen, Stuke hätte seine 65 000 Dachziegel schon bezahlt, und sie wären bereits angefertigt und abholbereit, so würde er sie dennoch nicht bekommen. Falls er sie doch irgendwie bekäme und es ihm sogar gelänge, sie nach Braunschweig zu bringen, würden sie spätestens dort beschlagnahmt werden. Allenfalls wenn er die Sache „sub rosa“, also heimlich abwickelte, könnte es klappen.

Zurück im Büro, wartete Kump auf mich, um von Fortschritten bei der Löwenrestaurierung zu berichten, die aber tatsächlich gleich Null sind. Er ist mir ohnehin ein Rätsel, und ich verstehe nie, was er eigentlich sagen will. Seeleke kam dazu, und sie zankten sich wegen einer Gußform, aber alles nahm ein gutes Ende. Dann besuchte ich mit Seeleke Propst Stuke, der sich andauernd würdevoll vor uns verneigt, und ich erklärte ihm die Dachziegelsituation. Dann endlich ab nach Vienenburg.

Kam ausgerechnet während des Lunchs, was natürlich eine weitere Verzögerung bedeutete. Aber die Pioniere vollbrachten wahre Wunder. Gestern hatte ich angekündigt, daß ich zur Beschleunigung der Arbeit Anhänger anfordern wollte. Das ist aber anscheinend etwas, was Pioniere am meisten hassen, denn es ist sehr mühselig, solche Anhänger mit Menschenkraft zu manövrieren; da wollten sie schon lieber einmal richtig zupacken, und – verdammt noch mal – es gelang ihnen, alles, was in der Turnhalle war, auf drei Laster zu verladen. Bis auf die Gemälde etc., die wir mit einem Möbelwagen transportieren werden, ist die Turnhalle jetzt leer.

Im Museum fand ich einen rätselhaften Brief von Waterhouse vor: angeblich kursiert in Bünde das Gerücht, daß ich mich für die Rolle von Lots Weib qualifiziere. Man stellt sich wohl vor, ich sei von Kopf bis Fuß mit dem Salz aus der Graslebenmine bedeckt und erstarre allmählich zur Säule. Höchst unfair!

Sonntag, 9. September 1945

Fühle mich ziemlich zerschmettert von einem höchst unerfreulichen Tag. In meiner neuen Funktion als Messesekretär war ich früh aufgestanden, um den Aufzug der Wache zu kontrollieren. Die ließ sich aber vor neun Uhr nicht blicken, obwohl die Nachtwache sich bereits um acht Uhr verzogen hatte. Und ausgerechnet an diesem Sonntag mußte Major MacDarnell früh aufstehen, um Rebhühner zu schießen! Er fand alles unbewacht, und es gab großen Ärger. Ich war also schon sauer, bevor es überhaupt Frühstück gab.

Hinterher vergrub ich mich im Museum und arbeitete ziemlich hektisch voller Sorge um die Wachen, die Messe und Lots Weib –

Captain Charles vor dem „Deutschen Haus"

bis zur Inspektion der Quartiere und des Kantinenessens um 12:45 Uhr – die Männer lobten es in den höchsten Tönen. Um zwei Uhr brachte ich die Wache heraus und ging dann zurück zum Museum – kam aber nicht rein, weil der verfluchte Portier verschwunden war.

Nachdem ich eine Weile herumgestanden und mich geärgert hatte, ging ich zurück in die Messe und versuchte, auf dem Sofa ein Auge zuzudrücken. Und weil außer mir niemand da war, fing der unangenehme Kellner jetzt an, mit der kleinen sexy Kellnerin vierhändig auf dem Klavier herumzuhämmern, obwohl keiner von ihnen überhaupt Noten kannte. Ich ertrug es, solange es ging, und stoppte sie dann.

Nach dem Tee ein weiterer Versuch, ins Museum zu gelangen. Vergeblich. Also zog ich mich in mein Zimmer zurück, las zum zweiten Mal einen ollen Roman, bis ich das Abendessen und die Aufstellung der Nachtwache kontrollieren mußte. Um acht Uhr war ich endlich frei.

Montag, 10. September 1945

Verbrachte fast den ganzen Vormittag mit der Übernahme der Messe von Brown. Ein mühseliges Geschäft. Fuhr dann ziemlich schlecht gelaunt nach Vienenburg und erledigte die gewohnten Possen – immerhin dann erfolgreich, denn abgesehen von dem riesigen Haufen loser Bücher räumten wir alles leer. Es war viel harte Arbeit: Einige der Kisten waren unglaublich schwer. Dann zum Hauptquartier der Pioniere in Ringelheim, um den Abtransport der hannoverschen Sachen zu verabreden und, auf dem Wege nach Hause, vorbei bei den 198ern, um mit Denis zu besprechen, wie man Miller zur Militärregierung bekommen könnte. Das war das Beste, was ich tun konnte.

Dienstag, 11. September 1945

Bin heute recht gut aufgelegt. Nach dem Frühstück trieb ich mich eine Stunde oder so im Büro der Messe herum und ging dann zum Museum, wo eine affenähnliche Gestalt auf mich zukam. Es war Fink, der Lübecker Archivar, der um 7:30 Uhr eingetroffen war. Er hatte noch nichts gegessen und 26 Stunden lang kein Auge zugedrückt – dabei ist er über sechzig. Seeleke kam ebenfalls, sehr fein im blauen Anzug. Ich habe die erfreuliche Tatsache herausgefunden, daß er wie ich am 19. August Geburtstag hat (Jahrgang 1912).

Dann nach Vienenburg, wo die losen Bücher schon beinahe alle aufgeladen waren. Sie paßten so gerade eben auf zwei Laster. Dann zum Kaiserhaus, um das Abladen zu kontrollieren. Wir brachten an einem der Fenster einen Flaschenzug an und hievten die Bücher in Postsäcken nach oben. Das ging aber zu langsam, so daß wir eine Kette kleiner

Jungen organisierten, die die Bücher einzeln bis nach oben weiterreichten. Nach zwei Stunden harter Arbeit war einer der Laster auf diese Weise geleert.

Wir machten dann Schluß, weil es schon 5 Uhr war, und ich ging wegen des Donnerstagtransports nochmal zum Hauptquartier der Pioniere. Dann nach Wolfenbüttel, um mich um ein Haus zu kümmern, das Fink, dem Museumsdirektor, gehörte. Er will es als Werkstatt für das Museum verwenden, aber anscheinend ist es vom Vorstand der Offiziersmesse in Beschlag genommen. Kam gegen 7 Uhr zurück nach Braunschweig und arbeitete noch eine Stunde im Büro. Als ich fortging, traf ich Seeleke, den armen Teufel, der gerade einen Reifen seines Wagens flickte.

Mittwoch, 12. September 1945

Am Morgen ein feierlicher Wachwechsel auf dem Burgplatz unter großer Beteiligung der Deutschen. Höchst eindrucksvoll. Dann eine dreiviertel Stunde Verwaltungsarbeit für die Offiziersmesse, anschließend ins Museum, wo ein ausgeruhter und etwas weniger unglücklich aussehender Dr. Fink auf mich wartete. Gegen elf Uhr fuhren wir los nach Grasleben – in ziemlicher Hetze, um pünktlich zur 14-Uhr-Besprechung zurück zu sein. Wir donnerten die Autobahn entlang, daß der Kühler anfing zu kochen. Anscheinend hatte die Wasserpumpe ein Leck. Ich schickte Fink auf Wassersuche, aber er fand lediglich einen Tümpel etwa eine halbe Meile hinter uns. Wir tuckerten daher vorsichtig weiter in der Hoffnung, etwas Besseres zu finden, und als wir über die nächste Steigung hinweg waren, sahen wir in einer viertel Meile Entfernung ein Dorf liegen. Wir holten eine Kanne Was-

Seelekes alter DKW, den er sich in einem amerikanischen Depot organisiert hatte

ser und für eine Weile ging dann alles gut, aber in Marienberg kam ich doch zu der Überzeugung, daß ein Fachmann an den Wagen ran müßte und rief die Life Guards an. Resultat: die Dichtung ist kaputt. Sie zogen sie mir so fest wie nur möglich und gaben mir eine Kanne Wasser mit auf den Weg. Das Ganze war Glück im Unglück, denn es gab mir eine niet- und nagelfeste Entschuldigung, nicht bei der Besprechung gewesen zu sein.

In Grasleben wurden noch immer die Detmolder Sachen aufgeladen. Wir fuhren in die Mine ein, um die Lübecker Sachen zu sichten. Alles in Ordnung. Wir teilten uns die Sandwiches, die ich noch von gestern übrig hatte, und fuhren nach Helmstedt, um etwas über die Graslebener Eisenbahn herauszufinden. Dort begegnete ich dann einem gewissen Halliday vom Kontrollrat, der sich für öffentliche Bibliotheken interessierte. Bei ihm war Dr. Stedemann, Bibliothekar aus Hannover. Wirklich ein Glücksfall für die beiden. Sie hatten schon in Braunschweig nach mir gesucht und waren nun in Helmstedt, um nach dem Weg nach Grasleben zu fragen. Wir besprachen die Rückführungsmöglichkeiten für die Bibliothek Hannover.

Der Wagen benahm sich auf dem Rückweg ganz anständig, schnurrte mit gleichmäßigen sechzig Meilen dahin und beeindruckte Fink. Ich setzte ihn am Bahnhof ab. Auf dem Weg zurück zum Museum kam ich an der Ägidienkirche vorbei – und sah zu meinem Erstaunen, wie eine Wagenladung Dachziegel dort abgeladen wurde! Im Museum fragte ich Seeleke danach, aber es war auch ihm ganz neu. Allerdings, sagte er, sei Propst Stuke wieder da gewesen, und sie beide hätten sich für den nächsten Morgen zwischen acht und zehn Uhr bei den Royal Engineers verabredet. Ich bot ihnen an, mitzukommen. Darauf hatten sie gehofft.

Abendessen beim 198er Regiment, und hinterher zu deren Ball.

Den ganzen Tag war es mir nicht möglich gewesen, mit den Hannoveranern irgendeine mündliche Vereinbarung wegen morgen zu treffen. Daher schickte ich ihnen am nächsten Morgen ein Fernschreiben mit meinen Plänen.

Außerdem hatte ich mit Nordhof, dem holländischen Verbindungsoffizier, vereinbart (aber vergessen, es hier zu erwähnen), daß wir uns morgen nach dem „Watensteder Rembrandt“ umsehen wollten. Ich versuchte, die Verabredung telefonisch von 198 aus abzusagen, aber vergeblich. Auf dem Ball traf ich Jack Brooks; da er aber nicht in einem Zustand war, um sich an eine Nachricht zu erinnern, schrieb ich sie ihm und steckte sie ihm in die Taschen. Hoffen wir also das Beste!

Donnerstag, 13. September 1945

Morgens um acht gemeinsam in Seelekes

Wagen zum Kommandanten der Royal Engineers. Der war sehr charmant und kumpelhaft, aber von der Verabredung wußte er nichts. Auch mit den Dachziegeln hatte er nichts direkt zu tun und anscheinend auch keinen ausgesprochenen Wunsch zu helfen. Stuke bestand aber starrköpfig darauf, seinen kleinen Vortrag zu halten. Der Kommandant hörte ziemlich ungeduldig zu, und mir war das Ganze höchst unangenehm. Übrigens leugnet Stuke jede Kenntnis vom Abladen der Ziegel vor der Ägidienkirche.

Hinterher setzten sie mich an der Autobahnabfahrt ab, wo ich die Pioniere treffen sollte. Nachdem ich zwanzig Minuten gewartet hatte, kam ich mir etwas dämlich vor und fuhr per Autostopp nach Braunschweig hinein, um zu versuchen, einen Wagen aufzutreiben: da standen sie alle auf dem Burgplatz und warteten auf mich. Gestern nacht hatten sie mir eine Nachricht geschickt, die aber nicht angekommen war. Ich war ziemlich genervt.

Dann nach Grasleben. Kisten [des Kestner-Museums?] aus Hannover aufladen. Als wir unser Pensum erreicht hatten, überredete ich meinen Wagen, anzuspringen (was leider fast immer nur per Menschenkraft, durch Anschieben, gelingt) und begleitete die LKWs zur Tankstelle an der Strecke Helmstedt – Berlin, um sie für die Fahrt zu versorgen. Ich selber tankte sechs Gallonen – eine davon war Wasser ...! Ich wurde bis zur Abfahrt Braunschweig abgeschleppt und mußte den Transport alleine fahren lassen. Hoffentlich hat der Pionieroffizier seinen Kopf am rechten Platz, denn jetzt unterstehen ihm über 200 Kisten wertvollstes Museumsgut. Was für ein Tag!

Freitag, 14. September 1945

Bei der Vormittagsbesprechung meinte der Kommandant, daß die Trümmerräumung verstärkt werden müßte. Ich plädierte dafür, auf einige der geräumten Stellen Gras zu säen, was mit bestürztem Schweigen aufgenommen wurde. Nach einer Stunde Verwaltungsarbeit in der Offiziersmesse ging ich für den Rest des Morgens ins Museum, wo ich Besuch von einem gewissen Herrn Tischner vom Völkerkundemuseum in Hamburg bekam. Er war auf dem Weg nach Lauthental im Harz, wo einige seiner Sammlungen ausgelagert sind, und bat um Erlaubnis, sie zurückzuholen. Aber Lauthental liegt nicht im Land Braunschweig. Versuchte vergeblich, Harbord zu erreichen, und schickte ihm daher einen Bericht über diese Angelegenheit. Dann kam Professor Flesche herein, ein Maler, und bot mir Bilder für die Messe an. Versprach, sie mir um 2 Uhr anzusehen. Schließlich erreichte ich Markham in Hannover, der wegen der Grasleben-Lastwagen in großer Angst war. Zwei der vier LKWs waren inzwischen aufgetaucht, die beiden anderen mit Panne liegengeblieben. Zum Glück war Proudfoot, der Pionieroffizier, bei ihnen.

Markham rechnete gegen vier Uhr mit mir in Hannover, wo ich das Abladen der Kisten beaufsichtigen wollte. Ich lieh mir Major Southeys Mercedes und kam mit halbstündiger Verspätung los. Natürlich eine Reifenpanne. Zwei Deutsche, die mit einem LKW vorbeikamen, wechselten mir das Rad, weil ich keinen Wagenheber hatte.

Kam um 5:30 Uhr in Hannover an und fuhr zum Kestner-Museum. Alle vier Lastwagen hatten schon abgeladen und waren wieder verschwunden. Der Hausmeister sagte

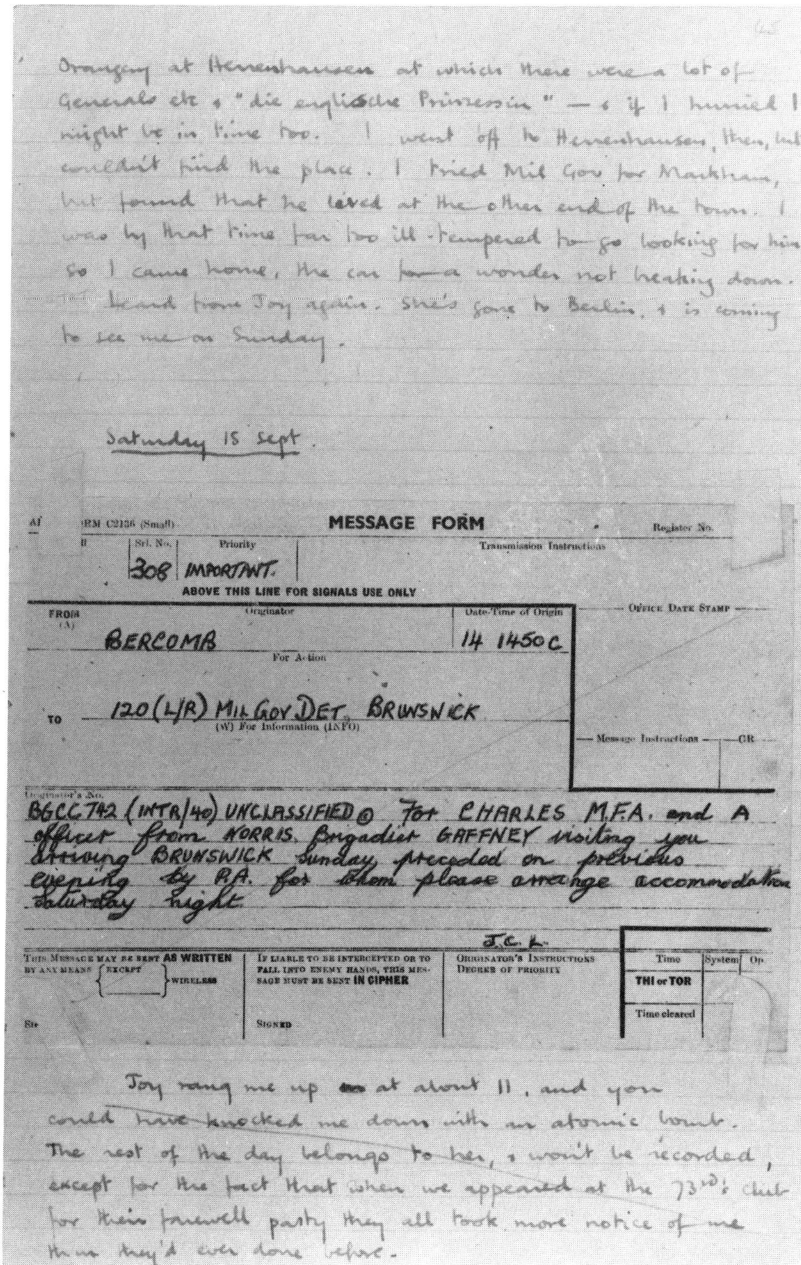

Orangery at Herrenhausen at which there were a lot of Generals etc & "die englische Prinzessin" — & if I hurried I might be in time too. I went off to Herrenhausen, then, but couldn't find the place. I tried Mil Gov for Markham, but found that he lived at the other end of the town. I was by that time far too ill-tempered to go looking for him, so I came home, the car for a wonder not breaking down.

Heard from Joy again. She's gone to Berlin, & is coming to see me on Sunday.

Saturday 15 Sept

MESSAGE FORM

Srl. No. 308 Priority IMPORTANT. Transmission Instructions Register No.

ABOVE THIS LINE FOR SIGNALS USE ONLY

FROM Originator BERCOMB Date-Time of Origin 14 1450C

For Action

TO 120 (L/R) MIL GOV DET. BRUNSWICK

For Information (INFO)

Office Date Stamp — Message Instructions — CR

Originator's No.

BGCC742 (INTR/40) UNCLASSIFIED for CHARLES M.F.A. and A officer from NORRIS. Brigadier GAFFNEY visiting you arriving BRUNSWICK Sunday preceded on previous evening by P.A. for whom please arrange accommodation Saturday night.

J.C.L.

This message may be sent AS WRITTEN by any means except wireless — If liable to be intercepted or to fall into enemy hands, this message must be sent IN CIPHER — Signed — Originator's Instructions Degree of Priority — Time — System — Op — THI or TOR — Time cleared

Joy rang me up at about 11, and you could have knocked me down with an atomic bomb. The rest of the day belongs to her, & won't be recorded, except for the fact that when we appeared at the 73rd's club for their farewell party they all took more notice of me than they'd ever done before.

Ein Telegramm von Christopher Norris aus Berlin, im Tagebuch eingeklebt

mir, Markham hätte auf mich gewartet, sei aber nun zu einer Vorbesichtigung von Harbords Ausstellung in die Orangerie nach Herrenhausen gefahren, wo sich eine Menge Generäle und „die englische Prinzessin" eingestellt hätten. Wenn ich mich beeilte, käme ich vielleicht auch noch rechtzeitig hin. Ich startete nach Herrenhausen, konnte den Ort des Geschehens aber nicht finden. Viel zu schlecht gelaunt, um noch lange nach Markham zu suchen, der zudem am anderen Ende der Stadt wohnte, fuhr ich nach Braunschweig zurück – wundersamerweise ohne Panne! Wieder Nachricht von Joy. Sie ist nach Berlin gefahren und besucht mich am Sonntag.

Samstag, 15. September 1945

Joy rief gegen zwei Uhr an, und es traf mich wie eine Atombombe! Der Rest des Tages gehört ihr und wird nicht aufgezeichnet – abgesehen von der Tatsache, daß man mir, als wir gemeinsam zur Abschiedsfeier des 73er Clubs erschienen, größere Aufmerksamkeit zollte als je zuvor. Ich fand Christophers Telegramm erst, als ich zum Schlafen nach Hause kam. Das Hotelpersonal war davon ausgegangen, daß es sich bei einem P. A. (Persönlicher Assistent) um einen Mann handeln müsse, und hatte in der Messe einen Raum vorbereitet mit einem Teller Sandwiches und einer Flasche Bier.

Sonntag, 16. September 1945

Wie gestern. Ich fuhr Joy nach Hildesheim, um gegen sieben Uhr ihren Brigadier samt Begleitung abzuholen. Zu Ehren meines Autos sei festgehalten, daß es wieder einmal auf der Straße war und dabei nicht zusammenbrach – zu Ehren von Franz, daß er Kuchen, Birnen und eine Flasche von seinem eigenen Burgunder für unser Picknick-Lunch bereitstellte.

Montag, 17. September 1945

Gott segne die Archivare! Sie sind ein Geschenk des Himmels wie Ärger und Verdruß. Sie schreiben mir Briefe wie der Mann aus Osnabrück, oder sie kommen und überfallen mich wie der aus Hamburg, und sie reden mir nach dem Munde – aber im Innern ihrer Herzen denken sie: „Mein lieber Bursche! Amüsier dich, unterhalt dich gut, geh im Wald mit deiner Liebsten spazieren, spiel die Rolle des wichtigen Militärbeamten – wir werden dich schon kriegen! Geboren 1916. Wahrscheinlich verheiratet. Und ganz sicher gestorben. Mehr kommt nicht in dein Kirchenbuch. Und dann stecken wir dich in ein Salzbergwerk, und irgendwann in der Zukunft müssen Pioniere eine Kiste mit dir und zehntausend anderen, genau gleichen darin, nach oben wuchten und sie werden dabei fluchen, weil sie so schwer ist." Was für Ungeheuer!

Am Nachmittag brachte ich einige Vitrinen nach Herrenhausen und sah mir in der Orangerie die Ausstellung von Felix Harbord an. Sehr geschickt aufgezogen!

Dienstag, 18. September 1945

Seeleke beobachtet, wie ich mit immer mehr Bällen jongliere. Im Augenblick sind es die Wolfenbütteler Archive, die Wolfenbütteler Bibliothek, die Osnabrücker, die Hamburger und die Oldenburger Archive und die Hannoversche Bibliothek. Ich kann an überhaupt nichts anderes mehr denken – aber natürlich muß ich mich auch um eine Menge anderer Dinge kümmern, z. B. Nicol ins Kaiserhaus schicken, damit er von allem, was dort ist, eine Liste anfertigt. Von der Detmolder Bibliothek muß ich eine ordentliche Übergabequittung beschaffen, ebenso vom Kestner-Museum. Dann die Sache mit dem Bilderrestaurator, das Lustschloß Richmond und natürlich auch noch der Dom und die Ägidienkirche ...

Heute kamen zwei Leute aus Hannover zu mir: Busch, der Bibliothekar, und Stäcker, städtischer Verwaltungsrat. Sie wollen die Bibliothek aus Grasleben zurück haben – Halliday hat sie darangesetzt. Am Donnerstag wollen sie damit anfangen. Ich sagte, ich würde ihnen Bescheid geben. Dann kam der schon gestern eingetroffene Haufen aus Hamburg hereinspaziert, angeführt von Regierungsrat Krull, und wir machten uns auf nach Grasleben, um technische Fragen zu erörtern, wobei wir uns darauf einigten, die Hamburger Sachen lieber nicht per Zug, sondern auf der Landstraße zu befördern. Morgen muß ich versuchen, nach Lübbecke zu kommen, um es mit Col. McDonnell zu besprechen.

Nach dem Mittag mit Seeleke und Fink nach Bad Harzburg, um einige dort ausgelagerte Museumssachen anzusehen: Elfenbein, Fayence usw. Man hatte sie anscheinend aufgebrochen, und der Inhalt der Kisten war von den Amerikanern überprüft und verändert worden, danach hatte man sie wieder verschlossen. Aber der angeblich zuständige Bürgermeister hatte von der Angelegenheit nicht die leiseste Ahnung und konnte nicht einmal die veränderten Inventarlisten finden. Um ganz genau zu sein, hatte er auch eine ganze Weile gebraucht, um die Schlüssel für den Keller zu finden, wo alles aufbewahrt war ...

Hinterher nach Goslar, um nach Nicol zu sehen, der aber nicht da war. Wir öffneten einige von uns abgestellte Pakete mit Bildern, die der Medizinischen Schule der Luftwaffe gehörten – rührender Kitsch! Franz hat mir ein neues Zimmer zugewiesen und droht jetzt sogar mit einem neuen Radio.

Mittwoch, 19. September 1945

Anscheinend hat es sich herumgesprochen, daß das Lustschloß Richmond repariert worden ist. Auf der Morgenbesprechung fiel das Wort „housing", worauf ich sofort Protest anmeldete, während Col. Bartlett im Hintergrund irgend etwas von einer Polizeischule brummte. Schnellstens fuhr ich daraufhin ins Museum, um einige „OFF LIMITS"-Schilder zu holen und sie in Richmond anzubringen, und prompt besuchte mich ein junger Mann aus Hannover namens Crighton Stuart, der an Ausstellungen interessiert ist und zu einer Verabredung mit Group Captain Truly unterwegs war: ein Verbündeter gerade zur rechten Zeit! Ich erzählte ihm, was wir mit Richmond vor hätten, und schon machte er sich auf den Weg.

Dann kam Spiess von den Braunschweiger Archiven und der Bibliothek, um sich mir vorzustellen. In unwahrscheinlichem Tempo redet er ungefähr eine Viertel Stunde lang und ging dann wieder.

Dann beschloß ich, Richmond müßte einmal einen Tag ohne mich auskommen, und brauste nach Bünde, wo ich den größten Teil des Nachmittags mit Colonel Webb meine Probleme besprach. Wenig Hoffnung auf

Dachziegel, fürchte ich, obwohl wir vielleicht welche aus Schweden bekommen.

Webb bot mir an, die Nacht über zu bleiben, worauf ich mich dann einrichtete. Joy machte sich zum Abendessen zurecht und sah wundervoll aus!

Donnerstag, 20. September 1945

Weitere Gespräche mit Colonel Webb. Im Augenblick meines Aufbruchs kam Roger Ellis, der Archivar. Dann nach Hannover, Lunch am Straßenrand. Tatsächlich fand ich diesmal das MFA-Büro, das ich bisher immer übersehen hatte, und traf Markham und Colonel McDonnell. Markham schlug vor, daß ich meinen Bereich vergrößern und das ganze Gebiet der 5. Division übernehmen sollte [d. h. zusätzlich zum Regierungsbezirk Braunschweig die Regierungsbezirke Hildesheim und Göttingen]. Zurück in Braunschweig, mußte ich mir das Gejammer von Franz über die kalte Mamsell anhören, die sich als unehrlich erwiesen hat und entlassen werden muß, außerdem soll ich mich um Rationierungsmarken für unsere Zivilangestellten kümmern. Schaute kurz ins Museum herüber, sah einen riesigen Haufen von Papieren, die bearbeitet werden wollten, und lief gleich wieder fort.

Freitag, 21. September 1945

So spät aufgestanden, daß ich kein Frühstück mehr bekam. Die Morgenbesprechung war – soweit ich sie mitbekommen habe – öde und unbeschreiblich ineffektiv. Hinterher entließ ich die kalte Mamsell. Große Verbitterung.

Lustschloß Richmond, 1768/69 von Karl Christian Fleischer für Herzogin Augusta erbaut

Man hatte entdeckt, daß sie in einem privaten Keller Wein, Nahrungsmittel, Bestecke und Küchengeschirr gehortet hatte – alles Hoteleigentum und Dinge, die wir monatelang entbehrt hatten. Danach hätte ich mich eigentlich um die Sache mit den Marken kümmern sollen, beauftragte aber Twinberrow damit, den Verpflegungsmann, und ging rüber zum Museum.

Nach dem Essen mit Seeleke in den Dom. Die Wandgemälde sind fotografiert und dann getilgt worden, oder vielmehr übertüncht; in der Tat eine gute Arbeit. Seeleke hat auch veranlaßt, das Hakenkreuz in der Gruft von Heinrich und Mathilde zu entfernen, und außerdem bekommt er etwa 2000 alte Dachziegel von der Ägidienkirche für das Dach. Die einzige verbliebene Beleidigung ist ein von den Nazis eingebautes Tor – Eiche mit Schmiedeeisenbeschlägen, zur Swastika verschlungen. Dann ein Rundgang durch Richmond. Die Reparaturen kommen gut voran, und der Kommandant hat zu unseren Plänen seinen Segen gegeben. Als ich ihn heute aufsuchte, kam er wieder einmal auf die angeblichen Naziskulpturen im Museum zu sprechen, womit er, fürchte ich, die griechischen und römischen Abgüsse meint.* O Gott!

Erhielt einen taktvollen und netten Brief von Geoffrey Webb mit der Anrede „Dear Rollo" – vor einigen Tagen geschrieben: Er habe gehört, daß ich schwer arbeite, und bitte mich, zur Berichterstattung nach Bünde zu kommen. Joy, gutes Mädchen! Aber das

* Der Magazinraum des Anton-Ulrich-Museums ist durch mehr als hundert überlebensgroße Gipsabgüsse antiker Standbilder verrümpelt. Der Gelehrte und Museumsdirektor Paul Jonas Meier hatte sie als Studienmaterial anfertigen lassen. Der Leiter des Kupferstichkabinetts und provisorische Nachkriegsdirektor Hans Werner Schmidt läßt sie größtenteils zertrümmern.

Weibsbild hat mir heute keinen Brief geschrieben!

Samstag, 22. September 1945

Hatte schon wieder verschlafen und versuchte, mich gerade gegen 9.20 Uhr unauffällig zum Frühstück zu schleichen, als mir gemeldet wurde, daß Seeleke vor der Tür stand. Er hatte noch zwei Leute dabei und wollte wissen, wie es mit dem Löwen weitergehen sollte. Er fragte, ob ich mitkäme, aber ich wollte abwarten, ob mein Wagen aus der Reparaturwerkstatt zurückkäme, und dann hinterherfahren. Er kam nicht zurück, also fuhr ich auch nicht, sondern blieb den Vormittag im Museum.

Sonntag, 23. September 1945

Ich ging den Tag ganz ruhig an und beschloß, nicht vor Mittag aufzustehen. Franz schickte mir gegen zehn Uhr das Frühstück aufs Zimmer. Nach dem Mittag sah ich, daß mein Auto zurück war, fuhr also zum Museum und arbeitete bis zum Tee. Die Frau des Heizers öffnete mir die Tür – eine erstaunliche Erscheinung in einem blauen Negligé.

Nach dem Tee schrieb ich nach Hause und an Joy und wartete auf Geoffrey und McDonnell – bis ich erfuhr, daß sie frühestens morgen kämen. Nach dem Mittag noch einen Brief an Joy geschrieben.

Montag, 24. September 1945

Dies ist am Sonntag, dem 30., geschrieben, und der Bericht wird mager ausfallen: Geoffrey und McDonnell kamen zum Mittag. Anschließend sahen wir uns Richmond an, das ihnen wohl gefiel und wozu sie ihren Segen gaben. Dann sahen wir uns die Marienkirche in Wolfenbüttel an, von der sie einfach hingerissen waren. Hinterher nach Goslar ins Kaiserhaus, und dann eine Teepause. Zurück in Braunschweig, besuchten wir ein Konzert in der Kanthochschule: Deklamation eines Gedichtes von Goethe, ein Concerto grosso von Händel, die 6. von Beethoven und die 2. von Brahms. In der Pause nach dem Beethoven entschieden wir uns fürs Abendessen und verzichteten auf den Brahms – aber die beiden ersten Stücke waren wirklich sehr gut gewesen.

Wir waren gerade beim Essen, als Harbord auftauchte. Er hatte den ganzen Tag in Goslar zugebracht und uns sehr vermißt. Er wirkte ziemlich deprimiert; außerdem schien Geoffrey alles andere als erfreut zu sein, ihn zu sehen. Wie auch immer – wir zogen uns an die Bar zurück, tranken Cherry Brandies und wurden gute Freunde.

Dienstag, 25. September 1945

Geoffrey nach Berlin, McDonnell und ich gemeinsam nach Wolfenbüttel. Wir warfen einen Blick in das Lessinghaus und in die Bibliothek und wollten dann Seeleke zu einer Fahrt nach Gandersheim abholen. Er war recht munter und stellte mich S. K. H. dem Herzog, dessen Sohn und außerdem einem Wesen vor, von dem ich noch nie etwas gehört hatte: Seelekes Gattin. Es war eine dieser typischen Zeitrafferzeremonien: hereinkommen, Hände schütteln, verbeugen, dumm herumstehen, verbeugen, Hände schütteln und wieder weg. Dann Hals über Kopf auf schlechten Straßen in Richtung Gandersheim. In Seesen sahen wir uns einiges Museumsgut an, das im dortigen Gefängnis ausgelagert ist. Dann nach Hause, in Hast eine Mahlzeit und schnell zur Oper: Glucks „Maikönigin", irgendein Ballett zu Musik von Haydn und Mozarts „Impresario".

Das Ballett gefiel mir nicht allzusehr, aber die beiden Kurzopern waren bezaubernd. Anschließend in den Club – ein finsterer Schuppen!

Mittwoch, 26. September 1945

Ein Tag voller kleiner Desaster. Ich sollte den Düsseldorfer Archivar Dr. Korn und Captain Garstang, einen Pressemann, mit nach Grasleben nehmen. Außerdem kam McDonnell mit, und Archivar Meyer aus Wolfenbüttel wollte nach seinen Sachen in Süpplingenburg sehen.

Garstang erschien nicht. Mein Wagen sprang nicht an. Schließlich tat er es, dafür wurde in Grasleben ausgerechnet heute die Förderanlage gewartet, und wir konnten nicht hinunter.

Schweigend aßen wir unsere Butterbrote und fuhren nach Helmstedt. Dort besichtigten wir alle auf der SHAEF-Liste verzeichneten Gebäude, die im großen und ganzen in Ordnung sind. Absoluter Höhepunkt war die Sammlung alter kirchlicher Wandbehänge und Gewänder usw. im Kloster Marienberg. Sie waren im Keller in Kisten verstaut, wo sie anfingen, feucht und stockig zu werden. Also mußten wir sie auspacken: wirkliche Herrlichkeiten! – der Teil eines Chormantels aus dem 9. Jahrhundert, Antependien, Meßgewänder usw. bis hin zum 16. Jahrhundert. McDonnell war begeistert.

Zum Schluß zu Meyers Archiven nach Süpplingenburg, ebenfalls vergeblich, denn der Mann, der den Schlüssel verwahrt, war nicht da.

Donnerstag, 27. September 1945

Erfolgreicher als gestern. Meyer holte heute seine Archive aus Süpplingenburg ab. Als er mit dem Einpacken fertig war, kam er kurzentschlossen mit uns nach Grasleben. Wir verbrachten ungefähr zwei Stunden unten im Bergwerk. Korn ist sehr zufrieden mit dem Zustand der Düsseldorfer Sachen. Abends wieder mit McDonnell in die Oper: „Susannes Secret", die Londoner Symphonie von Haydn, die „Ruy Blas"-Ouvertüre und Tänze von Dvořák – höchst genußreich!

Freitag, 28. September 1945

Fuhr mit McDonnell nach Hannover, wo wir etwas herumtrödelten und von Markham zum Essen eingeladen wurden. Wir sahen uns noch einmal Harbords Ausstellung an, dann setzte ich McDonnell in Lübbecke ab und fuhr nach Bünde weiter, wo ich über Nacht blieb.

Samstag, 29. September 1945

Verbrachte einen beträchtlichen Teil des Vormittags damit, meinen Wagen bei dem Versuch, ihn anzulassen, durch Bünde zu schieben, was schließlich auch gelang, denn glücklicherweise ist Bünde auf einem Hügel erbaut. Nach dem Mittag fuhr ich Joy, Cecil Gould und Cecily Somerset nach Hannover zur Ausstellung, wo wir Harbord und Markham trafen. Tee in Markhams Messe, dann gingen wir nach Ost und West auseinander.

Sonntag, 30. September 1945

Verbrachte den ganzen Vormittag im Bett und dachte nach über die Dinge, die am Nachmittag erledigt werden müßten. Dann erhob ich mich unwillig zum Lunch und stellte mich auf einen langweiligen Nachmittag ein, der mit dem Abholen des Silbers von T-Force in Goslar vergehen würde. Ich rief dort an, um anzukündigen, daß ich käme, erfuhr aber, daß sie mir das Silber bringen würden. Also ging ich rüber ins Museum und bastelte an meinem 14tägigen Bericht. Es wird jetzt schon herbstlich – Wind, Regen und Kälte.

Montag, 1. Oktober 1945

Erst die übliche Morgenkonferenz, dann – ebenso üblich – durch die Verwaltung in der Offiziersmesse festgehalten. Kam um 11 Uhr ins Museum und hatte ein langes, offenes Gespräch mit Seeleke. Er zeigt mir eine Sammlung moderner deutscher Werke, die er dort aufbewahrt und von denen einige sehr gut sind. Ein meisterlicher Corinth, fünf oder sechs Blumenbilder und ein Selbstporträt von Nolde. Auf dem Rückweg zum Lunch wurde ich von David Bain freudig begrüßt, der die Sergeants Bruce und Eardley bei sich hatte. Sie waren auf dem Weg, ein Auto abzuholen und eine Freundin zu besuchen, und schauten zum Essen herein. Ich besorgte ihnen Lunch und Drinks. Bain fuhr los, und ich schlief beinahe bis 6 Uhr.

Dienstag, 2. Oktober 1945

Ein langer Tag. Fuhr mit Seeleke nach Goslar, um Nicol als Depotverwalter in der Kaiserpfalz einzusetzen. Dann Picknick bei Gandersheim und hinterher zu den Domänen Voldagsen, Weddehagen und Kirchberg, wo jeweils etwa dreißig Bilder des Museums lagern. In Voldagsen servierte uns eine quicklebendige Blondine Kaffee und Kuchen, ebenso in Weddehagen. Es ist an sich schon ein hübscher Ort und hat obendrein eine prächtige Aussicht. Die Domäne wird von einem reizenden alten Paar bewirtschaftet, das sich sehr vor den Polen in der Nachbarschaft fürchtet. Ihn fand ich besonders nett. Er hielt Seeleke eine kurze Predigt über Regen.

Zwischen Weddehagen und Gandersheim sahen wir, wie ein Auto einen Truthahn überfuhr. Wie hielten an, um ihn aufzulesen, und sahen dabei einen Zug Kraniche vorüberfliegen, etwa dreißig bis vierzig, in Pfeilform – ein sehr eindruckvolles Bild. Übrigens, den Puter übergaben wir seinem Eigentümer. Er war noch am Leben.

Kirchberg ist Besitz einer adligen Familie, der von Petersdorf. Es ist wirklich bezaubernd – ein ganz unberührtes Ensemble landwirtschaftlicher Gebäude und ein ziemlich dunkles, solides Herrenhaus, vollgestopft mit Menschen.

Man führte uns durch hübsche Räume – nichts besonders Bemerkenswertes an Ausstattung oder Mobiliar, aber wunderbar altertümlich und anheimelnd. Alles in größtem Durcheinander, weil Dutzende von Flüchtlingen dort untergebracht sind.

Wir sahen uns den Gandersheimer Dom an, lange und gründlich. Er ist 11. Jahrhundert. Den Tag beendeten wir mit einem Besuch bei einem der Barone von Cramm in seiner Burg bei Ölber am Weißen Wege – ein Schloß wie aus einem Märchen, voll von linksdrehenden Wendeltreppen. Der Baron war in der Normandie verwundet worden und konnte uns nicht herumführen, aber eine Dame tat es. Wir tappten in pechschwarzer Dunkelheit umher. Der Baron erzählte uns, daß seine Familie hier schon seit tausend Jahren wohnt.

Mittwoch, 3. Oktober 1945

Verbrachte nach dem Frühstück eine langweilige Stunde mit der Kontrolle der Bücher, holte dann das gestern von T-Force im Hotel abgelieferte Silber ab und brachte es zum Museum. Ging zurück zum Gildehaus, um einige Aktenordner abzuholen und traf dann Gaarstang, diesen schwer zu fassenden Presseoffizier. Hatte mit ihm eine lange Unterredung wegen Grasleben und nahm ihn dann mit ins Museum. Nach dem Lunch fuhr ich mit Seeleke nach Hannover, wo wir uns gründlich die Ausstellung ansahen. Gegen 6.30 Uhr wieder zurück.

Donnerstag, 4. Oktober 1945

Ich hatte gerade damit begonnen, meine Akten in Ordnung zu bringen, und mein Schreibtisch sah aus, als ob ein alter Hund darauf gefrühstückt hätte, als ein Strom von Besuchern einsetzte.

Der erste war Reidemeister, was mir so ziemlich den Wind aus den Segeln nahm! Er gehört zu den blonden, zähen Typen mit blaßblauen Augen und einem Pokerface. Bisher mein größter Fang, möchte ich sagen. Er ist schon von Douglas Cooper interviewt* worden, und wo Hathi** erntet, da gibt es für meinesgleichen keine Nachlese. Also sprachen wir über Mr. Georges Eumophopoulos***.

Dann kam das altjüngferliche Mannsbild aus Hamburg und wollte wissen, was ich

* (d. h.: verhört von den Alliierten wegen seiner Kunstguttransporte des deutschen Kunstschutzes in Italien).

**Anspielung auf Hathi, den Elefanten in Rudyard Kiplings Roman „Dschungelbuch", der die Zuckerplantage verwüstet.

*** George Eumophopoulos, britischer Reeder griechischer Herkunft, verkaufte seine bedeutende Asiatikasammlung im Jahre 1934 teils an das British Museum, teils an das Victoria and Albert Museum.

unternehmen würde, damit er seine Universitätsbibliothek aus Grasleben herausbekäme. Und schließlich der unerträgliche Dr. Spiess vom Braunschweiger Stadtarchiv, der schneller spricht als irgendeiner, den ich je getroffen habe, und dessen Stirn sich dabei in Falten legt und ganz rot anläuft. Gegen elf Uhr ließ man mich in Ruhe.

Am Nachmittag fuhr ich mit Seeleke nach Riddagshausen hinaus, um die Kirche noch einmal anzusehen; sie ist wirklich besonders schön. Einer der ersten Bombenangriffe auf Braunschweig verfehlte sein Ziel vollkommen, traf hier und blies alle Ziegel vom Dach – aber Seeleke deckte es neu ein. Jetzt ist man dabei, den leichten Schaden, der später zugefügt wurde, auszubessern. Dann zu den Royal Engineers, um zu versuchen, Glas für Richmond zu bekommen.

Freitag, 5. Oktober 1945

Nach der üblichen Besprechung und den Messeangelegenheiten brachte ich den Wagen in Gang und fuhr nach Peine zu T-Force wegen des Abtransports der Berliner Sachen aus Grasleben. Zwischen Braunschweig und der Autobahn gab der Wagen seinen Geist auf. Ich mußte eine Stunde auf den Abschleppwagen warten, und auf dem Weg in die Werkstatt riß auch noch das Zugseil, ich blieb am Straßenrand liegen, der Fahrer fuhr noch zehn Minuten lang weiter, ohne etwas zu bemerken, und kam dann zurück.

Am Nachmittag eine Verabredung mit Seeleke, um einige alte Schlösser in der Umgebung zu besuchen. Seeleke wollte einen Organisten mitbringen, der für uns während der Besichtigung auf historischen Orgeln spielen sollte. Gegen drei Uhr kam Harbord, um mich wegen der Verlagerung der Berliner Sammlungen nach Celle zu sprechen, und ich überredete ihn, auch mitzukommen. Zuerst war der Organist nicht zu finden, so daß wir erst gegen 4:30 Uhr losfuhren, als ich bereits nach einem Tee schmachtete. Wir sahen dann nur zwei Schlösser und eine Kirche – zuerst das Gutshaus in Schliestedt, wo sich Friedrich der Große 1760 einmal aufgehalten hat und das gerade von einem putzigen kleinen Grafen von Stolz angekauft worden war, dann Schloß und Kirche in Sampleben. Alle drei Gebäude waren sehr schön, die Schlösser 18. Jahrhundert und die Kirche 16., auf romanischen Fundamenten. Unser Organist, Guericke, spielte für uns auf der Orgel – etwas von Johann Christian Bach, In dulci jubilo und das Präludium des großen E-Moll-Konzerts. Die Orgel ist komplett 16. Jahrhundert und hat nur zwei Manuale. Sie klang eigenartig harsch. Dann nach Hause, denn es wurde dunkel, kalt und naß. Harbord blieb zum Abendessen.

Samstag, 6. Oktober 1945

Nach immer wieder neuen Aufschüben wurde ich feierlich nach Peine chauffiert, wo ich mit dem T-Force-Kommandanten den Transport der Berliner Sachen von Grasleben nach Celle besprach. Wir beschlossen, die Transporteinheiten von Goslar anzufordern und sie für die Dauer der Abwicklung in Grasleben zu stationieren.

Beim Abendessen wurde ich mit zwei sehr netten amerikanischen Kriegsberichterstattern bekannt gemacht, Kendall Foss und Ed Morgan, die auf dem Weg nach Berlin waren. Major Deakin und ich nahmen sie hinterher mit, um die Ankunft eines Zuges mit Flüchtlingen aus Helmstedt zu erleben – eine makabre Szene. Einige hundert Stück menschliches Strandgut, die im dürftigen Licht der Bahnsteiglampen vorbei trieben, all ihre weltliche Habe auf den Schultern tragend, vor sich herschiebend oder hinter sich her zerrend. Alle, mit denen wir uns unterhielten, wollten zu irgendwelchen Verwandten – irgendwohin. Sie verbringen die Nacht in Bunkern in Braunschweig, wo sie ein Lager bekommen, Verpflegung und medizinische Betreuung vom Deutschen Roten Kreuz – und dann wird ihnen gesagt, wann am nächsten Morgen ihre jeweiligen Züge abgehen. Alle schienen sehr froh darüber zu sein, die Britische Zone erreicht zu haben. Sie kommen über die „Grüne Grenze", quer durch Feld und Wald. Alle berichteten, daß die Russen nach ihnen geschossen hätten, aber niemand wußte, ob irgend jemand getroffen wurde.

Dann nahmen wir unsere Gäste mit in den Club, wo sie beide einschliefen, denn sie waren in der vergangenen Nacht aus Frankfurt gekommen und hatten nur vier Stunden Schlaf gehabt.

Sonntag, 7. Oktober 1945

Las in einem Buch über William den Stillen, bis es Zeit wurde, mir einen Wagen zu borgen, um nach Hannover zu fahren, wo ich mit Peter Eden zum Essen verabredet war. Ein sehr gutes Wildbret-Gedeck. Anschließend streiften wir ein oder zwei Stunden lang durch die Gärten. Markham fährt am Mittwoch nach England zurück, und Eden wird aus der Abteilung „Nahrungsmittel und Landwirtschaft" zu uns in den Kunstschutz versetzt. Anscheinend besteht die Absicht, daß ich zusätzlich zum Bezirk Braunschweig auch noch den Bezirk Hildesheim übernehmen soll und zum Major befördert werde, während Eden in Hannover bleibt. Auf dem Rückweg schaute ich bei T-Force in Peine herein, wo man mir Tee anbot. Ich schlug vor, einige Transporteinheiten zu meiner ständigen Verfügung in Grasleben zu stationieren, was ganz gut aufgenommen wurde. Fuhr zurück und beendete das Wilhelmus-Buch.

Montag, 8. Oktober 1945

Nach einigen Verzögerungen borgte ich mir einen Wagen und fuhr nach Grasleben, um mit dem Abtransport der Berliner Sachen zu beginnen. Als ich ankam, waren die Lastwagen noch nicht da, weshalb ich nach unten fuhr und kurz überschlug, was transportiert werden mußte – etwa 2000 Kisten, Fotomappen und eine riesige Menge loser Bücher. Drei Lastwagen kamen gegen drei Uhr an, und als wir sie endlich beladen hatten, merkten wir, daß es schon zu spät war, um noch nach Celle loszufahren. Kam zu spät zurück, weil mir das Benzin ausging. Nach dem Abendessen im Radio Beethovens Blasquintett.

Dienstag, 9. Oktober 1945

Ein ziemlich geschäftiger Tag. Fuhr mit Paddy Browns Wagen – einem Prachtstück – nach Grasleben. Die Lastwagen waren nicht am vereinbarten Treffpunkt, ich hielt Ausschau auf der Autobahn, sah, wie sie mir auf der Gegenfahrbahn entgegen kamen, wendete, überholte sie und geleitete sie ruhig nach Celle, wo Markham und Eden auf mich warteten.

Das Celler Schloß ist ein stattlicher Bau mit Innenhof, einer wundervollen Kapelle und einem hübschen kleinen Barocktheater, wo ein Quartett gerade Purcell übte.

Nachdem wir unsere Berliner Sachen deponiert hatten, fuhren wir zum Essen nach Braunschweig zurück, hinterher ins Museum. Seeleke berichtete in großer Verzweiflung, daß die Militärregierung den Koks beschlagnahmt hatte und ihn bereits abfuhr. Ich ging in den Keller, um herauszufinden, wohin er gebracht würde – und bekam zu hören, zur Villa des Group Captain.

In meinem Leben bin ich noch nicht so wütend gewesen! Ich suchte ihn auf und wurde belehrt, daß der Koks a. auf Anweisung der Militärregierung dorthin gebracht wurde, was Seeleke in Abrede stellt, und daß er ihn b. ersetzen will, was ich erst glaube, wenn ich es erlebe.

Mittwoch, 10. Oktober 1945

Vormittags wieder Sachen nach Celle gebracht, nachmittags im Museum. Bemerkte zu meinem Vergnügen, daß am Domdach irgendwelche Arbeiten vorgenommen wurden.

Donnerstag, 11. Oktober 1945

Beginn des Osnabrücker Rücktransports. Ich lieh mir von Twinberrow einen wackeligen Opel und fuhr nach Grasleben, um zu sehen, wie Wrede voran käme. Außerdem begleitete ich zwei Lastwagen mit Kisten der Bibliothek Hannover, wo ich gegen vier Uhr ankam. Dr. Busch, der Bibliothekar, war vor Freude den Tränen nahe.

Es war regnerisch, und ich machte mir Sorgen, daß die Kisten auf dem Anhänger feucht geworden sein könnten, aber anscheinend waren sie in Ordnung.

Abends noch mit Harbord in die Oper. Um sechs sollte er erscheinen, war aber nicht da. Ich ging allein los, und wir trafen uns später, nachdem er das erste Stück, die „Maikönigin“, von der Tür aus angehört hatte. Zu Hause noch ein sehr spätes gemeinsames Nachtmahl.

Freitag, 12. Oktober 1945

Ich war Offizier vom Dienst, blieb daher den ganzen Tag im Büro und konnte viel Arbeit erledigen. Noch ein Besuch von Harbord.

Samstag, 13. Oktober 1945

Ein weiterer Morgen in Celle, diesmal mit dem Wagen von Major Irwin. Nahm Seeleke mit. Nach der Ankunft stellten wir fest, daß keine Hilfskräfte da waren zum Abladen. Und mein Wagen mußte zur Lunchzeit wieder zurück in Braunschweig sein. Rannte eine Stunde lang hektisch umher, um Leute aufzutreiben, und bekam schließlich zehn aus dem örtlichen D. P.-Lager. Dann raste ich zurück nach Braunschweig, wo ich um 2 Uhr ankam. Nach dem Lunch rüber zum Museum und später mit Seeleke zu Dr. Dahmens Sekretärin, um Einzelheiten wegen der Party zu arrangieren. Am Abend in den Club.

Sonntag, 14. Oktober 1945

Da mein eigenes Auto wieder auf der Bildfläche erschien, machte ich eine Tour nach Richmond, wo man die Schlinggewächse entfernt hat. Nach dem Essen mit Seeleke nach Goslar, um die Gebäude von der SHAEF-Liste anzusehen.

Wir verbrachten auf diese Weise einen sehr angenehmen Nachmittag und landeten schließlich in der Klaus-Kapelle, wo Seeleke bei Kerzenlicht auf der Prätoriusorgel spielte. Abendessen mit Brigadier Inglis, einem Besucher aus Neuseeland, der uns einige großspurige Geschichten auftischte.

Montag, 15. Oktober 1945

Vormittags nach Grasleben, wo ich mich ums Verpacken kümmerte. Aß meine Sandwichs am Straßenrand und fuhr zurück nach Braunschweig. Dann nach Celle, um Vorbereitungen für morgen zu treffen [Seeleke hatte insbesondere Felix Harbord, zuständig für die damalige Provinz Hannover, animiert, das Celler Schloßtheater wieder bespielen zu lassen]. Als ich nach dem Tee ins Museum zurückkam, fand ich Seeleke in Aufregung wegen des Transportes der Musikinstrumente und anderer Gegenstände für morgen. Dies bedeutete noch mehr Arbeit, aber zum Schluß hatten wir alles geschafft.

Dienstag, 16. Oktober 1945

MON DIEU! Bevor ich losfuhr, um die Lastwagen nach Celle zu geleiten, sah ich im Museum nach dem Rechten – und fand Seeleke erneut in Bedrängnis wegen Transportangelegenheiten. Wir gingen zu Dr. Dahmen ins Opernhaus, um eine Lösung zu finden. Frau Migliorina, seine Sekretärin, war in noch größeren Schwierigkeiten als wir. Immerhin, das Problem (ich glaube, es handelte sich um Benzin) wurde gelöst, und ich entwischte dem Wirrwarr gegen 10 Uhr nach Celle, wo wir abluden. Mittendrin kamen Geoffrey, Aeneas McDonnell und Peter Eden. Geoffrey machte sich Sorgen wegen der Feuchtigkeit einiger Kisten. Er und Aeneas hatten sich nur mal umsehen wollen und waren nicht wegen der Party gekommen, mit der Geoffrey nicht einverstanden ist. Dann gingen alle zum Essen, ich aber hatte nichts mitgebracht und wurde hungrig, bis Peter mir was von seinen Sandwiches abgab. Wir besichtigten die Kapelle – wirklich großartiges 16. Jahrhundert.

Geoffrey und Aeneas brachen auf, und ich fuhr nach Braunschweig, um Tee zu trinken, zu baden und mich für die Party umzuziehen. Dann kehrten wir nach Celle zurück: zum dritten Mal am gleichen Tag. Als wir gegen 7:15 Uhr ankamen, waren die meisten Gäste schon eingetroffen. Harbord stellte mich dem Herzog und der Herzogin vor, und mitten im Gespräch machte er uns darauf aufmerksam, daß es Zeit sei, ins Theater zu gehen. Wir gingen also hinein, und er plazierte mich neben die Herzogin mitten in die Hofloge. Great Grandeur! Sie ähnelt sehr ihrem Vater, dem verstorbenen Kaiser.

Seeleke war da, sauste herum und flickte elektrische Lichter und Heizkörper – so typisch! Schön zu sehen, wie sehr die Braunschweigs ihn schätzten, ganz unabhängig von der Tatsache, glaube ich, daß er ihre ganzen Sammlungen gerettet hat. Er ist ein wunderbarer Mann!

Kurz vor Vorstellungsbeginn stand ich mit Peter Eden in einem der Bühnenräume und war gerade dabei, Dahmen, den Opernintendanten, mit Felix Harbord bekannt zu machen, als dieser plötzlich den strahlend eintretenden Seeleke erblickte und ausrief: „Ah, der netteste Mann in Braunschweig, Dr. Seeleke!"

Nach der Vorstellung – das Theater ist ein Traum – ging es durch den roten Saal in den grünen Saal und dann in den gelben Saal zum Souper. Die Künstler hatten ihre Kostüme des

18. Jahrhunderts an, ich saß bei ihnen, und wir amüsierten uns sehr. Das Essen war erstklassig. Hinterher gingen wir nach unten in den Ballsaal und tanzten bis zwei Uhr morgens.

Dann allgemeiner Aufbruch. Aber – ach leider! – die Rückfahrarrangements für die Künstler funktionierten nicht. Der Bus hatte eine Panne, und so standen 18 von ihnen auf der Straße. Dabei mußten sie um 9:30 Uhr zu einer Probe zurück sein – 30 Meilen entfernt. Etwa drei Stunden belagerten Dr. Otto und ich die Polizeiwache, um irgend etwas zu bewerkstelligen, während die armen Künstler matt und kraftlos auf dem Parkettfußboden des Ballsaals herumhockten und der Kapellmeister Bachfugen auf dem Flügel spielte. Aber ganz Celle lag in tiefem Schlaf, und niemand hatte einen Paß zum Überschreiten der Ausgangssperre. Nachdem wir vergeblich versucht hatten, die „Grüne Minna" zu bekommen, stellte uns schließlich die Feuerwehr ein wunderliches Vehikel zur Verfügung. Ich nahm die Migliorinas und Peter in meinem Wagen mit, und wir kamen in Braunschweig an, als es gerade wieder hell wurde. Gegen 6.30 Uhr ins Bett.

Mittwoch, 17. Oktober 1945

Wieder raus aus den Federn um neun Uhr. Nachdem ich die Besprechung verpaßt hatte, ließ ich Franz kommen und bestellte Frühstück für zwei auf mein Zimmer. Hoffnungsvoll guckte er im Raum herum! Dann mit Peter Eden nach Grasleben. Wir fuhren nur runter, schnüffelten etwas herum und gingen dann zum Essen zu T-Force und besprachen noch die Transporte des morgigen Tages. Rückweg über Königslutter, wovon Peter sehr beeindruckt war. Tee in Braunschweig, und dann mit Peter nach Hannover.

Donnerstag, 18. Oktober 1945

Ich übernahm von Peter die Hildesheimer Akten, tankte, schnorrte noch vierzig Zigaretten und donnerte – nonstop – nach Grasleben. Bei Braunschweig-Ost streikte mein Wagen, ich wurde in die Stadt geschleppt und kam somit rechtzeitig zum Mittag. Danach bekam ich einen Wagen mit Fahrer, fuhr nach Grasleben, holte die Lastwagen ab und brachte sie nach Celle. Als wir dort gegen 4:15 Uhr ankamen, waren die deutschen Arbeiter schon fort. Wir gingen in der Gegend herum mit dem DCLM-Kerl und lasen ein paar Litauer auf. Die Fahrer hatten derweil am Schloß ihre Wagen entladen und waren wieder abgefahren. Dr. Otto, das Fräulein, ein Polizist, mein Fahrer und später auch die Litauer schafften die Kisten bei einbrechender Dunkelheit eilig ins Gebäude. Den Litauern gab ich insgesamt 20 Zigaretten, womit sie sehr zufrieden waren.

Freitag, 19. Oktober 1945

Ein ruhiger, arbeitsamer Tag im Büro. Seeleke droht damit, über die Grenze nach dem Dorf Hessen zu gehen, um nachzusehen, was seine vielgeliebten Balken machen. Habe mich mit den Russen für morgen verabredet, um die Angelegenheit zu besprechen.

Samstag, 20. Oktober 1945

Suchte am Morgen den Group Captain auf, weil ich versuchen wollte, seine Unterstützung für Restaurierungsarbeiten am Dom zu erhalten – es läuft aber nichts. Er hat schon zu viele Verweise wegen nicht autorisierter Wiederherstellungen – und außerdem befürchtet er politische Verwicklungen.

Dann fuhr ich mit Norris in die Magazine, um die große Musikbibliothek anzusehen – über 1000 verschiedene Werke, Partituren für volles Orchester –, Eigentum, des 17. Infanterieregiments. Wir entschlossen uns, sie der Truppenbetreuung anzubieten, und gingen zur 5. Division, wo ich mit dem Betreuungsoffizier darüber sprach. Dann zum russischen Verbindungsoffizier, um mal zu hören, was wegen der Balken im Dorf Hessen unternommen werden könnte [Seeleke hatte dort die abgebaute Schnitzfassade des Gildehauses und die Schnitzbalkensammlung des städtischen Museums ausgelagert]. Dieser telefonierte mit dem russischen Divisionskommandanten, der angeblich ganz hilfsbereit ist. Damit mußte ich mich begnügen.

Am Nachmittag eine Besprechung im Museum wegen der Umbauten. Ich sagte, daß das Erdgeschoß dringend winterfest gemacht werden muß, und bin ganz optimistisch, daß wir etwas Glas und Holz dafür bekommen. Das Heizungsproblem ist wirklich akut.

Nach dem Essen – es war ein wundervoller, klarer Nachmittag – borgte ich mir von einem Arzt Reithose und Stiefel und fuhr mit Norris* und der Sekretärin von Franz zu einem Ausritt nach Lucklum. Ich ritt einen riesigen Rappen, Norris einen anderen Schwarzen und das Mädel einen Grauen. Wir waren noch nicht weit gekommen, und schon warf der Graue das Fräulein ab, und Norris wechselte mit ihr die Pferde. Sie war aber

* Es kann sich unmöglich um Christopher Norris, den Chef der Kunstschutzabteilung, handeln, der nie in seinem Leben auf einem Pferd gesessen hat.

etwas unsicher und stieg ab. Diesmal nahm ich den anderen Rappen – ein fürchterliches Unternehmen, weil beide Pferde aufgeregt und gut gelaunt waren. Dann ritt ich mit Norris in Richtung Schöppenstedt. Kurz davor warf der Graue ihn im Galopp ab. Er blieb unverletzt, aber wir wechselten erneut die Pferde und gelangten ohne weiteren Zwischenfall nach Hause. In einem Bauernhaus machten wir Teepause und kamen beim Licht des vollen Mondes wieder heim.

Sonntag, 21. Oktober 1945

Blieb bis ungefähr 12 Uhr im Bett, stand dann gemütlich auf und ging zum Dom, um den Fortgang der Dachreparaturen zu inspizieren. Nach dem Essen zu Fuß nach Richmond: die Verglasung macht Fortschritte. Spazierte am Fluß entlang zurück und sah einen Eisvogel.

Montag, 22. Oktober 1945

Die übliche Grasleben-Celle-Braunschweig-Tour. Rechtzeitig zurück zum Tee. Anschließend eine Sitzung des Messeausschusses: Ich wurde von meinem Verwalterposten entbunden – und dankte.

Dienstag, 23. Oktober 1945

Mit Seeleke und Kump nach Goslar, um den Löwen zurückzuholen. Ich besorgte von T-Force einen Lastwagen, und wir fuhren zum Rammelsberg, wo der Löwe in einer Werkstatt darauf wartete, abgeholt zu werden. Doch der Ladekran war unter der Decke installiert, und es zeigte sich, daß das Eingangstor zu niedrig war, um mit dem aufgeladenen Löwen wieder heraus zu kommen. Wir mußten also einen niedrigeren Anhänger

Begrüßung des Braunschweiger Löwen auf dem Burgplatz. Von links: Kurt Seeleke, Metallrestaurator Kump und Rollo Charles

besorgen, und es dauerte eine Weile, bis wir ihn aufgeladen und vertaut hatten.

Um 2:30 Uhr konnten wir losfahren – mit einer Geschwindigkeit von zwölf Meilen in der Stunde. Die Landarbeiter auf den Feldern sperrten Mund und Nase auf, als sie ihn vorbeifahren sahen, und ich konnte ihre Lippen sich bewegen sehen, wenn sie auf uns zeigten, lachten und riefen: „Der Braunschweiger Löwe!" Gegen fünf Uhr kamen wir in Braunschweig an und hielten vor dem Rathaus. Hier irrt Charles. Der Transport hielt auf dem Burgplatz, und Seeleke ging hinein ins Staatsministerium. Seeleke ging hinein, um dem

Ministerpräsidenten die Rückkehr zu vermelden. Eine Menschenmenge versammelte sich um ihn und streichelte ihn, Mütter hoben ihre Kinder hoch, damit sie ihn sehen könnten. Dann kam Weitz [Oberregierungsrat im Staatsministerium], um ihn zu begrüßen, und alles war sehr rührend.

Um ihn in Kumps Werkstatt abzuladen, war es nun zu spät geworden, außerdem gab es keine Hilfskräfte, und es war auch nicht mehr hell genug. Daher parkten wir ihn auf dem Burgplatz, und er mußte die Nacht auf seinem Anhänger verbringen.

Ein herrliches Tier. Man hat das Gefühl, daß er jeden Augenblick mit seinem Schweif wedeln wird!

Mittwoch, 24. Oktober 1945

Je weniger über den heutigen Tag gesagt wird, desto besser. Der Löwe wurde in Kumps Werkstatt gebracht, und ich übergab die Bücher der Messe an Elliot. Praetera nihil.

Donnerstag, 25. Oktober 1945

Nach Hannover mit Chauffeur. Das Büro war unbesetzt, aber ich konnte Harbord in der Truppenentlassungsstelle aufspüren – der Glückliche! Traf die Herzogin und ihren jüngsten Sohn, die versuchten, ein Telegramm nach Bayern aufzugeben. Essen mit Harbord. Dann nach Hildesheim, wo ich Bohland traf – ein äußerst unbedeutend aussehender, kleiner Mann, aber anscheinend ein Löwe in seinem Fach. Hildesheim war nur zwei Wochen vor dem Einrücken der Amerikaner zerstört worden. Er hatte aus den Kirchen alles gerettet, was sich nur bewegen ließ, sogar die Decke der Michaeliskirche. Er zeigte sie mir – eine der frühesten romanischen Kirchen in

Nordeuropa – außerdem den Dom. Beides gespenstische Anblicke.

Freitag, 26. Oktober 1945

Vormittags nach Celle, wo es recht gut vorangeht. Nachmittags nach Grasleben. Wieder in Braunschweig, besuchte ich mit Seeleke ein Blockflötenkonzert in der Vorhalle von St. Magni, organisiert und geleitet von Guericke. Sechzehn Musiker saßen in dem Saal: Sopran, Alto, Tenor, Bass. Als wir kamen, spielten sie einige unbedeutende Stücke, außerdem Purcell, etwas von Praetorius, von Fischer und einige Kompositionen von Guericke selbst. Er ist eine faszinierende Persönlichkeit: ziemlich rundlich, etwas wunderlich und sehr unterhaltsam. Dann holte ich mit Seeleke einige Fotos ab, die ich von Smithhard bekommen hatte. Anschließend blieben wir im Auto sitzen und führten ein langes Gespräch über romanische Architektur, für die ich mich allmählich zu begeistern anfange.

Samstag, 27. Oktober 1945

Vormittags Regen. Mit Seeleke einen Rundgang durch die Braunschweiger Kirchen, später zusammen in die Hauptkirche Wolfenbüttel, um Frl. Dr. Dohrn an der Orgel zu hören – eine bemerkenswerte Darbietung.

Sonntag, 28. Oktober 1945

Vormittags saß ich in der Eingangshalle am Fenster und schrieb Briefe. Ein wunderschöner, sonniger Tag. Am Nachmittag ein Ausritt mit Bill und Hogarth – ganz nett, aber ich bekam kein besonders gutes Pferd. Abends noch mehr Briefe, und dann hörte ich mir Porters neue Grammophonplatten auf dem hauseigenen Plattenspieler an – ein jämmerliches Instrument! Er legte vor allem Beethovens Violinkonzert und Tschaikowskis 5. Symphonie auf. Beide sehr dürftig.

Montag, 29. Oktober 1945

Den ganzen Morgen über im Büro. Nachmittags mit einem Dreitonner nach Völksheim, um Holz für die Fenster des Domes abzuholen. Eine lange und holperige Fahrt – Seeleke sehr aufgeregt: Er hatte gehört, die Russen hätten das Dorf Hessen geräumt, und will nun selber hin und nachsehen, was seine vielgeliebten Balken machen.

Dienstag, 30. Oktober 1945

Der Group Captain machte Cain heute morgen die Hölle heiß wegen des Bauholzes für die Domfenster. Nachdem ich bei den Wohnungsbauleuten herausgefunden hatte, daß sie nichts unternehmen würden, ging ich zum Dom und befahl den Arbeitern abzuladen. Sie sollten auf der Südseite mit den Arbeiten beginnen – am weitesten weg von der Militärregierung – und sich erst später an die Nordseite machen. Dann rüber zum Museum.

Ich bekam Besuch von Kump, der mir erklärte, wie schwierig die Reparatur des Löwen sein würde, und mir eine kleine, eiserne Schnupftabaksdose schenkte.

Außerdem Besuch von Parker aus der Archivabteilung. Rief Geoffrey an und verabredete einen Besuch für morgen. Am Nachmittag lieh ich mir Rindalls Wagen und fuhr zur Militärregierung Gandersheim, um einen Möbelwagen für den Rücktransport der dort gelagerten Gemälde nach Braunschweig zu bekommen. Auf dem Rückweg ließ ich den angeblichen Rembrandt von Salzgitter bis zu meiner Wiederkehr bei der dortigen Militärregierung.

Kam gegen 7 Uhr zurück und war gerade mit dem Abendessen fertig, als Christopher mich vom Transithotel aus anrief, von wo ich ihn zum Abendessen abholte. Er befand sich nach einem Besuch in Bremen und Hamburg auf dem Rückweg nach Berlin.

Mittwoch, 31. Oktober 1945

Kam gegen 11 Uhr los und fuhr nach Hildesheim. Wirklich sehr neblig. McInnes war nicht da, also zögerte ich nicht lange, machte Lunch am Straßenrand und fuhr über Hameln und Bad Oeynhausen nach Bünde zu Joy.

Donnerstag, 1. November 1945

Verließ Bünde gegen 10:30 Uhr und war rechtzeitig zum Mittagessen in Braunschweig. Hinterher mit Hogarth ins Hospital, wo ich drei Impfungen bekam und mir zwei Zähne plombiert wurden. Die Verglasung von Richmond ist beinahe, das Dach des Domes völlig komplett. Gott sei Dank.

Freitag, 2. November 1945

Fühle noch Schmerzen im Arm. Erhielt im Büro Besuch aus Hannover und brachte es fertig, ihn hinauszusetzen. Natürlich wieder Grasleben. Nach dem Essen nach Hildesheim zu einer Unterredung mit Bohland und dann zur Militärregierung, wo man mir zwar keinen Tee anbot, dafür aber Ziegelsteine und Mörtel für die Michaeliskirche.

Samstag, 3. November 1945

Hatte mir vorgenommen, heute die Salzmine in Salzdetfurth anzusehen, wurde aber durch allerlei Kleinigkeiten davon abgehalten. Um 11 Uhr mußte ich den G. C. durch den Dom führen, damit er morgen Fragen dazu beantworten könnte. Um 11.45 Uhr kam ich schließlich los und fuhr nach Salzdetfurth. Lunch unterwegs. Dort angekommen, stellte sich heraus, daß die Mine bis Montag geschlossen war. Also weiter nach Hildesheim, wo ich mit Bohland sprach, anschließend nach Celle, wo ich aber niemanden antraf. Es sieht aber so aus, als ob alles glatt liefe. Man sagte mir, daß im Theater gerade eine Oper aufgeführt würde, ich ging also rauf und spähte hinein – um die Ouvertüre des „Impresario" zu hören. Fuhr schnell nach Hause und kam gerade hübsch zum Tee an, nachdem ich 130 Meilen unterwegs gewesen war. Nach dem Tee noch für eine Weile rüber ins Office.

Sonntag, 4. November 1945

Der Tag von Montys Besuch. Er kam zum Gottesdienst um 10:30 Uhr im Dom. Es war sehr kalt, weil noch kein einziges Fenster fertig war, obgleich sie mit den Arbeiten gut vorankommen. Der Leuchter war immerhin aufgebaut und sah sehr gut aus – wie ein großer Baum. Hoffentlich hat Monty ihn auch bewundert. Von den Stufen der Kanzel aus las er, nur schwer verständlich, die Epistel „Gebt dem Kaiser, was des Kaisers ist". Ich glaube, daß ich der einzige Vertreter der Militärregierung war, abgesehen vom Group Captain. Hinterher lief ich in die Messe, um rechtzeitig zum Appell da zu sein. Abteilungskommandanten und Dienststellenleiter standen im Vorzimmer aufgereiht. Monty kam vom Speisesaal, wo er einen Kaffee bekommen hatte, zu uns herein, und wir wurden alle vorgestellt,

„Der Leuchter war aufgebaut und sah prächtig aus, wie ein großer Baum – hoffentlich hat Monty ihn auch bewundert!“

ich als Kunstschutzmann. Als er meinen Afrikaorden sah, fragte er, wer ich sei. Sobald ich meinen Namen nannte, erinnerte er sich an alles über mich und erzählte, daß er Vater kürzlich getroffen hatte. Er unterhielt sich ziemlich lange mit mir. Nachdem er die versammelte Gesellschaft abgeschritten hatte, informierte er sich bei den jeweils zuständigen Leuten über die Lage im Lande bezüglich Verpflegung, Gesundheit, Wohnungswesen, Arbeit, Finanzen und Sicherheit usw. – alles sehr freundlich und informell. Zur allgemeinen Überraschung erlaubte er uns sogar zu rauchen.

Nach dem Lunch einen Ausritt mit Robertson, seinem Mädchen und Bell. Das Mädchen fiel vom Pferd, tat sich aber nichts. Die beiden anderen sind Anfänger und verhielten sich recht ruhig. Ich aber hatte ein herrliches kleines Pferd, das sich gut benahm, außer daß es immer mit mir auf und davon rennen wollte. Für mich war es ein sehr schöner Ausritt. Wieder zurück gegen 6 Uhr. Nachricht von Geoffrey, daß er mich morgen nach dem Lunch aufsuchen wolle, was mir absolut nicht paßt, denn ich hatte geplant, nach Hildesheim zu fahren.

Montag, 5. November 1945

Ein gehetzter Vormittag: Ich inspizierte die Salzmine in Salzdetfurth, fuhr dann nach Hildesheim und wieder nach Hause. Die Salzdetfurther Mine ist tiefer und feuchter als die in Grasleben, aber sie hat bei weitem nicht so viel Auslagerungsgut. Schmidt, der Archivar aus Koblenz, kümmert sich um das Zeug. Ich beauftragte ihn, alles nach oben zu schaffen.

In Hildesheim zeigte man mir Teile des Domschatzes, hauptsächlich Meßgewänder:

Sie werden in einem Gewölbe unter dem Dekanat aufbewahrt – eine unbefriedigende Situation. Nachmittags ein Treffen mit Geoffrey in Braunschweig. Ich zeigte ihm den Leuchter, der ihn sehr beeindruckte, dann sahen wir uns in Helmstedt die Marienberger Teppiche an. Tee und Abendessen im „Senior Officers Transit Hotel".

Dienstag, 6. November 1945

Arbeitete vormittags im Museum. Nachmittags mußte ich eine vollkommen überflüssige Reise nach Hannover unternehmen, um den A/Q wegen einer Freiwilligenmeldung zur Militärregierung unter ACI 173 des Jahres 1945 zu sprechen – offensichtlich hatte jemand, der überhaupt nichts davon verstand, im A/Q Hannover alte Akten der 5. Division in die Hände bekommen.

Da ich telefonisch nicht durchkam, mußte ich eben hinfahren.

Mittwoch, 7. November 1945

Vormittags in Celle, um den Fortgang der Arbeiten zu kontrollieren. Nachmittags die alle 14 Tage stattfindende Konferenz. Sie dauerte nur eine Stunde – ein Rekord, wie man mir sagte –, allerdings war ich auch erst das zweite Mal dabei.

Donnerstag, 8. November 1945

In Grasleben geht es gut voran, rund die Hälfte der Berliner Sachen sind schon geräumt. Ich wanderte umher und las lose Stücke auf, darunter ein herrliches Skizzenbuch von Canova.

Dann fand ich heraus, daß die Burschen aus Hamburg entgegen allen Anweisungen auch schon angekommen waren und anfingen, ihre Sachen wegzuholen. Da aber die Bergleute mit allem gut fertig zu werden schienen, gab ich ihnen die Erlaubnis, mit dem Abtransport zu beginnen, obgleich aus Bremen auch noch einige Leute gekommen waren.

Zurück nach dem Lunch und nachmittags zum Zahnarzt. Später rüber zum Museum.

Samstag, 10. November 1945

Zurück nach Hildesheim über Volprieshausen, wo man mir über das Feuer berichtete, das in der Mine ausgebrochen war, und wo ich mir den durch die Explosion angerichteten Schaden ansah: beide Fördertürme, anderthalb Kilometer voneinander entfernt, sind schlichtweg in die Luft geflogen, und neun Bergleute wurden dabei getötet. In Hildesheim zeigt mir Bohland einen Teil der durch Feuchtigkeit ernstlich gefährdeten ägyptischen Sammlung.

Sonntag, 11. November 1945

Fuhr mit Joy aufs Land, um Peter Medd, ihren Vetter, zu besuchen, der in der Nähe von Fallersleben wohnt. Ich setzte sie für eine Weile bei ihm ab. Dann kam ich zurück, und wir brachen zusammen mit Major Funnings nach Brüssel auf. Um 12.30 Uhr fuhren wir Richtung Hannover ab, von wo es um 4 Uhr weiter ging. Im Zug waren Dicky und Doc M'Guise.

Montag, 19. November 1945

Heute Offizier vom Dienst. Verbrachte praktisch den ganzen Tag damit, tugendsam in meinem Büro zu sitzen, wo es obendrein noch sehr kalt war. Am Nachmittag mit Seeleke nach Richmond, um zu sehen, wie die

Wiederherstellungsarbeiten vorangehen: ganz ausgezeichnet. Wenn Fink sich darauf beschränken könnte, die wirklich schönsten Bilder aufzuhängen, wäre es prächtig.

Abends spielten wir Lügenpoker, und ich gewann einmal.

Dienstag, 20. November 1945

Mein Tagebuch wird immer bruchstückhafter. Genau wie das Leben. Am Morgen nach der Besprechung holte ich noch ein Gemälde von Flesche für die Messe ab. Dann bekam ich einen Wagen mit Chauffeur, der mich nach Hildesheim bringen sollte. Fünf Meilen nach der Umleitung fing er schon an, Schwierigkeiten zu machen, so daß wir umkehrten und es im Schneckentempo gerade zum Mittag zurück schafften. Sehr kalt.

Nach dem Mittag ging ich zunächst ins Museum, bis der Wagen wieder repariert war und wir gegen 3 Uhr nochmals starteten. Ankunft in Hildesheim gegen 4.20 Uhr. McInnes war dort, aber Bohland nicht, auch Gunn, der Bursche von Unterkunft und Wohnraumbeschaffung, war nicht da. Kam gegen 6 Uhr zurück nach Braunschweig – wieder sehr kalt.

Mittwoch, 21. November 1945

Ein ruhiger, seßhafter Tag. Den ganzen Morgen Büroarbeit. Nachmittags die vierzehntägliche Besprechung, die nur eine Stunde dauerte. Abends in den Club, wo wir Bier tranken, Lügenpoker spielten und bis spät in die Nacht hinein sangen.

Donnerstag, 22. November 1945

Ein heiterer Tag, die Sonne schmolz das Eis. Brachte Seeleke mit Elliots Wagen zur Marienburg, damit er dort einige Gegenstände für die Ausstellung in Richmond auswählen kann (der Herzog weiß noch gar nichts von seinem Glück!). Als wir dort ankamen, stellte sich heraus, daß die ganze Familie bei der Beerdigung des Großherzogs von Mecklenburg war. Wir fuhren daher beide weiter nach Hannover, ich ließ Seeleke bei Stuttmann und traf Peter Eden, der gerade im Begriff war, sein Büro zu verlassen, und mich zum Essen in seine Messe mitnahm. Er wirkte müde und entmutigt.

Hinterher las ich Seeleke und Deckert, der bei ihm war, wieder auf, brachte Deckert in Peters Büro und fuhr dann mit Seeleke nach Hildesheim. Wir besuchten Bohland in dem kleinen Raubvogelnest, das er sich in der Kapelle eingerichtet hat. Er macht sich mehr Sorgen denn je wegen der Michaeliskirche, für die Gunn ihm keine Ziegelsteine geben will. Ich ging daraufhin zum Regiment 117 und erzählte, Gunn hätte einen Unfall gehabt und sei bettlägerig. Anweisungen empfingen sie jetzt von Parker, 120. Dann bat ich Colonel Gaskell um Hilfe, der telefonisch anordnete, sofort mit den Arbeiten an der Michaeliskirche zu beginnen, sofern sie irgendwelche Bausteine erübrigen könnten. Ein netter Mann.

Hochgemut kam ich zurück zu B. und S., verabschiedete mich von B. und war mit Seeleke gegen 6:30 Uhr wieder zu Hause. Ein ruhiger Abend.

*

Hier bricht das Tagebuch ab.

Abschied Seelekes von Charles auf der Treppe vor dem Schloß Richmond

Epilog

Drei Wochen nach Abbruch des Tagebuchs, am 13. Dezember 1945, feiert Rollo Charles im Hauptquartier des Kunstschutzes in Bünde Verlobung mit Joy. Sein Zuständigkeitsbereich umfaßt nun auch Hildesheim und Göttingen mit den Salzbergwerken Salzdetfurth und Volpriehausen. Die Räumung des Graslebener Depots zieht sich noch bis zum Mai 1946 hin. Vieles, was Charles in Braunschweig ins Rollen gebracht hat, beginnt jetzt Früchte zu tragen. Am 30. März 1946, einem strahlenden Sonnabendmorgen, wird der von den Nationalsozialisten politisch mißbrauchte Heinrichsdom wieder geweiht, anschließend auf dem Burgplatz die Wiedererrichtung des geflickten Löwenmonuments gefeiert.

Braunschweigs Ministerpräsident Hubert Schlebusch dankt den zahlreich angereisten Kunstschutzoffizieren – darunter Geoffrey Webb, Christopher Norris, Anne Popham, Peter Eden und von den amerikanischen Kollegen Bancel La Farge. Anne Popham notiert sich: „Die braunschweigisch-herzögliche Familie beglänzte die Feierlichkeiten mit ihrer Anwesenheit." Anschließend erlebt die Festgesellschaft ein erstes Wiedersehen mit den besten Bildern des Anton Ulrich-Museums im Schlößchen Richmond, in dem Kultur wieder zu blühen beginnt. Die Pianistin Herta Kluge-Kahn gibt hier Klavierkonzerte, und in der Mansarde betreibt Restaurator Fritz Herzig die einzige Restaurierungswerkstatt des norddeutschen Raumes.

Richmond ist deshalb am 12. und 13. Juni 1946 auch Tagungsort des Denkmal- und Museumsrats Nordwestdeutschland. Diese erste Nachkriegsvereinigung deutscher Museumsdirektoren und Denkmalpfleger hatte sich am 16. Februar 1946 auf Initiative Geoffrey Webbs in Bünde konstituiert. Unter der Ägide des souveränen, in schwersten Zeiten bewährten Grafen Franz Wolff Metternich beginnen die Belange der Denkmalpflege schrittweise wieder in deutsche Verantwortung überzugehen. Cecil Gould über die Gründungssitzung in Bünde:

„Um 10 Uhr Konferenzeröffnung im Finanzamt. Colonel Webb hielt eine Rede, die ich anschließend auf deutsch verlas. Dann verließ er mit dem größten Teil des britischen Kontingents den Saal, ließ mich und Perry zurück. Metternich übernahm den Vorsitz und dirigierte den Ablauf mit bemerkenswertem Geschick. Viel Zeit wurde auf die Satzung verwendet. Mein Benennungsvorschlag – ‚Denkmal- und Museumsrat Nordwestdeutschland' – fand Zustimmung. Ich schlug vor, das Gremium auf 28 Personen zu erweitern, Vertreter der Kirche, weiterer Museen und der Hochbauämter miteinzubeziehen. Das nächste Treffen solle nächsten Monat, dann alle sechs oder acht Wochen an möglichst wechselnden Orten stattfinden... Man verwendete die meiste Zeit auf einen Rückblick. Die wenigsten Delegierten hatten eine Vorstellung von der Lage in den anderen Provinzen."

Die Provinzialkonservatoren und die Direktoren der führenden Museen gelten als ständige Mitglieder des Denkmal- und Museumsrats, zusätzlich können die Bezirke eine begrenzte Anzahl von Spezialisten hinzuziehen. 1949 entsteht durch Zusammenfassung der entsprechenden Organisationen aller drei Westzonen der „Verband westdeutscher Denkmalpfleger", der sich 1951 in „Vereinigung der Landesdenkmalpfleger in der Bundesrepublik Deutschland" umbenennt.

Auf dem zweiten Treffen, das am 17. April ebenfalls in Bünde stattfindet, wird Graf Metternich zum Ersten Vorsitzenden gewählt. Die Diskussionen behandeln Probleme der Materialbeschaffung, der Rückführung von Museumsgut aus der amerikanischen Zone und die Fremdbelegung der Museumsgebäude. Man beschließt, eine „Zentralkartei für arbeitsuchende Fachgenossen" einzurichten, und erstmals wird hier von Metternich vor den Gefahren eines allzu stürmischen Wiederaufbaus in den zerstörten Städten gewarnt:

„Die allgemeine Erfahrung lehrt, daß zunächst sehr großzügig geplant und auf das Bestehende zu wenig Rücksicht genommen wird. Das zentrale Problem bei Altstadtplanungen ist die Schaffung einer Umgehungsstraße bzw. eines Verkehrsringes um den Altstadtkern, dessen Straßen selbst eng zu halten sind; ‚Durchbrüche' ziehen Durchgangsverkehr an."

Auf der Braunschweiger Tagung am 12. und 13. Juni 1946 wird Rollo Charles von seinem Kollegen Donald King vertreten,* der im Namen Geoffrey Webbs nur noch die Grußworte der englischen Militärregierung ausrichtet. Rollos Gedanken kreisen bereits um die Existenzgründung zu Hause. Eine Woche später, am 19. Juni 1946, verläßt er das Land.

Durch seine Tätigkeit in Braunschweig und insbesondere durch die Zusammenarbeit mit Kurt Seeleke in seiner Kunstbegeisterung bestärkt, entscheidet Charles sich für eine Museumslaufbahn. Auf Empfehlung Geoffrey Webbs findet er eine Stellung als Kurator der Gemäldegalerie am Nationalmuseum von Wales in Cardiff, die seinem Charme die Stiftung bedeutender Nachlässe verdankt. Rollos Interesse für historisches Porzellan entspringt 1964 ein Buch über die kontinentalen Manufakturen des 18. Jahrhunderts, das später auch auf italienisch erscheint. Zusammen mit Joy hat er einen Sohn und zwei Töchter. Nach seinem überraschenden Tod im März 1977 treffen mehr als 500 Kondolenzbriefe ein. Unter seinen Papieren findet Joy dieses Tagebuch und vertraut es Kurt Seeleke an.

Seeleke erlebt den sogenannten „Wiederaufbau" Braunschweigs als eine zweite große Welle der Zerstörung. Schlimmer noch, als es Graf Metternich voraussah, zerstückeln die Verkehrsplaner das gewachsene Stadtgefüge, Kaufhauskonzerne setzen ihre Moloche an seine historischen Nahtstellen. Seelekes Vorschlag war, an geeigneten Stellen nach dem Vorbild der klassisch-archäologischen Denkmalpflege Gras zwischen den Trümmern wachsen zu lassen. Er zieht sich auf „Traditionsinseln" um kirchliche Monumentalbauten zurück. Dort ergänzt er lückenhafte Alt-

* Teilnehmer an der Tagung des Denkmal- und Museumsrats Nordwestdeutschland am 12. Juni 1946 in Braunschweig: Ernst Sauermann (Provinzialkonservator von Schleswig-Holstein), Hermann Deckert (Provinzialkonservator von Hannover), Gustav André (Hannover), Christhard Mahrenholz (Hannover), Josef Bohland (Restaurator, Hildesheim), Wilhelm Rave (Provinzialkonservator Westfalen), Rolf Fritz (Dortmund), Franz Graf Wolff Metternich (Provinzialkonservator Rheinland), Leopold Reidemeister (Generaldirektor der Museen der Stadt Köln), Bernhard von Tieschowitz (Stellvertreter Metternichs, Bonn), Kurt Seeleke (Landeskonservator Braunschweig), August Fink (Anton Ulrich-Museum Braunschweig), Walter Müller-Wulkow (Oldenburg), Carl Georg Heise (Kunsthalle Hamburg).

bauszenerien mit Transplantaten und Milieuverträglichem und beschwört so die Erinnerung an die mittelalterliche Stadt seiner Kindheit. Er kultiviert das Timbre des historisch Gewachsenen, Unregelmäßigen und Patinierten – die Fehlfarben im Pflaster und das Gras in den Fugen, bleibt aber offen für die maßstäblich eleganten Formfindungen Friedrich Wilhelm Krämers, der auf seinen Vorschlag 1945 Leiter des städtischen Planungsamtes wird. Er schaffte es auch 1950, unterstützt nur von Walther Buchler, im Vorstand der Museums- und Bibliotheksstiftung durchzusetzen, daß Erhart Kästner zum Direktor der Herzog-August-Bibliothek Wolfenbüttel berufen wurde und sie aus ihrem Dornröschenschlaf erweckte.

Aus Protest gegen den Abriß des durchaus reparablen Braunschweiger Stadtschlosses und einer Kompetenzbeschneidung der Braunschweiger Denkmalpflege durch die Niedersächsische Landesregierung folgt Seeleke 1959 einem Ruf an die Bausenatsverwaltung von West-Berlin. Dem „Provinzialismus der niedersächsischen Kulturbehörden entkommen“ (Seeleke), genießt er dort den „kurfürstlichen Großmut“ seines Bausenators Schwedler. Dort stellt er erstmals Quartiere des 19. Jahrhunderts mit allen überkommenen Straßenrequisiten und Kneipeninterieurs, Bauten der Technik und des Verkehrs unter Schutz und setzt sich für einen Landschafts- und Denkmalpflege vereinigenden „Zweikomponentenschutz“ ein. Optischer Zumutungen müde, lebt er heute in Italien.

Rom, den 15.2.1988

Sehr geehrter Herr Friemuth,

Ihre Fragen nach dem Grund meines Schweigens über Ihnen zu Ohren gekommen Abenteuerliches meines Konservatorendaseins verleiten mein an gesuchtem Vergessen zerrendes Nachdenken zu der simplen Erklärung mit dem unerhörten biblischen Salzsäulengleichnis, das ich angesichts von zuviel Zerstörung wahrsten Sinnes leibhaft und unentrinnbar in mir zu spüren bekam.

Den Exponiertesten der konservatorischen Frontschweingeneration, die ich als letzter überlebe, war nicht anders zumute. Selbst mein sonst so publikationsfreudiger Hamburger Kollege Grundmann hielt Aufzeichnungen von Schlimmstem der Öffentlichkeit, trotz unserer engen Freundschaft, verborgen.

In noch leidlich heiler Welt aufgewachsen, die ich kindlich unantastbar wähnte, überließ ich mich hemmungslosem Zorn gegen die törichte Zerstörung all dessen, was – natürlich wohlgeraten oder künstlerisch gestaltet – mich anrührte. Mehr noch als „Feindeinwirkung" lähmte jedoch Einsicht in die Vergeblichkeit allen Widerstandes gegen die weltweit ausgeartete Diktatur von Umweltverwüstlingen meine erfahrungsschwermütige Chronistenfeder.

Längst legendär: Jene mit dem englischen Kunstschutzkollegen namens Charles gemeinsame Besessenheit, in nie ihm feindverdächtigen Braunschweig und hier im Stich gelassene Berliner Museumsgüter zu retten, was zu retten war.

Jahrzehnte später, einander ahnungslos, kreuzten sich auf Venezianer Campo letztmalig unsere Wege – doch erst beim nachdenklichen Abschied erkannte ich, daß er, mein fairster und mutigster Kollege auf deutschem Boden, mich zu seinen Freunden zählte.

Kein abfälliges Wort in seinem insgeheimsten Tagebuch über ein verrufenes Land, wohin ihn der Krieg verschlug. Für mich das Erstaunlichste Ihrer an Auskünften und Dokumentationen über Erwarten ertragreichen Englandbesuche: die mit spontaner Gastfreundschaft demonstrierte Erinnerung britischer Kollegenfamilien an unsere bald ein halbes Jahrhundert zurückliegende gemeinsame Kunstschutzarbeit.

Neben Ihren wechselseitig sich vertiefenden Sympathien mit der hinterbliebenen Charles-Familie, rührt mich besonders Ihr Besuch bei dem bereits vom Tode gezeichneten Christopher Norris und dessen Eingeständnis, seiner Militärpflicht gehorchend distanziert, menschlich in Deutschland verkannt worden zu sein.

Weltbürgerlich verwöhnt wie die Charles-Freunde Cecil Gould und Felix Harbord, nach Studienzeit auch in Deutschland sach- und sprachverständig, fühlte sich Norris, alter hannoversch-englischer Verbindung bewußt, im neu gegründeten Lande Niedersachsen mehr zu Hause als mancher Regierungsanfänger.

Unvergessen sein Verdienst, meinen Appellen offen, den irrtümlich verhafteten großen Wilhelm Pinder aus dem Gefängnis befreit zu haben! Auch verübelte er es mir nicht, daß ich 1946, als Lokomotivheizer auf amerikanischem Militärzug verkleidet, die erste Verbindung zu Pinder und meinen Berliner Kollegen suchte. Umso schändlicher das Desinteresse der Stiftung Preußischer Kulturbesitz an den Verdiensten der Engländer und die wiederholt von Seiten ihrer Chronistin, Kühnel-Kunze, geäußerte Verdächtigung, uns gemeinsam mit den Engländern umsorgte Berliner Kunstschätze „unter die Finger reißen" zu wollen.

Aus eigener Erfahrung kann ich den Widerstand meiner englischen Kollegen gegen fragwürdig massierte Deportationen deutscher Kunstgüter durch die Alliierten bestätigen. Dabei war Norris selber oft allzu vertrauensselig, wie u. a. die vorzeitige Übergabe des nach dem nie aufgeklärten Goldraub anrüchig gebliebenen Kunstgutlagers Schloß Celle an deutsche Aufsicht zeigt.

Ihrem Interesse verpflichtet, aber verfolgen Sie bitte nicht meine Wege aus dieser Gegenwart.

Kurt Seeleke

IV. Teil

Die Situation in Hamburg

Der Hamburger Glockenfriedhof

Während Rollo Charles Salzbergwerke ausräumt und zusammen mit dem unermüdlichen Seeleke um den Erhalt jahrhundertealter Kulturdenkmäler kämpft, haben seine Kollegen George Willmot und Donald King, Ewan Phillips und Hugh Murray-Baillie in Hamburg ganz andere Aufgaben zu bewältigen.

Hamburg ist schon vor dem Krieg eine moderne Stadt – neu aufgebaut nach dem Brand von 1842. In der letzten Juliwoche 1943 ist es Ziel des ersten alliierten Flächenbombardements. In drei nächtlichen Großangriffen der Royal Air Force, an denen jedes Mal über 700 Flugzeuge beteiligt sind, werden gerade die Wohngebiete schwer getroffen. Tagsüber setzen kleinere amerikanische Geschwader nach. Aber die Innenstadt und die Gebiete westlich der Alster bewahren ihr Gesicht. Alle fünf Hauptkirchen – auch die später abgerissene Sankt Nikolai – sind trotz teilweise schwerer Schäden wiederherstellbar. Die Bilder der Kunsthalle überstehen den Krieg mitten in der Stadt im Hochbunker auf dem Heiliggeistfeld.

Doch im Hamburger Hafen, auf dem Firmengelände der Zinnwerke Wilhelmsburg und der Norddeutschen Affinerie, bietet sich den Engländern ein ungewöhnlicher Anblick. 16 000 Kirchenglocken aus allen Teilen des besetzten Europa bedecken unter freiem Himmel die Fläche eines Fußballfeldes. Daneben lagern, in Schuppen abgestellt oder zu Halden aufgetürmt, Bronzemonumente von den Plätzen und öffentlichen Anlagen von Paris, Krakau, Berlin, München und zahlreichen weiteren Städten Deutschlands, Ost- und Westeuropas: Dichter, Staatsmänner, Feldherrn, auch Löwen-Monumente – der ganze Schmuck des in seinem Personenkult so unerschöpflichen ausgehenden 19. Jahrhunderts türmt sich im Hamburger Hafen vor den Hochöfen auf.

16 000 Kirchenglocken aus allen Teilen des besetzten Europas bedecken bei Kriegsende im Hamburger Hafen die Fläche eines Fußballfeldes. Sie waren dort zur Verhüttung für militärische Zwecke zusammengetragen worden (auch nächste Doppelseite)

Am 15. März 1940 hatte Reichsmarschall Hermann Göring die Anordnung erlassen, sämtliche Edelmetallreserven des Reiches der Rüstungsindustrie zuzuführen. Kirchenglocken und Bronzestandbilder enthalten Zinn und Kupfer.[199] Deutschland hatte schon einmal, im Ersten Weltkrieg, 44 Prozent seiner Kirchenglocken zu Kriegsgerät verarbeitet. Die Nationalsozialisten gehen rigoroser vor. Sie lassen kaum drei Prozent der historischen Glocken in den Türmen zurück. Übereifrige Parteibezirke liefern selbst mittelalterliche Glocken zur Verhüttung ab, und es ist ein Glücksfall, daß zuletzt immerhin jede vierte Glocke den Krieg überdauert.

Die Beschlagnahmeaktion folgt einem vorgeschriebenen Schema:[200] Anmeldung der Glocken durch die Kirchengemeinden, Eingruppierung durch das zuständige Denkmalamt, rigorose Quotierung. Die mit roter Farbe gekennzeichneten A-Glocken werden sofort verhüttet. Darunter pauschal all jene, die nach 1860 gegossen sind – insgesamt 75 Prozent. Die Glocken der B-Gruppe sind einstweilen, die Glocken der C-Gruppe auch weiterhin im Sammellager zurückzustellen.

Sie werden mit einer vierstelligen grünen Leitzahl gekennzeichnet, der Herkunftsgau, Kreis, Ort und die Einstufung zu entnehmen sind. Nur die Glocken der D-Gruppe – nicht mehr als drei Prozent – bleiben vorläufig an Ort und Stelle in den Kirchtürmen.

Den deutschen Kirchen wird zugestanden, jeweils eine kleinere Glocke zu behalten, um damit die Gottesdienstbesucher zusammenzurufen. Das gilt nicht für die Kirchen im besetzten Europa. Aus Belgien, Frankreich, Holland, Italien, Österreich, Polen, der Tschechoslowakei und Ungarn werden die Glocken ganz ohne kunsthistorische Rücksichten geraubt. Insgesamt 33 000 Stück.

Im Winter 1941/42 läuft der Abtransport in die Schmelzhütten an, der sich ab Juli 1942 ganz auf Hamburg konzentriert. Allein die modernen Hochöfen der Norddeutschen Affinerie und der Zinnwerke Wilhelmsburg können die gigantische Aufgabe bewältigen.

Die ankommenden A-Glocken werden hier aus den Eisenbahnwaggons entladen, sofort zertrümmert und in den Hochofen geworfen, die Glocken der Kategorien B und C im „Getreidehafen“ und im „Holzhafen“ deponiert.

Die Untersuchung und Rückführung der europäischen Glocken aus dem Hamburger Hafen zieht sich über Jahre hin. Die deutschen Glocken bleiben noch zwei Jahre im Depot

Zu keiner Zeit hat es irgendwo eine auch nur annähernd vergleichbare Ansammlung von Kirchenglocken gegeben wie während des Krieges im Hamburger Hafen. Bereits die Nationalsozialisten nutzen die einzigartige Möglichkeit zu kunst- und musikwissenschaftlichen Reihenuntersuchungen.[201] Ab 1941 erforscht der Physiker Thienhaus den Zusammenhang von Glockenform und Glockenklang: Er mißt die Rippenstärke, schlägt die Glocken an verschiedenen Stellen an, hält Schlag- und Teiltöne auf Tonband fest und verzeichnet Tonfrequenz, Abklingzeit und Amplitude in Tabellen und Diagrammen. Parallel dazu arbeiten die Kunsthistorikerinnen Sigrid Thurm und Imme Rotthauwe unter der Leitung des schleswig-holsteinischen Landeskonservators Ernst Sauermann an formgeschichtlichen und ikonographischen Untersuchungen. Über 16 000 Glocken werden fotografiert und auf Karteikarten verzeichnet, von besonders schönem Glockenschmuck werden Gipsabgüsse angefertigt, Glockensprüche werden verzeichnet und die mittelalterlichen Schriftbilder auf Fließ-und Seidenpapier abgezogen. Die Frauen wissen, daß ihnen nur noch wenige Monate bleiben, um die Spuren einer tausendjährigen Tradition abendländischen Kunsthandwerks für die Nachwelt festzuhalten.

Nicht nur Glocken, auch Bronzemonumente aus ganz Europa sind nach Hamburg abtransportiert worden, wo sie – in Schuppen abgestellt oder zu Halden getürmt – ihr weiteres Schicksal abwarten

Dann kommen ihnen die Bomben „zu Hilfe“. Im März 1945 sinkt bei einem Luftangriff eine ganze Schiffsladung älterer Glokken auf den Elbgrund – den wohl einzig sicheren Aufbewahrungsort. 500 Glocken gehen auf dem Lager zu Bruch, doch vor allem werden die Hochöfen lahmgelegt. Mit der Verarbeitung von Glokken zu Waffen ist es damit endgültig vorbei.

Gut 75 000 Kirchenglocken sind im Hamburger Hafen eingeschmolzen worden, die restlichen 16 000 fallen am 3. Mai 1945 in die Hände der britischen Besatzer. Nun werden Lagerplätze dringend zur Abwicklung von Getreideimporten benötigt. Die Glocken müssen auf 13 zerbombte Uferstreifen über das ganze Hafengelände verteilt werden.

Dann beginnt unter Leitung des belgischen Dominikanerpaters Jean Kreps die Rückführung der nur etwa 2 000 erhaltenen ausländischen Glocken nach Belgien und Frankreich, später nach Polen und in die Tschechoslowakei.

Die deutschen Glocken bleiben noch fast zwei Jahre im Hafen. Rückführungsgesuche einzelner Kirchengemeinden beantwortet der zuständige Kunstschutzoffizier George Willmot mit einem hektografierten Briefvordruck (Original in deutscher Sprache):

Betr.: Kirchenglocken
An Ev. Pfarramt ...

1. Ihr Antrag auf Rückgabe Ihrer Kirchenglocken ist von unserer Amtsstelle entgegengenommen.
2. In Hamburg befinden sich viele tausend von Kirchenglocken, die noch sortiert werden müssen.
3. Eine sehr große Zahl dieser Glocken wurde durch ihre Landsleute von Frankreich, Polen, Belgien usw. geraubt.
4. Es ist angeordnet, daß keine deutschen Kirchenglocken zurückgegeben werden dürfen, ehe nicht die gestohlenen Glocken den alliierten Ländern zurückgegeben sind.
5. Die größere Mehrzahl von Glocken, die aus einstmals deutsch besetztem Gebiet geraubt wurden, sind zerstört. 14 554 Glocken wurden aus Belgien geplündert und nach Hamburg gesandt. 785, vielfach beschädigt, sind übrig. 9 229 Glocken wurden aus der Tschechoslowakei gestohlen und nach Hamburg gesandt. Nur eine ist übrig. Jede einzelne Glocke in Holland wurde aus den Kirchen entfernt. Heute sind noch 300 in Hamburg.
6. Die Kirchen in den Ländern, die einst durch Sie überrannt wurden, haben nachdrücklich gegen diese Akte von Gotteslästerung und Räuberei protestiert, die zu jenen Taten gehören, die den deutschen Namen durch ganz Westeuropa so verhaßt gemacht haben. Viele haben bei dem vergeblichen Versuch, ihre kostbaren Glocken zu retten, ihr Leben aufs Spiel gesetzt und verloren. In Deutschland scheint die Kirche nicht nur Nachgiebigkeit, sondern sogar Eifer an den Tag gelegt zu haben, als es galt, ihre Glocken auszuliefern, um daraus Waffen zu schmieden zur Vernichtung der übrigen Welt.
7. Im ganzen übrigen Europa schweigen die Kirchtürme auf Grund dieses Vandalismus ihres Volkes. Aber in Deutschland selbst ist jeder Kirche eine Glocke verblieben.
8. Wenn Sie um die Rückgabe Ihrer – einst freiwillig abgelieferten – Kirchenglocken bitten, so ist das eine Unverschämtheit, deren nur ein Deutscher fähig sein kann.
9. In Ihrem Briefe erwähnen Sie die Frage des Transportes. Es wird Ihnen nicht nur der ernste Mangel an Nahrungsmitteln in Deutschland bekannt sein, sondern auch der noch ernstere Mangel an Transportmitteln, um Vorräte herbeizuschaffen. Auf Grund dieses Mangels werden viele Leute, vor allem unter den Armen, höchstwahrscheinlich sterben müssen. Der Vorschlag, Transportmittel für den Transport solcher kirchlicher Luxusgegenstände wie Kirchenglocken zu benutzen, ist eine Gemeinheit, deren wiederum nur ein Deutscher fähig sein kann.
10. Wenn Ihr eigener Kirchturm teilweise schweigen muß, dann mag das für Ihre Pfarrkinder und Sie selbst eine nützliche Erinnerung an Ihre persönliche Schuld sein.

gez. G. H. Willmot, Major

Willmots Haltung verletzt nicht nur die Kirchengemeinden, sondern isoliert den damals 38jährigen Archäologen auch unter seinen Kunstschutzkollegen. Auf eine Eingabe Pastor Martin Niemöllers, der Symbolfigur des protestantischen Widerstands gegen den NS-Staat, wird Willmot am 11. März 1946 von Geoffrey Webb angewiesen, den „Glockenbrief“ nicht mehr zu verwenden.[202] Webbs Nachfolger Christopher Norris versetzt Willmot im September auf einen untergeordneten Posten nach Düsseldorf. Als Willmot protestiert, fordert Norris Persönlichkeiten des Hamburger Kulturlebens zur Stellungnahme auf. Kultursenator Ascan Kleé Gobert in einem Brief vom Februar 1947:[203]

> „Willmot ... ist der Typ eines Offiziers, der ... Formalitäten in jeder Beziehung erschwert, ... so daß meine Untergebenen seine Reisen benutzten, um möglichst viele Angelegenheiten mit [seinem Stellvertreter] Lieutenant King zu erledigen. ... Er ist in keiner Weise geeignet und bereit, die von der britischen Militärregierung angestrebte Cooperation: Verwaltung durch die deutsche Behörde, Anweisung oder Kontrolle durch das Military Government, mitzumachen.“

George Willmot ist der einzige englische Kunstschutzoffizier, der seine deutschen Kollegen, statt auf ihre Orts- und Fachkenntnisse aufzubauen, kurzerhand vor die Tür setzt. Den Hamburger Landeskonservator Hans Bahn begrüßt er mit der Frage, ob er seine Kündigung schon erhalten habe.[204]

Erst als die meisten Offiziere in ihre Heimat zurückkehren, erhält Willmot am 1. April 1947 das Kunstschutzbüro Hannover und damit die Zuständigkeit für das ganze Land Niedersachsen und das Kunstgutlager Schloß Celle übertragen. Vergeblich sind seine Bemühungen, die dortigen Ungereimtheiten Christopher Norris in die Schuhe zu schieben. Und nicht zufällig wird er seiner manchen nicht angenehmen Recherchen wegen an weniger exponierter Stelle beschäftigt. 1950 tritt er eine Stelle in dem kleinen archäologischen Museum von York an, wo er bis zur Pensionierung bleibt.

Heimkehr der modernen Kunst

Wie zur Entschädigung für erlittene Nachteile, tritt an die Stelle George Willmots eine Persönlichkeit von ungewöhnlichem

Format.[205] Ewan Phillips, Jahrgang 1914, unterhält schon vor Ausbruch des Krieges enge Verbindungen zu Deutschland und zu deutschen Künstlern. Seine Doktorarbeit schreibt er bei Anthony Blunt am Courtauld Institute über die Anfänge der expressionistischen Malerei, und als die von den Nationalsozialisten verfemten deutschen Künstler Zuflucht in England suchen, finden sie Aufnahme in seinem jüdischen Elternhaus. Phillips' Mutter ist Malerin, hat während ihrer Studienzeit in Berlin deutsch gelernt. Der Vater betreibt eine Galerie in Saint James.

Während der Jahre von der Machtergreifung Hitlers bis zum Kriegsausbruch bleibt die Villa der Phillips' im vornehmen Londoner Stadtteil Hampstead Anlaufstelle für Künstler, die in Not geraten sind oder einfach Geselligkeit und künstlerischen Austausch suchen: Die Hamburger Bildhauer Theo Balden und Paul Hamann wohnen hier, John Heartfield schaut vorbei. Besonders spektakulär sind die alljährlich um die Weihnachtszeit veranstalteten offenen Abende, zu denen viel Prominenz aus der Kunstwelt erscheint – oftmals um die 300 Gäste, die die Nacht durch bis in den Abend des folgenden Tages hineinfeiern.

Der politisch denkende Sohn Ewan engagiert sich als Sekretär des „Hilfskomitees für verfemte Künstler" in der Londoner Sektion der internationalen Künstlervereinigung und mobilisiert Unterstützung für die spanische Republik gegen die Invasion der Franco-Falangisten. Als Adolf Hitler im Juli 1937 in München die Wanderausstellung „Entartete Kunst" eröffnet, wird Ewan Phillips Mitinitiator der Gegenausstellung „Deutsche Kunst des 20. Jahrhunderts", die dem englischen Publikum erstmals Bilder der in Deutschland verhöhnten Maler präsentiert – darunter Klassiker wie Lovis Corinth, Oskar Kokoschka und Käthe Kollwitz.

Ewan Phillips erinnert sich noch, wie er zusammen mit dem Kunsthistoriker Kenneth Clark die Gemälde der Londoner National Gallery zum Transport in eine Waliser Salzmine vorbereitet, als die lang erwartete Nachricht vom deutschen Einmarsch nach Polen eintrifft. Allgemeine Mobilmachung. Mutter Phillips meldet sich zum Arbeitsdienst in einer Munitionsfabrik, wird auf einem Auge blind, der Vater fährt während der Londoner Bombennächte einen Krankenwagen. Ewan wird im Anschluß an seine Geheimdienstausbildung in Ostafrika stationiert, gründet in Nairobi einen Kunstverein und veranstaltet Kunstausstellungen.

Im Frühjahr 1946 ist er Direktor der Hafenpolizei auf der Insel Mauritius im Indischen Ozean, als ihn ein Telegramm seines Doktorvaters Anthony Blunt erreicht mit der Frage, ob er bereit sei, unter der Leitung seines ehemaligen Tutors Christopher Norris im Kunstschutz in Deutschland zu arbeiten.

Bereits im September 1946 übernimmt Phillips von George Willmot das Hamburger Regionalbüro, bezieht mit Frau und zwei kleinen Kindern eine Beletage im großbürgerlichen Villenviertel Harvestehude. Der ganz von den Bomben verschonte Stadtteil am linken Alsterufer ist für die Beamten der englischen Militärverwaltung reserviert. Die Häuser sind geräumig und vor allem geheizt. Wie während der Vorkriegszeit in London, öffnet Ewan Phillips auch hier seine Privaträume der bedürftigen Künstlerschaft. Unter der Überschrift „Heilwigstraße 33" berichtet die englische Zeitschrift Picture Post am 7. Februar 1948:

> „Phillips' offizielle Aufgabe besteht darin, während des Krieges verlorengegangene, gestohlene oder beschädigte Kunstwerke aufzuspüren, zu identifizieren und wiederherzustellen. Aber er sieht seine Aufgabe ebenso in der Ermutigung lebender Künstler... Ihm war klar, daß viele von ihnen ausgebombt waren und in der zerstörten Stadt nirgends eine Arbeitsmöglichkeit fanden. Als erste begegneten ihm der Maler Arnold Fiedler und der Geiger Bernhard Hamann, und nicht lange darauf verwandelten sich die beiden schönsten Zimmer seiner Wohnung in eine Kunstakademie und in einen Probenraum."[206]

Ehefrau Betty sorgt für Gastlichkeit (die Alkoholrationen für britische Offiziere sind mehr als reichlich!), ab und zu gibt es etwas Obst. Einmal wöchentlich erteilt der Maler Arnold Fiedler Unterricht im Aktzeichnen, sporadisch werden Diskussionsabende veranstaltet. Unter den Teilnehmern sind die Maler Ivo Hauptmann, Johannes Ufer, Martin Irwahn, Kurt Bauer, John Crétien, Wolfgang Siebelist, Herbert Spangenberg und der Bildhauer Edwin Scharff, der Schriftsteller Rolf Italiaander und der Kunstkritiker Hanns Theodor Flemming.[207] Auch eine Freundin aus dem Kreis der Londoner Exilkünstler, Gräfin Tisa von der Schulenburg, ist dabei. Kurz vor Kriegsausbruch hatten ihr die englischen Behörden nach dem Staatsbegräbnis ihres Vaters in Deutschland die Wiedereinreise verweigert. Jetzt lebt sie als Wohlfahrtshelferin in einem Wohnwagen am Stadtrand von Hamburg.*[208]

Bei den Gesprächsabenden im Hause Phillips werden Themen erörtert wie „Die politische Zukunft Deutschlands“ oder „Die Rolle der Kunst in einer sozialistischen Friedensordnung“, und wohlwollende Kritiker erinnen sich mit Schmunzeln an eine Note von Salonkommunismus.[209]

In der Vorweihnachtszeit 1947 lädt Phillips zu einem offenen Abend, wie ihn seine Eltern bis zum Kriegsausbruch alljährlich in der Villa in Hampstead veranstaltet hatten. Das in der Heilwigstraße neu konstituierte Hamann-Quartett besorgt den musikalischen Teil mit Barockmusik.[210]

Doch Phillips' Herz schlägt im Grunde für die Avantgarde. Deutschland, die Wiege des Expressionismus und der abstrakten Malerei, hatte seine Künstler vertrieben, ihre Werke versteckt, vernichtet oder verramscht und zehn Jahre im Schatten einer staatlich verordneten Blut- und Bodenrenaissance verdämmert. Kaum in Hamburg angekommen, zeigt Ewan Phillips in der Galerie „Junge Kunst“ Reproduktionen der „Shelter drawings“ von Henry Moore: auf engstem Raum zusammengedrängte Menschen, die in Bunkern und U-Bahnschächten Zuflucht suchen vor den Bombergeschwadern am Himmel – eine Erfahrung, die Engländern und Deutschen gemein ist und sinnfälliger Ausdruck dafür, daß Kriege nie gewonnen, sondern immer nur verloren werden (Winston Churchill).

In die Amtsperiode von Ewan Phillips fällt auch die Rückführung der deutschen Kirchenglocken und das unrühmliche „Massaker“ unter den Bronzestatuen im Hamburger Hafen, an das sich im nachhinein keiner mehr erinnern mag.

Kriegstribunal im Hamburger Hafen

Viele der aus dem besetzten Europa zur Verhüttung zusammengekarrten Bronzemonumente werden von mutigen Betriebsangehö-

* Keiner ihrer vier Brüder hat den Krieg überlebt. Fritz von der Schulenburg wurde als Mitverschwörer des Attentats vom 20. Juli gehängt. Als ihr die britischen Behörden nach dem Krieg erneut die Einreise verweigern – diesmal wegen angeblicher kommunistischer Umtriebe – konvertiert sie zum Katholizismus und zieht sich in ein Kloster zurück. Ihre Autobiographie ist 1981 unter dem Titel „Ich hab's gewagt“ erschienen.

Europäische Geschichte – am Abstellgleis im Hamburger Hafen

rigen der Zinnwerke Wilhelmsburg und der Norddeutschen Affinerie in Schuppen auf abgelegenen Teilen des Werksgeländes versteckt und haben dort unbeschadet den Krieg überstanden.[211] Im Winter 1947 werden sie von der Restitutionsabteilung der britischen Militärregierung registriert, fotografiert und entlang der Bahngleise aufgestellt. Nach dem gleichen Verfahren, das auch im *Collecting Point* München angewandt wurde, können die nationalen Rückführungsbeauftragten hier die aus ihren Ländern stammenden Stücke identifizieren. Einige französische und zahlreiche polnische Denkmäler können an ihren Standort zurückkehren – darunter die Liegefiguren vom Sockel des Kościuszko-Denkmals vor den Krakauer Tuchhallen.

Über das Schicksal der verbleibenden deutschen Denkmäler befindet ein Kriegstribunal unter der Verantwortung der Kunstschutzabteilung. Angeklagt ist die Tradition des deutschen Militarismus. Worin dieser nach Auffassung der Engländer besteht, das hatte Churchill schon am 2. November 1943 in Teheran Stalin und Roosevelt zu erklären versucht:[212]

> „Preußen ist, das möchte ich betonen, die Wurzel allen Übels in Deutschland ... die Süddeutschen werden keinen neuen Krieg anzetteln."

So landet das ganze Haus der Hohenzollern: preußische Könige, Kaiser Wilhelm I. und II. sowie Bismarck und seine Generäle noch Anfang 1948 im Schmelzofen. Die bayrischen Fürsten dagegen werden begnadigt. Augsburg und München erhalten eine ganze Fuhre mit Statuen des Prinzregenten Luitpold zurück. Ebenfalls zurück gehen zwei Kopien des Braunschweiger Burglöwen, die an der Auffahrt zur Goslarer Kaiserpfalz ihren Platz haben. Da die Firmen die Statuen entsprechend ihres Buntmetallgehaltes bezahlen mußten, hatte man den Tieren zur Materialanalyse die Schweife abgeschlagen. 1949 kehren sie, wieder zurechtgeflickt, nach Goslar zurück. Noch 1982 restituiert die Norddeutsche Affinerie zwölf je 40 Kilogramm schwere Bronzefiguren vom Radleuchter des Deutschen Reichstages an Berlin.

Anfang 1947 gibt die Militärregierung auch die deutschen Kirchenglocken zur Rückführung frei. Vorbereitung und Abwicklung werden einem unter kirchlicher Leitung stehenden „Ausschuß zur Rückführung der Glocken“ übertragen. Die beiden Glockenforscherinnen Imme Rotthauwe und Sigrid Thurm entschlüsseln die abgestoßenen grünen Leitzahlen, schreiben aus dem „Glockenbüro“ an den Landungsbrücken die Gemeinden an und stellen die Ladungen für die Binnenlandverschiffung zusammen. Am 30. April 1947 verläßt die erste Schute mit 242 bayrischen Glocken den Hamburger Hafen.

Während der folgenden Monate steuert alle zehn bis vierzehn Tage ein voll beladenes Glockenschiff einen der in ganz Deutschland vorbereiteten Empfangsplätze an. Der Weitertransport erfolgt mit Bahn, Lastkraft- oder Pferdewagen. Zuerst wird nur die Rückführung in die amerikanische und in die britische Besatzungszone genehmigt, von Herbst 1947 an auch in die französische und ab Februar 1948 in die russische Zone. Übrig bleiben die etwa 1300 Glocken aus Schlesien und Pommern, deren Abgabe an Polen die britische Militärregierung im Zeichen eines sich verschärfenden Ost-West-Klimas untersagt. Im September werden sie westdeutschen Kirchengemeinden als „Patenglocken“ zur Verfügung gestellt, wobei streng darauf geachtet wird, die „Konfession“ der Glocken zu wahren. Eine Rückgabe steht bis heute aus.

Am Rande des Geschehens gelingt dem Ausschuß zur Rückführung der Glocken ein Schelmenstück. Im Zeichen von Indu-

16.

Kriegstribunal auf dem Hüttenhof. Im Winter 1947/48 wird über die Kriegsschuld historischer Persönlichkeit befunden: Bismarck wird zur Einschmelzung verurteilt; Fürst von Schwarzburg (Denkmal aus Thüringen) darf erhalten bleiben; Kaiser Wilhelm I. kommt als Repräsentant des deutschen Militarismus in den Schmelzofen; Fürst Poniatowski kehrt 1949 nach Polen zurück (von links)

striedemontage und Materialbeschlagnahme gilt es, den noch nicht verhütteten Glockenschrott britischer Aufmerksamkeit zu entziehen. Unter der Hand werden 150 Tonnen Glockentrümmer auf einen Lagerplatz in Braunschweig verschoben, überstehen dort die kritischen Jahre und werden 1950 wieder dem Glockenguß zugeführt. Die Befürchtung, Kirchengemeinden könnten in der Zeit der Armut auf Billigmetall zurückgreifen und fortan mit einem stumpfen Scheppern zum Gottesdienst rufen, bewahrheitet sich vorerst nicht. Die Sterilisierung des Glockenklangs bleibt den elektrischen Läutemaschinen der sechziger und siebziger Jahre vorbehalten, die das Geläut ihrem hektischen Zeittakt unterwerfen.

Auch die wissenschaftliche Bearbeitung der Glocken wird nach Kriegsende fortgesetzt. Aus Kanada kommt der „Campanologe“ Percival Price, und mit Unterstützung der Stadt Hamburg kann 1946 auch der Physiker Thienhaus seine Klanguntersuchungen wieder aufnehmen. Die Glockenforscherinnen Thurm und Rotthauwe führen ihre Arbeit nach Abschluß der Glockenrückführung 1950 unter der Schirmherrschaft des neuen Hamburger Landeskonservators Günther Grundmann weiter.

Ziel ist die Erstellung eines Gesamtdeutschen Glockenatlas.[213] Für Siegrid Thurm wird die Glockenforschung zur Lebensaufgabe. Beginnend mit Württemberg, besteigt sie von 1951 an die Kirchtürme deutscher Landstriche, um auch noch die dort verbliebenen D-Glocken kunsthistorisch zu erfassen. Das Deutsche Glockenarchiv wird seit 1966 im Germanischen Nationalmuseum Nürnberg verwahrt.

Quellennachweis*

1. Aus einem Brief Stendhals vom 10. 2. 1807 an den Bibliotheksdirektor Ernst Theodor Langer, Zitiert nach: Wolfgang Milde: *Stendhal in Wolfenbüttel – Kriegskommissar und Bibliotheksbenutzer,* in: Wolfenbüttler Beiträge, Heft 5, 1983
2. Cecil Gould: *Trophy of Conquest. The Musée Napoléon and the Creation of the Louvre,* London 1965, S. 94. Das Buch ist durch die Tätigkeit des Autors als Kunstschutzoffizier 1945/46 im besetzten Deutschland inspiriert worden
3. „2. Bericht auf Erlaß des Herrn Reichsminister und Chefs der Reichskanzlei ... vom 19. August 1940 und auf Erlaß des Reichsministers für Volksaufklärung und Propaganda ... vom 20. August 1940. Betr. Kunstwerke und geschichtlich bedeutsame Gegenstände, die seit 1500 ohne unseren Willen oder auf Grund zweifelhafter Rechtsgeschäfte in ausländischen Besitz gelangt sind". Unterbreitet von Prof. Otto Kümmel, Generaldirektor der Staatlichen Museen Berlin, abgeschlossen den 31. Dezember 1940. Verlagerungsarchiv Berlin. Ein erster Bericht wurde schon vor Kriegsausbruch begonnen und am 18. 9. 1940 vorgelegt. Im Dezember 1941 wird die sogenannte „Rückführung deutschen Kultureigentums" aus organisatorischen Gründen auf die Nachkriegszeit vertagt
4. Hildegard Brenner: *Die Kunstpolitik des Nationalsozialismus,* Reinbek 1963, S. 131 ff.
5. Hellmut Lehmann-Haupt: Cultural Looting of the Ahnenerbe, Report prepared by Monuments, Fine Arts and Archives Section, OMGUS, Berlin, March 1, 1948. Unveröffentlicht, Archiv Friemuth. Außerdem von dem selben Autor: *Art under a Dictatorship,* Oxford 1954, S. 144 ff.
6. Paul Clemen: *Kunstschutz im Kriege,* 2 Bände, Leipzig 1919
7. Hildegard Brenner, a. a. O, Vergl. Anm. 4
8. Janet Flanner: *Men and Monuments,* London 1957, S. 252 ff.
9. Zum deutschen Vorgehen in der Sowjetunion vergl. ebenfalls Hildegard Brenner, a. a. O., S. 255 ff.
10. Zum Schicksal des Bernsteinzimmers vergl. Paul Enke: *Bernsteinzimmer-Report,* Berlin (Ost) 1986

*„Verlagerungsarchiv Berlin" bezeichnet die von Dr. Klaus Goldmann angelegte Dokumentensammlung in der Generalverwaltung der Staatlichen Museen Preußischer Kulturbesitz, Berlin (West).

11. Zum deutschen Vorgehen in Frankreich siehe neben den bereits zitierten Publikationen von Hildegard Brenner (Anm. 4) und Janet Flanner (Anm. 8) vor allem
   - James Plaut: Consolidated Interrogation Report No. I: Einsatzstab Reichsleiter Rosenberg, vorgelegt am 15.8.1945. Unveröffentlicht. Archiv Friemuth
   - James Plaut: Loot for the Master Race, in: Atlantic Monthly, New York, September 1946
   - Matila Simon: *The Battle of the Louvre,* London 1971
12. Wilhelm Treue: Bargatzkybericht, in: Vierteljahresheft für Zeitgeschichte, Band 13, Jahrgang 1965, Heft Nr. 3
13. Laut Schreiben des Oberkommandos des Heeres an den Militärbefehlshaber von Paris (von Bockelberg) vom 30.6.1940. Abgedruckt bei Hildegard Brenner, a.a.O., Anm. 4, S. 218
14. Zitiert nach Hildegard Brenner, a.a.O., Anm. 4, S. 145
15. Führererlaß vom 1.3.1942, abgedruckt bei Hildegard Brenner, a.a.O., Anm. 4, S. 220
16. Schreiben des Oberkommandos der Wehrmacht an den Oberbefehlshaber des Heeres vom 17.9.1940, abgedruckt bei Hildegard Brenner, a.a.O., Anm. 4, S. 221
17. Führererlaß vom 1.3.1942, abgedruckt bei Hildegard Brenner, a.a.O., Anm. 4, S. 220
18. Law, Ethics and the Visual Arts. Standford University Publication, 1981, S. 51
19. Stellungsnahme des E.R.R. zum Einspruch der französischen Regierung vom 25. Juli 1941 gegen die Beschlagnahme von Kunstschätzen aus jüdischem Besitz, abgedruckt bei Hildegard Brenner, a.a.O., Anm. 4, S. 222
20. Abgedruckt bei Hildegard Brenner, a.a.O., Anm. 4, S. 149
21. Walter Bargatzky: *Hotel Majestic,* Freiburg 1987, S. 75
22. Janet Flanner, a.a.O., S. 270
23. Jim Plaut, a.a.O., S. 59
24. Zu Hitlers Linzsammlung vergl.
   - Davin Roxan/Ken Wanstall: *The Jackdaw of Linz,* London 1964
   - Karl-Heinz Janßen: Sonderauftrag Linz, Zeit-Dossier vom 2. Januar 1987
   - Lane Faison: Consolidated Interrogation Report No. 4 vom 15.12.1945: The Linz Collection. Archiv Friemuth
25. Abgedruckt bei Hildegard Brenner, a.a.O., S. 159
26. Zur M-Aktion vergl. Law, Ethics and the Visual Arts, a.a.O., S. 51
27. Zwanzigseitige, geographisch gegliederte Liste, vorgelegt vom Sonderreferat VLR Krümmer, Auswärtiges Amt, Berlin den 26.2.1941. Archiv Friemuth
28. Joachim C. Fest: *Hitler,* Berlin 1977, S. 1011
29. Zum Ankauf italienischer Kunstwerke durch Hitler und Göring vergl. Karl-Heinz Janßen: Sonderauftrag Linz, Zeit-Dossier vom 2. Januar 1987
30. Zum deutschen Kunstschutz in Italien vergl. Douglas Cooper/Ernest T. De Wald: Report on the German Kunstschutz (MFA & A Branch) in Italy between 1943 and 1945, vorgelegt am 30. Juni 1945. Unveröffentlicht. Archiv Friemuth
31. Zur Evakuierung der Kunstwerke aus dem Kloster Montecassino vergl.:

Report of the American Commission for the Protection and Salvage of Artistic and Historic Monuments in War Areas, Washington D. C. 1946, S. 74 ff.

32. Zum Exodus Florentiner Museumsguts in die Alpen vergleiche neben Douglas Cooper (Anm. 30) und dem American Commission Report (Anm. 31) Frederick Hartt: *Florentine Art under Fire,* Princeton, New Jersey, 1949

33. Vergl. Douglas Cooper: Report on the German Kunstschutz, a. a. O., Anm. 30, S. 17

34. Zur Auslagerungsgeschichte der Berliner Museen:
  - Irene Kühnel-Kunze: *Bergung–Evakuierung–Rückführung. Die Berliner Museen in den Jahren 1939 bis 1959,* Berlin 1984
  - Klaus Goldmann: Berliner Kulturschätze – unterwegs. In: *Die Reise nach Berlin,* Berlin 1987
  - Klaus Goldmann: Operation Sonnenuntergang – operation sunrise, in: Museum Journal Nr. 1, August 1987

35. Günther Grundmann: Tagebuch vom 19. Januar 1945 bis zum 20. Februar 1947 über die Bergung schlesischen Kulturguts. Unveröffentlicht. Archiv Friemuth

36. Zur Auslagerung der Sammlung Linz in Alt Aussee vergl. Hildegard Brenner, a. a. O., Anm. 25, S. 161

37. Zur Evakuierung der Göringsammlung vergl. Theodor Rousseau: Consolidated Interrogation Report No. II: The Goering Collection, vorgelegt am 15. 9. 1945. Unveröffentlicht, Archiv Friemuth

38. Bradley F. Smith/Elena Agarossi: *Unternehmen Sonnenaufgang – das Kriegsende in Italien,* Berlin 1981

39. Originalzitat: „one two April Admiral Doenitz was in Bern for two four hours". Quelle: Incom. Cable 20. 4. 1945 OSS. National Archives Washington D. C., RG 266, Entry 121, Box 136 In-Out Annemasse. (Diesen Hinweis verdankt der Verfasser Klaus Goldmann, Berlin)

40. Gerhard Wagner (Hg.): *Lagevorträge des Oberbefehlshabers der Kriegsmarine vor Hitler 1939–1949,* München 1971, S, 696 ff.

41. Joachim C. Fest: a. a. O., S. 1018

42. Über Vorbereitung und Vereitelung der Sprengung des Depots von Alt Aussee: Katharina Hammer: *Glanz im Dunkel, Die Bergung von Kunstschätzen im Salzkammergut am Ende des II. Weltkriegs,* Wien 1986, S. 128 ff.

43. Sir Leonard Woolley: *The Protection of the Treasures of Art and History in War Areas,* London 1947, S. 7. Vollständiges Zitat: „The Commission of American art experts in Italy are not historians acting for the sake of science and from an unselfish love of art, but are mostly Jewish buyers of the big New York and London art firms."

43a. Zur Gründungsphase des Kriegskunstschutzes in den USA vergl.: Report of the American Commission for the Protection and Salvage of Artistic and Historic Monuments in War Areas, Washington D. C., 1946

44. ebd., S. 1

45. American Defense – Harvard Group Lists: European Lists of Monuments, National Archives, Washington D. C., RG. 239, Verlagerungsarchiv Berlin

46. Report of the American Commission, a. a. O., Anm. 43A, S. 51

47. Sir Leonard Woolley, a. a. O., Anm. 43, S. 21

48. ebd. S. 28
49. Zur Gründungsphase des alliierten Kriegskunstschutzes für Nordwest-Europa vergl.: Report of the American Commission ..., a. a. O. Anm. 43a, S. 94 ff.
49a. Sir Leonard Woolley, a. a. O., Anm. 43, S. 44
50. ebd. S. 45 ff.
51. Janet Flanner, a. a. O., S. 288
52. James Rorimer/Gilbert Rabin: *Survival, the Salvage and Protection of Art in War,* New York 1950, S. 8
53. Report of the American Commission, a. a. O., Anm. 43A, S. 105
54. Rose Valland: *Front de l'Art,* Paris 1954
55. James Rorimer/Gilbert Rabin: a. a. O., Anm. 53, S. 102 ff.
56. Report of the American Commission, a. a. O., Anm. 43A, S. 38 ff.
57. Dem Verfasser sind bekannt:
    - White List of German Personnel, December 1944 (MFA & A, British Element)
    - List of 2 May 1945 by Paul J. Sachs and Associates, US-Element
    - Appendix to the British White List of Dec. 44 and the list supplied by Paul J. Sachs and Associates, 11 May 1945" (US). Sämtlich Verlagerungsarchiv Berlin
58. Supreme Headquarters Allied Expeditionary Forces, G–5 Div.: Fourth Edition of Repositories of Works of Art in Germany, June 1945, (47 Seiten stark). National Archives of the USA, R. G. 239, Box 63
59. Report on Sq./Ldr. Coopers Visit to Switzerland, March 22, 1945 (10 Seiten). National Archives of the USA, RG 239, Box 37. Außerdem: Douglas Cooper/Ernest De Wald, a. a. O., Anm. 30
60. James Rorimer/Gilbert Rabin, a. a. O., Anm. 49, S. 187–189
61. Lane Faison: Memories of ORION, Vorlesung, gehalten am 21. Januar 1986 am Williams College, Williamstown/Massachusetts. Unveröffentlichtes Manuskript. Archiv Friemuth
62. Sechzehnseitiger Bericht über Geschichte und Aufgaben der Art Looting Investigation Unit, National Archives, Washington D. C., Verlagerungsarchiv Berlin
63. Trial of the Major War Criminals before the International Military Tribunal, Nuremberg 14 Nov. 45–1 Oct. 46, Nuremberg 1949, S. 77–90
64. Felix Harbord: *Erlebnisse als Kunstschutzoffizier im besetzten Deutschland.* Unveröffentlichtes Manuskript. Archiv Friemuth
65. Ausspruch von Ellis Waterhouse, festgehalten im Tagebuch des Rollo Charles am 8. 8. 1945
66. Michael J. Kurtz: *Nazi Contraband: American Policy on the Return of European Cultural Treasures, 1945–1955,* insbesonders S. 103–140
67. Zur Operation GOLDCUP:
    - Sir Ivor Pink: Operation GOLDCUP, narrative of the Expedition in April/May 1945 to rescue the Archives of the German Ministry of Foreign Affairs. Undatierter maschinenschriftlicher Text aus dem Nachlaß des Autors. Archiv Friemuth
    - Befehl des Supreme Headquarter Allied Expeditionary Forces (SHAEF) G–5 Operations/751 „by Command of General Eisenhower" vom 25. Sept. 1944. Public Record Office, London, FO 1050/1407
    - Michael C. Ross/Mason Hammond: Bericht vom 30. Mai 1945 „prelimi-

nary report of the Advanced Ministerial Control (GOLDCUP) team dispatched for the Reichsarchiv (Target I–20), the Preußische Geheime Staatsarchiv (Target I–21) and the Reichsgerichtsarchiv (Target I–56) parts of all of which have been uncovered at Schönebeck", verteilt von: Headquarters, Ninth US Army, Target Visitor's Bureau, Braunschweig, 28. May 1945, SECRET. (Verlagerungsarchiv Berlin)

68. Brief vom 15. 9. 1945 an Bryan L. Milburn, Brigadier General, GSC, Chief of Staff, to Director of Intelligence. National Archives, Washington D. C., Verlagerungsarchiv Berlin
69. „Summary Report by City" – Nebeneinanderstellung russischer Vorwürfe und eigener amerikanischer Informationen über amerikanische Entnahmen von Gegenständen aus 34 Depots in der späteren Sowjetzone. Harry S. Truman Library, Kansas. (Diesen Hinweis verdanke ich Christina Ismael, Hamburg)
70. Zur Einnahme von E. R. R.-Depots vergl.: James Rorimer/Gilbert Rabin, a. a. O., Anm. 49, S. 159 ff.
71. Zur Einnahme von Alt Aussee vergl.: Katharina Hammer, a. a. O., Anm. 42, S. 167
72. Zur Einnahme von Görings Depots in Berchtesgaden vergl.: James Rorimer/Gilbert Rabin, a. a. O., Anm. 49, S. 194 ff.
73. Thomas Carr Howe: *Salt Mines and Castles, The Discovery and Restitution of looted European Art,* Indianapolis & New York, 1946
74. Über die Geschichte des Collecting Point München vergl.: Craig Hugh Smyth: Repatriation of Art from the Collecting Point Munich after World War II, Lecture in Memory of Horst Gerson, Groningen University, Den Haag 1988
75. ebd.
76. Zur „token restitution" des Jahres 1945 vergl. Report of the American Commission, a. a. O. (Anm. 43A), S. 149 ff.
77. Andrew Decker: A Promise of Justice, in: Art News No. 91, March 1985
78. Walter Farmer: Wiesbaden Collecting Point 13 July 1945–5 March 1946. Elfseitiger Arbeitsbericht aus dem Jahre 1946. Unveröffentlicht. Archiv Friemuth
79. Walter Farmer: Auszüge aus Briefen an seine Frau 1945/1946. Typoskript, Archiv Friemuth
80. Irene Kühnel-Kunze, a. a. O., (Anm. 43A), S. 97
81. James Rorimer/Gilbert Rabin, a. a. O., (Anm. 52), S. 154
82. Zum Ausschluß von Kirchenschätzen aus der Restitutionsmasse: Michael J. Kurtz, a. a. O., (Anm. 66), S. 91, außerdem: State War Navy Coordinating Committee: Restitution of Articles of Cultural Value (undatiert, aber sicher vor dem 9. 5. 1945), Verlagerungsarchiv Berlin
83. Brief des Bergamtes Braunschweig (damals ausgelagert nach Wolfenbüttel) vom 27. August 1945 an das Oberbergamt Clausthal-Zellerfeld, unterzeichnet Goehlich. Verlagerungsarchiv Berlin
84. Telegramm vom 14. 4. 1945, 3 Uhr, Ninth US Army to 30 Div. Verlagerungsarchiv Berlin
85. Telgramm vom 14. 5. 1945, 11:20 Uhr, Ninth US Army to Sgt. Young. Verlagerungsarchiv Berlin
86. Telegramm vom 14. 5. 1945, CG 35th Div. to CG XIX Corps. Verlagerungsarchiv Berlin

87. History of the C. I. C:, National Archives of the USA, Vol. XX, unveröffentlicht, S. 70/71
88. Michael C. Ross/Mason Hammond: Bericht vom 30. Mai 1945, a. a. O. (Anm. 67)
89. s. auch Gutachten von Restaurator Fritz Herzig vom 3. Juli 1947 über den Zustand der Bilder: „Auf dem größten Teil der Gemälde lagerte eine starke Rauch- und Rußschicht. Diese Schicht war mehr oder weniger mit Salz durchsetzt und überkrustet. Bei etwa einem Drittel der Bilder so stark, daß die Bildfläche undurchsichtig war und einem groben Sandpapier ähnelte. Bei mehreren Bildern hatte die große Hitze in Verbindung mit der Salzschicht zu starker dachförmiger oder schüsselförmiger Erhebung der Farbschicht geführt... Durch unvorsichtigen, vermutlich überhasteten Transport war ein Teil der Gemälde mehrmals durchstoßen."
90. s. auch Bericht von Dr. Karl Meyer, Staatsarchiv Wolfenbüttel, vom 26. 11. 1945: „Unversehrt von Durchsuchungen ist kein Bestand geblieben. Soweit es sich um einheitliche Kisten handelt, haben die Plünderer Stichproben gemacht, dagegen sind alle jene Kisten, die ein Sonderformat haben, sämtlich aufgebrochen und bis auf den Grund durchwühlt. Der Inhalt lag zum großen Teil daneben."
91. Headquarter Ninth US Army – After Action Report, G–5 Section, 16–30 April, vom 4. Mai 1945. Verlagerungsarchiv Berlin
92. Quittung vom 14. Mai 1945. Verlagerungsarchiv Berlin
93. Michael C. Ross/Mason Hammond: Bericht vom 30. Mai 1945, a. a. O., Anm. 67
94. Bericht des Grubeninspektors Friedrich Krüger vom 18. 6. 1945 über das am selben Tag gegen 12:30 Uhr ausgebrochene Feuer in Abbau 8 der 430 Meter-Sohle. Archiv Dr. Seeleke
95. Brief vom 17. 8. 1945 von Robert Lonsdale Charles an Lieutnant Lamont Moore. National Military Archives, Suitland, Mariland, RG 260, Box 10 (uninventarisiert)
96. Brief J. F. Nicholls, MFA & A Headquarters Bünde, vom 24. 3. 1949 an Prof. Robert Schmidt, Leiter des Fine Arts Repository Schloß Celle, Geheimes Staatsarchiv Preußischer Kulturbesitz, Rep. Kunstgutlager Celle. Diese Darstellung Nicholls' wird von Dr. Kurt Seeleke – auch mit Hinweis auf das Charles-Tagebuch – energisch bestritten.
97. Brief des Oberbergamtes Clausthal-Zellerfeld von 27. 8. 1945. Oberbergamt Clausthal-Zellerfeld
98. Bericht Paul Ortwin Rave vom 10. 2. 1950, Geheimes Staatsarchiv Preußischer Kulturbesitz, Archiv Kühnel-Kunze
99. Verfügung vom 19. 9. 1944 des Generaldirektors der Berliner Museen, Otto Kümmel, und anschließende Personalregelungen vom 24. 11. 44, 20. 12. 44, und 24. 2. 1945. Verlagerungsarchiv Berlin
100. Bericht Bergungsleiter Prof. Carl Weickert vom 15. 10. 1945. Verlagerungsarchiv Berlin
101. Inventar der in die Saline Grasleben ausgelagerten Bilder der Berliner Nationalgalerie vom 7. 4. 1945. Geheimes Staatsarchiv Preußischer Kulturbesitz, Archiv Kühnel-Kunze.
102. Bericht Paul Ortwin Rave vom 10. 2. 1950, a. a. O., (Anm. 98)
103. Bericht Bergungsleiter Prof. Carl Weickert vom 15. 10. 1945. Verlagerungsarchiv Berlin

104. Telefonische Auskunft gegenüber K. Goldmann, Berlin, am 2.4.1987
105. Inventarliste überliefert als Annex H des GOLDCUP-Berichts von Michael Ross und Mason Hammond vom 30. Mai 1945, a. a. O., (Anm. 67)
106. Auskunft Peter Edens gegenüber dem Verfasser am 21.6.1987 in Norwich
107. Bericht des Grubeninspektors Friedrich Krüger vom 18.6.1945 über das am selben Tag gegen 12:30 Uhr ausgebrochene Feuer in Abbau 8 der 430 Meter-Sohle. Archiv Dr. Seeleke
107a. Nach den Erinnerungen Kurt Seelekes lag nach der Ausplünderung der Filmkassetten achtlos fortgeworfenes Filmmaterial umher
108. Tagebucheintragung Kurt Seelekes vom 25.7.1945
109. In einem Vortrag vom 16.9.1960, gehalten vor dem deutschen Denkmalpflegerverband in Berlin. Archiv Dr. Seeleke
110. Bericht des Bergungsleiters Carl Weickert vom 15.10.1945. Verlagerungsarchiv Berlin
111. Christopher Norris: The Disaster at Flakturm Friedrichshain, a Chronicle and List of Paintings, in: The Burlington Magazine, No. 597, Vol. XCIV, December 1952
112. Weltschätze der Kunst – der Menschheit bewahrt. Katalog zur Ausstellung vom 13. März bis 23. Mai 1985 in Berlin (Ost), S. 29
113. Klaus Goldmann: Berliner Kulturschätze – unterwegs, in: Die Reise nach Berlin, Berlin 1987
113a. Klaus Goldmann: Operation Sonnenuntergang – operation sunrise, in: Museum Journal Nr. 1, August 1987
114. Michael J. Kurtz: a. a. O., S. 127
115. The British Secretary of State for Foreign Affairs (Bevin) to the Secretary of State, London September 17, 1945, in: US-Department of State: Foreign Relations of the U.S., Diplomatic Papers, 1945: The Conference of Berlin, Vol. 1, S. 949. Washington D. C. 1960
116. Thomas Carr Howe, a. a. O., S. 262
117. From 7th US Army to Office Mil. Govt. for Stadtkreis Wiesbaden. VVV 96. Archiv Friemuth
118. Thomas Carr Howe, a. a. O., (Anm. 116), S. 259 ff.
119. Walter Farmer: Auszüge aus Briefen an seine Frau 1945/1946, Typoskript, Archiv Friemuth
120. Veröffentlicht bei Thomas C. Howe, a. a. O., (Anm. 116), S. 274/275. Übersetzung vom Verfasser
121. Liste der Unterzeichner des Wiesbadener Manifests, angefertigt von Walter Farmer, Archiv Friemuth
122. Zum Rücktritt Sumner Mc Knight Crosbys: Robin W. Winks: *Cloak & Gown. Scholars in the Secret War, 1939–1961,* New York 1987, S. 49
123. Vergl. Foto des US-Signal Corps vom 12.4.1945. (Archiv Goldmann)
124. Walter Farmer: Auszüge aus Briefen an seine Frau 1945/46, Typoskript, Archiv Friemuth
125. Thomas C. Howe, a. a. O., (Anm. 116), S. 277 ff.
126. Charles L. Kuhn: German Paintings in the National Gallery: A Protest, in: College Art Journal 5 (January 1946), S. 78–81
127. Abgedruckt bei Thomas C. Howe, a. a. O., (Anm. 116), S. 305
128. Gesuch um Auslieferung der Nofretete-Büste: Telegram to the Department of State, Cairo, February 12, 1946, Reiceived 6.01 p. m., National

Archives, RG 239, Box 20, Archiv Friemuth
129. Brief von Lamont Moore an Huntington Cairns, Seretary, The Roberts Commission, March 7, 1946
130. OMGUS Economics Division: Memorandum to Major Gen. O. P. Echols, 8 Nov. 1945. Verlagerungsarchiv Berlin
131. Aktenvermerk der Control Commission for Germany (US-Group), vom 15. November 1945, unterzeichnet Gen. Echols. National Archives Washington. Verlagerungsarchiv Berlin
132. Brief Gen. Robertson an Gen. Clay vom 30. November 1945. Verlagerungsarchiv Berlin
133. Brief Gen. Clay an General Robertson vom 7. Dezember 1945. Verlagerungsarchiv Berlin
134. Office of Military Government, US-Zone, Economics Division, to the Chiefs of Staff, vom 14. 1. 46. Verlagerungsarchiv Berlin
135. Brief General Robertson an General Glay vom 28. 1. 1946. Verlagerungsarchiv Berlin
136. Brief General Clay an General Robertson vom 8. 2. 1946. Verlagerungsarchiv Berlin
137. Diensttagebuch des Kunstschutzhauptquartiers Bünde, Eintragung Anne Pophams vom 8. 3. 1946 (Archiv Friemuth)
138. ebd., Eintragung vom 19. 3. 1946
139. ebd., Eintragung vom 21. 5. 1946
140. Telegramm vom 24. Oktober 1948: WX-91043 to Dept. of Army from Clay: I do not concur with recommandation of EUCON on retention of Hohenzollern silver and recommend its prompt return. Mil. Govt. will hold it in Francfort as property of City of Berlin. It will be helpful publicity for us.“ Verlagerungsarchiv Berlin
141. Undatierter Zeitungsausschnitt: 171st Infantry Division liberated 7 tons of Royal German Silver on east bank of Elbe-River near Lenzen. It took possession of the silver under provision of the 79th article of war. The 79th article of war states: all public property taken from the enemy ist the property of the United States and shall be secured for the service of the U. S. Verlagerungsarchiv Berlin
142. Portsmouth Times (Portsmouth, Ohio) vom 3. März 1980: „Nazi Silverware Added To War Exhibit at Museum“. Zitiert nach Arnulf Herbst: Zur Geschichte des Wiesbadener Collecting Point, in: Kunst in Hessen und am Mittelrhein, Heft 25, Darmstadt 1985
143. Office of Mil. Govt. Germany (US). Outgoing Message to AGWAR for WARCAD. Info OMG for Greater Hessen for Trade and Commerce Branch from: OMGUS, signed Clay, Ref. No. CC-3924 „Available for Export is large Stamp Collection formerly owned by Reichspostministry. Collection consisting of 2 carloads assorted albums and cases, now under OMGUS-custody.... desired to market this collection in U. S., believe packing, shipping, pricing can be handled best through Library Congress in similar manner as book exports.“
144. Zur Rückkehr der Berliner Bilder: Irene Kühnel-Kunze: S. 111–118
145. Hearings before a subcommittee of the committee on armed services United States Senate, Eightieth Congress, Second Session on S. 2439 – A bill to provide for the temporary retention in the United States of Certain German Paintings, April 16, 1948, S. 67–69 (U. S. Printing Office, 1948)

146. Albert Neukirch: Die Anfänge des Kunstgutlagers Schloß Celle, Manuskript aus dem Jahre 1946, 1958 in die Maschine diktiert und dem Bomannmuseum übergeben. Archiv Dr. Seeleke
147. Felix Harbod: Erlebnisse als Kunstschutzoffizier im besetzten Deutschland 1945. Unveröffentlichtes Manuskript. Archiv Friemuth
148. Datum laut Tagebuch des Landeskonservators Dr. Kurt Seeleke. Archiv Dr. Seeleke
149. Nach Aussage Cecil Goulds vom 17. 9. 1988 gegenüber dem Verfasser. Das Datum des Besuchs auf der Marienburg wird belegt durch das Diensttagebuch des Britischen Kunstschutzes. Archiv Friemuth
150. Die Angaben über Inhalt und Abtransport des Schönebecker Depots entstammen einem undatierten, von Bergungsleiter Carl Weickert gezeichneten Dokument aus der Generalverwaltung der Stiftung Preußischer Kulturbesitz, überschrieben mit „Einlagerungen im Salzbergwerk Saline Schönebeck". Verlagerungsarchiv Berlin
151. „List of Contents of the Zonal Archives Repository Kaiserhaus Goslar", verbreitet vom Hauptquartier des Britischen Kunstschutzes, Bünde, den 9. September 1947. Verlagerungsarchiv Berlin
152. Irene Kühnel-Kunze, a. a. O., S. 28
153. Information aus dem Bericht des Bergungsleiters der Berliner Museen und Direktors der Antikenabteilung Prof. Carl Weickert, vom 15. 10. 1945 (Verlagerungsarchiv Berlin). Die 136 nach Schönebeck ausgelagerten Kisten der Antikenabteilung sind in einem Nummernverzeichnis über die Gesamtverlagerung dieser Abteilung aufgeführt (Archiv Dr. Seeleke), eine offensichtlich von Magazinverwalter H. Nicol am 6. 9. 1945, dem Tag ihres Abtransports nach Braunschweig, angefertigte Liste enthält nur noch 131 Kisten. Archiv Dr. Seeleke
154. Zur Nachkriegsgeschichte der Archive siehe: Kurt Forstreuter: Das Staatliche Archivlager in Göttingen, erschienen in: Zeitschrift für Ostforschung, Band 3, 1954
155. Albert Neukirch, a. a. O., Anm. 146
156. Über die Arbeit Felix Harbords als Innenarchitekt: John Cornforth: *The Inspiration of the Past, Country House Taste in the Twentieth Century,* London 1985
157. Nach Angaben der beiden ehemaligen Kunstschutzoffiziere William Gear und Peter Eden gegenüber dem Verfasser im Juni 1988
158. Die Schilderung der Flutkatastrophe nach Hans Goetting: Vor vierzig Jahren, Das Hauptstaatsarchiv Hannover und die Hochwasserkatastrophe vom 9.–11. Februar 1946, in: Niedersächsisches Jahrbuch für Landesgeschichte, Band 58, 1986
159. Zum Inventar des Kunstgutlagers: Lothar Pretzell: *Das Kunstgutlager Schloß Celle, 1945–1958.* Celle 1958, SS. 115–121
160. Lothar Pretzell, a. a. O., S. 33
161. Die auffällige Überplünderung der im Januar in Grasleben entdeckten Bestände von Antiquarium, Schloßmuseum und Kupferstichkabinett bezeugt der ehemals für die Provinz Hannover zuständige Kunstschutzoffizier Peter Eden am 21. 6. 1987 gegenüber dem Verfasser. Eden ist im Januar 1946 gemeinsam mit Rollo Charles in Grasleben gewesen
162. Nach Angaben Peter Edens gegenüber dem Verfasser im Juni 1988. Brief von J. F. Nicholls (MFA & HQ Land Niedersachsen) vom 24. 3. 1949 an

Prof. Robert Schmidt

163. H. L. Parry, PSO III. Special Enquiry Bureau, Public Safety Branch, HQ Land Niedersachsen: Enquiry on losses at Schloß Celle, 27. April 1948. In der Anlage die beeideten Aussagen der Zeugin von Heintze. Archiv Friemuth. Die Akten der deutschen Kriminalpolizei, die ebenfalls ermittelt hatte, wurden damals von den Briten beschlagnahmt. 1961–63, drei Jahre nach Verjährung des Tatbestandes, wird der Fall im Auftrag der Stiftung Preußischer Kulturbesitz durch Regierungsdirektor Noak noch ein weiteres Mal aufgerollt
164. Brief von J.F. Nicholls (MFA & A HQ Land Niedersachsen) vom 24. 3. 1949 an Prof. Robert Schmidt. Verlagerungsarchiv Berlin
165. Extract from „HANSARD" for 11th May, 1949, Verlagerungsarchiv Berlin
166. Irene Kühnel-Kunze, a. a. O., S. 107
167. ebd. S. 247 ff.
168. Daten für das Jahr 1946 aus: Josef Foschepoth/Rolf Steiniger (Hg.): *Die britische Deutschland- und Besatzungspolitik 1945–1949,* S. 20 ff.
169. Lord William Strang: Telegramm vom 20. Oktober 1946, zitiert nach Claus Scharf und Hans-Jürgen Schröder (Hg.): *Die Deutschlandpolitik Großbritanniens und die Britische Zone: 1945–1949,* Wiesbaden 1979, S. 35
170. Nach Informationen aus dem Nachruf von Margaret D. Whinney; in: Proceedings of the British Academy, Vol. LVII, 1971, Seiten 453–461
171. Nach Auskünften des im Sommer 1987 verstorbenen Christopher Norris, seiner Tochter Susan Hunting sowie Prof. Otto Lehmann-Brockhaus, Rom, der Norris während dessen Stationierung in Deutschland gut gekannt hatte
172 Sir Leonard Woolley, a. a. O., (Anm. 43), S. 21
173. Christopher Norris: The Disaster at Flakturm Friedrichshain; a Chronicle and List of Paintings, in: The Burlington Magazine, No. 597, Vol. XCIV, December 1952
174. Bericht Bergungsleiter Prof. Carl Weickert. Verlagerungsarchiv Berlin
175. Nach Auskünften von Lady Waterhouse, Oxford und dem Nachruf von Cecil Gould, in: Proceedings of the British Academy, Vol. LXXII (1986), Seiten 525–535
176. Die Tagebücher von Ellis Waterhouse werden als Teil seines Nachlasses im Getty Center for the History of Art and the Humanities in Santa Monica/Los Angeles aufbewahrt. Eine Mikrofilmkopie liegt im kunsthistorischen Institut der Universität Oxford vor
177. Eintragung Cecil Goulds im Tagebuch des Kunstschutzhauptquartiers Bünde vom 15. Februar 1946. Archiv Friemuth
178. Details nach Auskünften Sabine Gräfin Perpanchers gegenüber dem Verfasser (September/Oktober 1988)
179. Brief des Kunstschutzhauptquartiers Bünde vom 30. 11. 1949 an die Abteilung Property Control Nordrhein-Westfalen, bezüglich Restitution der 13 Möbelstücke aus Schloß Vinsebeck an ihren Eigentümer Graf Wolff Metternich. Das Schreiben endet vorwurfsvoll mit der Bemerkung: „Schloß Vinsebeck was known before the war as one of the most complete 18th century houses for decoration and furniture in Northern Germany. The antiqure furniture should never have been moved out"

180. Brief des Sekretariats von Ostenwalde an den Direktor der Abteilung „Maintenance", Lübbecke. In Kopie eingetroffen bei Christopher Norris im Kunstschutzhauptquartier Bünde am 17. 11. 1948
181. Liste der 16 Hamburger Bilder, versehen mit einem handschriftlichen Vermerk über ihre Ablieferung in Ostenwalde, vom 20. Oktober 1945
182. Bericht von T. E. Harris, Special Enquiry Bureau, Office of Public Safety, Zonal Executive Offices Bünde, vom 5. 3. 1949, §§ 15 und 23
183. Quittung unterzeichnet von Sir Sholto Douglas am 24. 8. 1946
184. Laut Brief des Kunstschutzhauptquartiers Bünde vom 24. 6. 1946 an das Kunstschutzregionalbüro Hamburg
185. Nach Auskünften Fritz Hertzigs gegenüber dem Verfasser (September 1988)
186. Brief des Kunstschutzhauptquartiers Bünde vom 30. 11. 1946 an das Sekretariat von Oberbefehlshaber Sholto Douglas
187. Brief des Sekretariats von Oberbefehlshaber Sholto Douglas an Anne Popham, Kunstschutzhauptquartier Bünde
188. s. Anm. 182
189. Brief des Kunstschutzhauptquartiers Bünde vom 25. 5. 1948 an das Kunstschutzregionalbüro Hamburg
190. Empfangsbestätigung der Hamburger Kunsthalle vom 9. 9. 1948, Unterzeichnet von Kustos Wolf Stubbe
191. Informationen über Rollo Charles von seiner Witwe Mrs. Joy Griffiths und nach dem hier vorgelegten Tagebuch
192. Nach den Tagebüchern und Interviews mit Dr. Kurt Seeleke, Braunschweig
193. Braunschweiger Gesetz- und Verordnungssammlung, Ausgegeben zu Braunschweig am 12. Februar 1945: Anordnung zum Schutze und zur Pflege von Kulturdenkmalen vom 19. Januar 1945. Archiv Dr. Seeleke
194. Brief des Braunsschweigischen Ministers für Volksbildung an das Oberbergamt Clausthal-Zellerfeld vom 11. 8. 1943. Oberbergamt Clausthal-Zellerfeld. Verlagerungsarchiv Berlin
195. Brief des Polizeipräsidenten vom 27. 2. 1945 an Dr. Seeleke, betreffend die Benutzung der obersten Stockwerke von LS-Bunkern. Archiv Seeleke
196. Zur strategischen Lage im Harz: Manfred Bornemann: *Die letzten Tage in der Festung Harz,* Clausthal-Zellerfeld 1977
197. Herzogin Viktoria Luise: *Ein Leben als Tochter des Kaisers,* Göttingen 1965
198. Die Ereignisse in Blankenburg: nach Tagebuchaufzeichnungen und Erinnerungen Kurt Seelekes. Von den Prinzen Georg Wilhelm und Welf Heinrich von Hannover gegengelesen
199. Daten aus:
   - Ausschuß für die Rückführung der Glocken (Hg.): *Das Schicksal der Deutschen Kirchenglocken,* Hannover 1952
   - Ludwig Veit: Das Deutsche Glockenarchiv im Germanischen Nationalmuseum Nürnberg 1965–1985, in: Lusus Camapanularum, Arbeitsheft 30 des Bayrischen Landesamtes für Denkmalpflege, München 1986 (Festschrift zum 80. Geburtstag von Sigrid Thurm)
200. Ernst Sauermann: Die Deutsche Glocke und ihr Schicksal im Krieg, in: Aus der Arbeit des Deutschen Glockenarchivs, Sonderdruck der

Zeitschrift „Deutsche Kunst und Denkmalpflege“, Heft I, 1952
201. Ausschuß für die Rückführung der Glocken (Hg.): a. a. O.
202. Eintragung Anne Pophams vom 11. März 1946 im Diensttagebuch des Kunstschutzhauptquartiers in Bünde, Archiv Friemuth
203. Brief Ascan Klée Goberts aus dem Februar 1947, Archiv Friemuth
204. Dr. Hans Bahn: Lebenserinnerungen 1933–1945, unveröffentlichtes Manuskript, Denkmalamt Hamburg
205. Nach Briefen und Auskünften Ewan Phillips' an den Verfasser
206. Picture Post vom 7. 2. 1948, S. 20
207. Besucherliste der Diskussionsveranstaltung am 1. September 1948. Archiv Friemuth
208. Tisa von der Schulenburg: *Ich hab's gewagt,* Freiburg 1981
209. Nach einer Äußerung Rolf Italiaanders gegenüber dem Verfasser im August 1988
210. Einladungsschreiben von Mr. und Mrs. Ewan Phillips, Dezember 1947, Archiv Friemuth
211. Nach Beiträgen K. Priors und Dr. Fabians in den Heften 5 (1972) und 45 (1982) von „NA-intern“, der Werkszeitschrift der Norddeutschen Affinerie Hamburg
212. Winston Churchill am 2. November 1943 gegenüber Roosvelt und Stalin in Teheran. Veröffentlicht in: Konferenzdokumente der Sowjetunion: Die Teheraner Konferenz 1943, Köln 1986, S. 136/137
213. Vom Deutschen Glockenatlas sind bislang in der Bearbeitung von Sigrid Thurm erschienen: die Bände *Württemberg-Hohenzollern* (1959), *Bayrisch-Schwaben* (1967), *Mittelfranken* (1973) sowie *Baden* (1985), jeweils im Deutschen Kunstverlag München

Register Teil I, II und IV

Personenregister

Abetz, Otto (dt. Botschafter in Paris) 22
Ames, Margaret 47
Anastos, Milton von 47
Antal, Friedrich (Kunsthistoriker) 143
Anti, Carlo 35
Anton Ulrich (Herzog von Braunschweig) 164
Arensbeg, Valery von 63
Attlee, Clement (brit. Premierminister) 141
August (Herzog von Braunschweig) 164
August (Direktor des Herzog Anton Ulrich-Museums) 166

Bahn, Hans (Landeskonservator von Hamburg) 309
Baillie-Reynolds, P. K. (amerik. Captain) 49, 52
Balden, Theo (Bildhauer) 310
Balfour, Ronald 53 f., 61
Barbier 15
Bargatzky, Walter (Leiter der Gruppe Justiz in der Pariser Militärverwaltung) 21
Bauer, Kurt (Maler) 311
Bauer, Rose 60
Behr, Kurt Baron von 58, 60
Benedikt von Nursia (Heiliger) 33
Benesch, Eva 47
Benesch, Otto 47
Berenson, Bernhard (amerik. Kunstwissenschaftler) 34
Bernstein (frz. Bankier) 20
Bevin, Ernest 93, 103 f.
Bing, Gertrud (Kunsthistorikerin) 144
Bing, Hildegard (Kunsthistorikerin) 143
Birkmeyer, Karl 117
Bismarck, Otto von (dt. Reichskanzler) 314
Blunt, Anthony (Kurator der kgl. Sammlung in Windsor) 123, 144, 311 f.
Bode, Wilhelm von (Kunsthistoriker) 33
Böcklin, Arnold (Schweiz. Maler) 26
Böker, Alexander (dt. Diplomat) 116 f.
Bonnard, Pierre (frz. Maler) 26

Borchardt, Ludwig (dt. Ägyptologe) 110
Bormann, Martin (nationalsoz. Politiker) 35
Bornheim, Walter 60
Bottai, Giuseppe (italien. Politiker) 32
Botticelli, Sandro (italien. Maler) 31
Bourbon-Parma, Graf 34
Bouts, Dieric (fläm. Maler) 16
Bradley, Omar (amerik. General) 53
Brueghel, Pieter d. Ä. (niederl. Maler) 33
Buchner, Ernst 60
Bunjes, Hermann 58, 60, 71
Bute, Lord 63
Byrnes, James (amerik. Politiker) 93, 103

Canaletto (d. i. Antonio Canal) (italien. Maler) 19, 40, 75, 158
Carter, Jimmy (amerik. Präsident) 81
Cézanne, Paul (frz. Maler) 25 f.
Charles, Robert Lonsdale (Rollo) 83, 90, 92, 95, 99 f., 125, 132 f., 135 ff., 147, 158, 163 ff., 175, 293, 295, 297 f., 301
Christian, Prinz von Blankenburg 170
Churchill, Winston (brit. Premierminister) 29, 31, 68, 141, 312 f.
Clark, Kenneth 310
Clay, Lucius D. (amerik. General) 68, 93, 103, 112 ff., 141
Clemen, Paul (rhein. Provinzialkonservator) 17
Colantonio (italien. Maler) 33
Conant, Kenneth J. 47
Cooper, Douglas 52, 57 f., 144, 183
Coques, Gonzales (span. Maler) 159
Corinth, Lovis (dt. Maler) 310
Corot, Camille (frz. Maler) 25
Courtauld, Samuel (engl. Industrieller) 143
Craig, Michael (engl. Theaterwissenschaftler) 36
Cranach, Lucas d. Ä. 25, 100
Cranach, Lucas d. J. 25, 100
Crétien, John 311
Crosby, Summer McKnight 108
Croft-Murray (amerik. Captain) 49
Croy 63
Czernin (öster. Adelsfamilie) 27

Degas, Edgar (frz. Maler) 25 f.
Dehio, Georg (dt. Kunsthistoriker) 47
Daumier, Honoré (frz. Maler) 108
Deckert, Hermann (Landeskonservator) 130
Dietrich, Maria 60
Dinsmoor, William (Präs. d. amerik. Archäologenverbandes) 45
Dixon-Spain, J. E. 54
Dönitz, Karl (dt. Admiral) 43, 102
Donatello (italien. Bildhauer) 35
Douglas, Sir Sholto (engl. General) 157, 159 f.

Douglas, Lady 157 ff.
Dulles, Allen 102
Dyck, Anthonis van (fläm. Maler) 100, 174

Eden, Peter (MFA & A Hannover, Major) 99, 133, 135, 137, 293
Eichgruber, August (Gauleiter von Oberdonau) 43 f.
Eisenhower, Dwight D. (amerik. General u. Präsident) 52 f., 61, 108, 141
Elisabeth II. (Königin von England) 150, 164
Ernst August (Herzog von Braunschweig) 123, 164, 175
Ernst August, Sohn des letzten Herzogs von Braunschweig 174 f.
Esterreicher, Karol 74
Evers, Gerhard (dt. Ägyptologe) 33
Eyck, Jan van 16, 41, 75
Eyck, Hubert van 16, 41, 75

Faison, Lane 58 f.
Farmer, Walter (amerik. Archäologe) 78 f., 81, 103, 105 f., 108 ff., 116, 156
Felbermeier, Otto 77
Fiedler, Arnold (Maler) 311
Finley, David E. (Direktor der National Gallery, Washington) 46
Flemming, Hanns Theodor (Kunstkritiker) 311
Foch, Ferdinand (Marschall von Frankreich) 20
Frank, Hans (dt. Ostminister) 18, 40
Frick, Mrs. 48
Friedrich I. (König von Preußen) 19
Friedrich II., der Große (König von Preußen) 39, 100
Friedrich Wilhelm I. (König von Preußen) 19, 39, 100
Froissart, Jean (frz. Geschichtsschreiber) 40
Friemuth, Cay 297
Fulbright, James William (amerik. Politiker) 116

Gaulle, Charles de (frz. General und Staatsmann) 21
Gear, William 133
Geza I. (König von Ungarn) 81
Gobert, Ascan Kleé (Hamburger Kultusmunister) 309
Goebbels, Josef (nationalsoz. Politiker) 16, 27
Göring, Hermann (nationalsoz. Politiker) 15, 18, 23 ff., 31 ff., 37 f., 41 f., 56, 58 ff., 63, 70, 72 f., 301
Goetting, Hans (Archivar) 135
Götz, Karl Otto (dt. Maler) 133
Gogh, Vincent van (holl. Maler) 25
Goldmann 100
Gombrich, Ernst (dt. Kunsthistoriker) 143
Gould, Cecil (engl. Kunsthistoriker) 123, 144, 147, 156, 294, 298
Goya, Francisco (span. Maler) 159
Grone (Hofmarschall in Braunschweig) 175
Gross (Assistent von R. Horn) 136
Grundmann, Günther (Provinzialkonservator von Niederschlesien) 40 f., 73 f., 297, 316
Guardi, Francesco (italien. Maler) 158

Haberstock, Karl 60
Hamann, Bernhard (Geiger) 311
Hamann, Paul (Bildhauer) 310
Hammett, Ralph 54
Hammond, Mason (amerik. Altphilologe) 47 ff., 52, 83
Hancock, Walker (amerik. Bildhauer) 52 ff., 77, 114
Harbord, Felix (MFA Hannover) 62 f., 121 f., 129 f., 132 f., 150, 164, 298
Hathaway, Calvin (Kustos am New Yorker Cooper-Hewtii-Museum) 52, 72
Hauptmann, Ivo (Maler) 311
Heartfield, John (d. i. Helmut Herzfeld) (dt. Künstler) 310
Heine-Geldern, Robert 47
Heinrich der Löwe (Herzog von Braunschweig) 164, 169
Heintze, Helga von (dt. Archäologin) 137 f.
Henderson, Lord 139
Herzig, Fritz (Restaurator des Brauschweiger Denkmalamtes) 158, 293
Heydenreich, Ludwig 34
Hicks (engl. Captain) 164
Hiecke, Robert (Konservator der Kunstdenkmäler) 40, 164
Himmler, Heinrich (nationalsoz. Politiker) 17, 34 ff., 42 f.
Hindenburg, Familie von 39, 100
Hitler, Adolf (nationalsoz. Politiker) 15 ff., 23 ff., 31, 35, 37, 40 ff., 58, 63, 67, 70, 72, 102, 115, 310
Hofer, Franz (Gauleiter von Südtirol) 35
Hofer, Walter Andreas (Leiter der Göringschen Kunstsammlungen) 25, 41, 60, 72 f.
Hoffmann, Heinrich 60
Holbein, Hans d. J. (dt. Maler) 40, 174
Horn, Rudolf (dt. Archäologe) 136
Howe, Thomas 72

Ingholt, Harald 47
Irwahn, Martin (Maler) 311
Italiaander, Rolf (Schriftsteller) 311

Janse, Olov R. T. 47
Jérôme Bonaparte (König von Westfalen, Bruder Napoleons) 15
Jordaens, Jacob (niederl. Maler) 174

Kann, Alphonse (frz. Kunstsammler) 26
Karl Wilhelm Ferdinand (Herzog von Braunschweig) 15
Karolina Mathilde (Königin von Dänemark) 133
Kasimir IV. (König von Polen) 18
Kent, Herzogin von 130
King, Donald 295, 301, 309
Kirstein, Lincoln 72
Kissler, Walter (Bergwerksdirektor in Grasleben) 85, 92
Kitzinger, Ernst 47
Klages (Braunschweiger Ministerpräsident) 168
Knoke (Hofjustiziar in Branschweig) 175
Köhler, Wilhelm (dt. Kunsthistoriker) 47

Kokoschka, Oskar 310
Kollwitz, Käthe (dt. Malerin) 310
Krämer, Friedrich Wilhelm (Leiter des Braunschweiger Planungsamtes) 296
Kreps, Jean (Dominikanerpater) 307
Kress, Karl 60
Krüger, Friedrich (Grubeninspektor in Grasleben) 84, 98
Kühnel-Kunze 298
Kümmel, Otto (Generaldirektor der Berliner Museen) 16
Kuensberg, Baron von (Legationsrat) 21 f., 29
Kuhn, Charles (amerik. Kunsthistoriker) 108

La Farge, Bancel (engl. Architekt) 53, 105
Landau-Finaly 32
Lange, Bruno 170
Langsdorff, Alexander (Berliner Archäologe) 33 ff., 39
Leidig (Militärarzt in Braunschweig) 175
Leonardo da Vinci (italien. Maler) 27
Leslie, Everett 63
Levi, Doro 47
Limberger, Gisela (Görings Sekretärin) 59 f.
Lohse, Bruno (Mitarbeiter des E. R. R.) 58, 60
Longhi, Pietro (italien. Maler) 158
Lucht, Walter (dt. General) 174
Ludwig II. (König von Bayern) 28
Ludwig XIV. (König von Frankreich) 16, 20
Luitpold (Prinzregent von Bayern) 314

Mackensen (dt. Botschafter in Italien) 32
Makart, Hans (dt. Maler) 26, 32
Manet, Edouard (frz. Maler) 26, 108
Marie Louise 63
Mathilde (Herzogin von Braunschweig) 169
Matisse, Henri (frz. Maler) 26
Maxse (amerik. Captain) 49
McBride, Harry 104
McDonnel, Aeneas (engl. Kunsthistoriker) 52, 54, 56, 130
Meegeren, Hans van (niederl. Kunstfälscher) 25, 150
Mellon, Andrew (amerik. Kunstsammler) 27
Menzel, Adolf von (dt. Maler) 40
Merode, Greta de 62
Methuen, Lord 53
Metternich, Franziskus Graf Wolff 21 ff., 293 ff.
Meyer, Karl (Archivar in Wolfenbüttel) 99
Michael VII. Ducas (Kaiser von Byzanz) 81
Michelangelo Buonarroti (italien. Künstler) 35
Miedl, Alois 60
Monet, Claude (frz. Maler) 26
Montgomery, Bernard Law (engl. General) 53, 61 ff., 121, 141 f., 156 f., 161, 163
Moore, Henry (engl. Bildhauer) 312
Moore, Lamont 63, 69, 90, 92 f., 98, 108 f.

Morey, Charles (amerik. Kunsthistoriker) 45
Mühlmann, Kajetan 60
Murray-Baillie, Hugh 301
Multscher, Hans (dt. Maler) 32
Mussolini, Benito (italien. Politiker) 31

Napoleon Bonaparte 15, 159, 174
Neukirch, Albert (Direktor des Bomann-Museums in Celle) 130, 132
Nicholls, John (brit. Kunstschutzoffizier) 93, 138
Nicol, Johannes (Magazinverwalter im Prß. Staatsarchiv) 128
Niemöller, Martin (Pastor und Widerstandskämpfer) 309
Norris, Christopher 49, 100, 137 f., 144, 147 f., 158 f., 163, 293, 298, 309 f.

Oberfeld, Emil 125
Otto, Ernst-Jürgen (Kunstsammler, Direktor des Bomann-Museums in Celle) 130, 137 ff.

Palmer, Auriol 121
Panley, Edward 68
Panofsky, Erwin (dt.-amerik. Kunsthistoriker) 143
Patton, S. (amerik. General) 63
Perry, Lionel (engl. Kunstschutzoffizier) 115, 294
Pétain, Henri Philippe (frz. Politiker) 20
Peter I., der Große (Zar von Rußland) 19
Philipp von Hessen (Schwiegersohn des ital. Königs) 32
Philipps, Ewan 144, 301, 311 ff.
Pinder, Wilhelm (dt. Kunsthistoriker) 166, 298
Pius XII. (Papst) 81
Plaut, James 56, 58 f.
Poggi, Giovanni (Generaldirektor der Florentiner Museen und Monumente) 34 f.
Popham, Anne (engl. Kunsthistorikerin) 144, 158 f., 293
Posey, Robert 54, 63, 72
Posse, Hans (Galeriedirektor des Dresdner Zwingers) 27, 31, 40
Poussin, Nicolas (frz. Maler) 147
Price, Percival 316
Puschkin, Alexander (russ. Dichter) 19

Raffael (d. i. Raffaelo Santi) (italien. Maler) 27, 100
Rastrelli, Bartolomeo Francesco (italien. Barockbaumeister) 19
Reidemeister, Leopold (dt. Kunsthistoriker) 33, 35
Rembrandt (niederl. Maler) 15, 27
Renoir, Auguste (frz. Maler) 25 f.
Ribbentrop, Joachim von (nationalsoz. Politiker) 18, 21
Riemenschneider, Tilman (dt. Bildschnitzer) 101
Rimskij-Korsakow, Nikolaj (russ. Komponist) 19
Roberts, Owen J. (oberster Verfassungsrichter der USA) 46
Robertson, Brian (Gouverneur der Brit. Zone) 93, 113 ff., 141, 161
Robinson, Charles Alexander 47
Rochlitz, Gustav (Kunsthändler) 26, 60
Roosevelt, Franklin D. (Präsident der USA) 46, 313

Rorimer, James 54, 56, 58, 61, 63, 71 ff., 108
Rosenberg, Alfred (nationalsoz. Politiker) 18 f., 22 ff., 27 ff., 58, 60 f., 105
Rosenberg, Jacob 47
Rosenberg, Paul (Kunstsammler) 26
Ross, Michael 83
Rothschild, Alexandrine 20,32
Rothschild, Edouard 20, 32
Rothschild, Henri 20, 32
Rothschild, Meurice 20, 32
Rothschild, Robert 20, 32
Rotthauwe, Imme (dt. Kunsthistorikerin) 306, 314, 316
Rousseau, Théodore 58 f.
Rubens, Peter Paul (fläm. Maler) 100, 147, 174
Ruisdael, Jacob van (niederl. Maler) 174
Ruprecht, Leopold 35

Sachs, Paul (Direktor des Fogg Art Museums) 45 f.
Salm Salm, Fürstin 62
Sauermann, Ernst (Landeskonservator v. Schleswig-Holstein) 306
Saxl, Fritz (Kunsthistoriker) 144
Scharff, Edwin (Bildhauer) 311
Schiedlausky, Günther (Mitarbeiter des E. R. R.) 58, 60
Schlebusch, Hubert (Ministerpräsident von Braunschweig) 293
Schliemann, Heinrich (dt. Archäologe) 101
Schmidt, Hans Werner 36, 166
Schmidt, Robert (Direktor des Bomann-Museums in Celle) 138
Schnath, Georg 21
Schloz, Robert 60
Schulenburg, Tisa von der 311
Schwedler (Bausenator in Berlin) 296
Seeleke, Kurt 83 f., 99, 125, 138, 158, 164, 168 ff., 174 ff., 295 f., 298, 301
Seligman, Gebr. (Kunsthändler) 20, 26
Sidorow 100
Siebelist, Wolfgang (Maler) 311
Sieber, Wolfgang (Restaurator) 44
Sisley, Alfred (frz. Maler) 26
Smyth, Graig Hugh 73, 156
Spangenberg, Herbert (Maler) 311
Speer, Albert (Hitlers Architekt) 26
Spellman, Francis (Erzbischof von New York) 46, 81
Stalin, Jozef (eigtl. Dschugaschwili) 18, 70, 100, 313
Steinacker, Karl (Direktor des Vaterländ. Museums in Braunschweig) 166
Stendhal (d. i. Henri Beyle) (frz. Schriftsteller) 15
Stephan der Heilige (König von Ungarn) 81
Stone, Harlan F. (oberster Verfassungsrichter der USA) 46
Stoß, Veit (dt. Bildhauer) 18
Stout, George (Restaurator am Fogg Art Museum) 45, 53, 63, 69, 104
Strang, William (Berater Montgomerys) 142
Struensee, Graf von 133
Sylvester II. 81

Taylor, Francis Henry (Direktor des Metopolitan Museums) 46, 108, 112
Tedder, Sir Arthur (engl. General) 49
Thienhaus (Physiker) 316
Thoma, Hans (dt. Maler) 41
Thurm, Sigrid (dt. Kunsthistorikerin) 306, 314, 316
Tremayne (amerik. Captain) 99
Troost, Paul (Architekt) 73
Truman, Harry S. (amerik. Präsident) 7, 103, 108, 116
Tschaikowskij, Peter (russ. Komponist) 19
Tschechow, Anton 19
Tiepolo (italien. Maler) 100
Tieschowitz, Hans von (Konservator der Rheinprovinz) 21, 36
Tintoretto (italien. Maler) 100
Tizian (italien. Maler 33
Tschirch, Werner 95

Undset, Sigrid 47
Ufer, Johannes (Maler) 311
Utikal, Gerhard 58, 60

Valland, Rose 56, 58, 61, 71, 74
Vanbrudh, Sir John (engl. Baumeister) 144
Velazquez, Diego de (span. Maler) 147
Vermeer, Jan V. van Delft (niederl. Maler) 25, 27
Veronese, Paolo (italien. Maler) 100
Viktor Emanuel III. (König von Italien) 32
Victoria (Königin von England) 63
Viktoria Luise (Herzogin von Braunschweig) 132 f., 174
Vincke, Ludwig von 156, 161
Vincke, Sabine von 161
Voss, Hermann 27 f., 37, 60, 72

Waldmüller, Ferdinand Georg (dt. Maler) 26
Wale (Major) 190
Warburg, Aby (Kunsthistoriker) 143
Warner, Landgon 48
Waterhouse, Ellis 52, 144, 148, 150
Webb, Geoffrey (engl. Kunsthistoriker) 52 ff., 56, 132, 142, 144, 147 f., 150, 156, 163, 293 ff., 309
Weickert, Carl (Direktor der Antikenabteilung in Berlin) 94 f., 100, 102, 139, 148
Weill, David (Kunstsammler) 26
Welf Heinrich (Sohn des letzten Herzogs von Braunschweig) 174
Welfen (dt. Adelsgeschlecht) 63
Wellington, Arthur Wellesley, Herzog von 15, 159
Wildenstein, Georges (frz. Bankier) 20, 47
Wilhelm I. (dt. Kaiser) 314
Wilhelm II. (dt. Kaiser) 132, 174, 314
Willmot, George 301, 307, 309, 311
Wind, Edgar (Kunsthistoriker) 143

Wittkower, Rudolf (Kunsthistoriker) 143 f.
Wolff, Karl (Militärgouverneur von Bozen) 34 ff., 43, 102
Woolley, Sir Leonhard 49

Ortsregister

Aachen 49, 61
Ägypten 111
Afrika 150
Albanien 47
Allenstein 128
Alpen 32, 41 f., 70, 107
Alster 301
Alt Aussee 35, 43 f., 59, 71, 73 f.
Amarna 110
Amerika 45, 47, 49, 70, 81, 103 ff., 108 f., 112 f., 115, 143, 164
Ardennen 61
Augsburg 15, 81, 314

Bad Aussee 41
Bad Oeynhausen 142, 156
Bad Reichenhall 42
Bad Wildungen 38, 114
Baden (Land) 63
Balkan 150
Baltische Staaten = Baltikum 23, 69, 124
Barbizon 54, 56
Bayern (Land) 41
Bayreuth 25
Belgien 16, 20, 27 f., 36, 47, 52, 74, 150, 303, 307
Belluno 31
Benelux-Länder 61, 143
Berchtesgaden 25, 42, 72, 74
Bergamo 32
Bergen-Belsen 129
Berlin 16, 22, 25, 36, 39, 41 f., 44, 57 ff., 67, 70, 75, 78 f., 90, 93 ff., 98 ff., 104, 110, 114 ff., 125, 128, 135 ff., 139 ff., 148, 152, 158 f., 161, 166, 296 ff., 301, 310, 314
Bern 37, 43, 102
Bernburg 83
Bernterode 39, 81, 100
Blankenburg 69, 121 ff., 131, 133, 170, 173, 176
Bocholt 62
Bologna 34
Bonn 21, 38, 114, 140
Boston 117
Bozen 31, 34 f., 70
Braunschweig 15, 33, 44, 63, 82 ff., 92, 99, 114 f., 121, 126, 132, 136, 143, 153, 158 f., 163 f., 166, 168, 170, 174, 176, 293, 295 f., 314 f.
Bremen 83, 98, 104
Breslau 40
Brügge 36
Brüssel 27, 75
Bückeburg 156
Bünde 142 f., 148, 150, 152, 159, 163, 176, 293 f.
Bulgarien 47
Bundesrepublik Deutschland 128, 161, 294
Buxheim bei Memmingen 28, 56, 58, 71

Callenberg 41
Cambridge 147
Cardiff 147
Charlottesville, Virg. 46
Chicago 117
China 48
Chrea (Algerien) 47
Celle 93, 99, 121 f., 129 ff., 135 ff., 156, 298, 309
Clausthal-Zellerfeld 94
Cleve 61
Cleveland 81, 117
Coburg 41, 74
Compiègne 20
Cornwall 163

Dänemark 20, 46
Danzig 19, 83, 128
DDR 95, 101, 128
Detmold 142

Detroit 117
Deutschland 16, 21, 23 f., 27, 29, 36 f., 40, 43, 45, 47, 49, 52, 57, 61, 63, 67 f., 70, 74, 81, 100, 103, 106, 110, 117, 139 f., 143 f., 147 f., 150, 156 ff., 163, 298, 301, 310 ff.
Dresden 19, 27, 38, 41, 72
Düsseldorf 83, 143, 153, 309

Eastbourne 61
El Ruweisat 163
Elbing 83, 128
Elsaß 38
England 29, 31, 36, 122, 141, 143 f., 147 f., 150, 161, 163 f., 310
Essen 38, 114, 157, 161
Europa 15 ff., 37, 39, 44 ff., 57, 68, 75, 77, 116, 147, 150, 301, 303, 312

Florenz 32 f., 38, 49, 70, 147
Fort Knox 81
Frankfurt 38, 69, 75, 79, 105
Frankreich 15 ff., 20 ff., 27, 29, 36, 47, 52, 55, 74, 143 f., 163, 166, 303, 307
Fürstenhagen 70, 124

Ghedi bei Brescia 58
Göttingen 39, 100, 128, 136, 147, 293
Gollin 25
Goslar 128, 136, 139, 164, 314
Grasleben 39, 63, 79, 81 ff., 92 ff., 98 ff., 115, 121, 128, 133, 135 ff., 158 f., 293
Griechenland 17, 23, 32, 47
Großbritannien 103, 141, 150

Hallein 38
Hamburg 29, 38, 61, 98, 139, 143 f., 153, 156, 158 f., 161, 297, 301, 303 f., 309 ff., 316
Hannover 38, 61, 83 f., 114, 121 f., 129 ff., 133, 143, 153, 309
Harvard 45, 47 f.
Harz 123, 173
Heidelberg 38
Heilbronn 36
Heilbronn-Weinsberg 38
Helmstedt 81, 92
Herrenchiemsee 28, 56, 71, 74
Herrnhut 41
Hessen 63, 140
Hildesheim 38, 164, 293
Hirschberg 41
Holland 20, 27, 29, 47, 52, 74, 150 303
Hungen 75

Indischer Ozean 311
Indochina 48
Isola Bella 35
Italien 17, 27, 31, 33 f., 37, 43, 45, 47, 52, 74, 143, 166, 296, 303

Japan 45, 48, 69, 164
Jugoslawien 47

Kärnten 31
Kairo 150
Kalabrien 49
Kanada 315
Karinhall, Landsitz Görings 25, 33, 41 f., 59
Karlsruhe 38
Kassel 15, 38
Koblenz 38, 128
Kochendorf/Neckar 38, 77
Kochl 38
Köln 38, 114
Königsberg 19 f., 83, 128
Königslutter 164
Kogl 28
Kopenhagen 19
Korea 48
Krakau 18, 301, 313
Kurland 128

Lauffen b. Bad Ischl 38
Le Havre 78, 109
Leningrad 16, 19
Lenzen 115
Linz 18, 26, 28, 41, 43, 72
Livland 128
Lobris 40
London 55 f., 67, 99, 108, 121, 142 f., 147 f., 152, 157, 310 f.
Los Angeles 117
Lübbecke 142
Lübeck 49, 95, 148, 166
Lüneburg 129, 140
Luxemburg 20, 47, 52

Madrid 147
Magdeburg 122
Mainz 49
Mannheim 38
Marburg 41, 77 f., 100, 104, 130
Marienburg 69, 122 f., 133, 290
Mauritius 311
Mautendorf 25
Mechernich 38
Mecklenburg 61, 69, 122
Meran 34
Merkers 39, 63, 69, 79, 81, 95, 101, 108
Metz 38
Minden 142
Minneapolis 117
Mitteleuropa 68
Mont Saint Michel 55
Montagnana 34
Monte Cassino 33, 173
Moskau 37, 99
München 71 f., 77, 104, 114, 130, 147, 153, 163, 166, 301, 310, 313 f.
Münster 38, 143 f., 153
Münsterland 61
Muhrau 40, 74

Neapel 33
Neumelans 35
Neuschwanstein 28, 56, 58, 71, 74 f.
New York 26, 46, 48, 52, 109, 117
Niederländisch-Ostindien 48
Niedersachsen 93, 133, 140, 298, 309
Niederschlesien 40, 74
Nikolsburg 28
Nordafrika 32
Norddeutschland 62 f., 84, 99, 121
Norditalien 31
Nordrheinprovinz 114
Nordwestdeutschland 57, 293, 294
Nordwesteuropa 144
Normandie 31, 36 f.
Norwegen 20, 47
Nowgorod 19
Nürnberg 18, 38, 63, 316
Oberquell 41
Ochsenkopf 35
Österreich 28, 38, 47, 105, 303
Offenburg 77
Ohio 115
Oliveto 34
Ostafrika 310
Ostdeutschland 81, 84, 124
Ostenwalde 142, 156 ff., 161
Osteuropa 16, 61, 125, 301
Ostpreußen 69
Ostwestfalen 141
Oxford 148 f., 163

Palermo 48 f., 166
Paris 15, 20 f., 23, 25, 27 ff., 36, 56, 61, 73, 75, 109, 147, 301
Pau 20
Pawlowsk 19
Pearl Harbor 45
Peterhof 19 f.
Philadelphia 117
Philippinen 48
Pirna 39
Pittsburgh 117
Polen 18, 23, 39, 74 f., 77, 128, 303, 307, 310, 314
Pommern 314
Portland 117
Posen 18, 79, 92, 128
Potsdam 21, 39, 70, 99, 124
Preußen 39, 140, 313
Princeton 148
Puschkin 19
Pyrenäen 20

Ransbach 39, 94
Ransbach-Heimboldshausen 100
Remagen 78
Reval 83, 128
Rheinland 38, 93, 114
Rheinprovinz 21
Ringenwalde 25
Rom 27, 32 ff., 81, 150, 166, 174
Rominten 25
Rotterdam 27
Ruhrgebiet 43, 61, 63, 142
Rumänien 47
Rußland 19, 23, 101, 104

Sachsen 63, 69, 115, 121
Saint James 310
Salzburg 25, 71
Salzdetfurth 38, 293
San Francisco 117

San Leonardo 35
Schlesien 314
Schönebeck 39, 63, 69, 83, 121, 123 ff., 128, 136 f.
Schweden 37
Schweiz 57
Seisenegg 28
Serbien 17
Shrivenham 52 f.
Siegen 38, 77, 114
Sizilien 46, 48, 52
Sowjetunion 19, 31, 69 f., 101, 103 f., 112
St. Louis 117
Staßfurt 83
Stettin 128
Straßburg 36, 38, 75
Stuttgart 38, 63
Süddeutschland 42, 71
Südeuropa 17, 142
Südostasien 45, 48
Südtirol 32, 35
Südwestdeutschland 57
Südeuropa 17
Syrien 150

Teheran 313
Thailand 48
Thorn 128
Thüringen 69
Thüringer Wald 39
Tirol 70
Toledo, Ohio 117
Trient 31
Tschechoslowakei 28, 47, 74, 303, 307
Tunesien 31, 47

Udine 31

Ukraine 23
Ulm 38
Ungarn 23, 47, 81, 303
Unterbretzbach 38
Untersberg 73
Unterstein 42, 72
USA 104, 113 f.

Vatikan 81
Veldenstein 25, 42
Venedig 297
Vereinigte Staaten 46, 106, 113 f., 116
Verona 32, 36
Versailles 16, 20
Vienenburg 69, 123, 125, 128, 133, 135
Vinsebeck 156
Volpriehausen 39, 100, 293

Warschau 16, 18 f.
Washington 28, 43, 46, 56, 58, 77, 90, 99, 102, 109
Waterloo 15
Wesel 61
Westeuropa 16 f., 142, 301
Westfalen 63, 161
Westfalen, Königr. 15
Westpolen 81
Wewelsburg 156
Wien 15, 38
Wiesbaden 77 ff., 81, 104 ff., 108, 110, 112, 117, 130, 135, 140, 142, 156
Windsor 123
Wolfenbüttel 15, 99, 164
Wüttemberg 63, 316
Wuppertal 38, 114

York 309

Sachregister

Aachen, Münster 49
Aktion „M“ 29
Allied Control Council (ACC) 67
Alliierter Kontrollrat 141 f., 148
Altenbrak, Forsthaus von 174
American Defense-Havard Group 47
Anhalt Zerbst, Staatsarchiv 124
Anholt, Schloß 62
Arbeitsstab Kuensberg 22
Archivschutz 21
Art Looting Investigation Unit (ALIU) 56 ff., 73

Ausstellung „Entartete Kunst“
1937 310
Auswärtiges Amt 70

Bayeux, Teppich von 36
Berlin, Ägypt. Museum 39, 79, 81, 101, 136
- Antikenmuseum 39, 79, 94 f., 99, 101, 125, 136 f.
- Document Center 70
- Dt. Museum 90, 99 f.
- Frühchristlich-Byzant. Slg. 79
- Geheimes Staatsarchiv Preuß. Kulturbesitz 128
- Gemäldegalerie 79, 95, 100
- Indische Abteilung 95
- Islamisches Museum 79, 94, 136
- Kaiser-Friedrich-Museum 16, 20, 39, 90, 100 f., 108, 110, 140, 148
- Königin-Augusta-Gymnasium 125
- Kunstbibliothek 39, 79, 95, 98, 136
- Kupferstichkabinett 79, 94 f., 99, 136
- Museen 16, 78, 82 f., 94, 101 f., 104, 125, 135 f., 139 f.
- Museum f. Dt. Volkskunde 79
- Museum f. Vor- und Frühgeschichte 39, 79, 101, 136
- Nationalgalerie 39, 79, 84, 99, 101, 108, 136, 158
- Ostasiat. Abteilung 79, 101, 136
- Preuß. Staatl. Museen 114
- Reichsbanktresor 18
- Reichstag 314
- Schloßmuseum 39, 79, 81, 94, 100, 125, 136
- Skulpturengalerie 79, 101
- Stadtschloß 19
- Staatsbibliothek 39
- Völkerkundemuseum 39, 79, 84, 94, 100, 125, 136, 139
- Zentralbibliothek 136
- Zeughaus 79
Bernsteinzimmer 19 f.
Blankenburg, Schloß 121 ff.
Braunschweig, Andreaskirche 169
Braunschweig, Burg Dankwarderode 164
- Bronzeleuchter 169
- Burglöwe 164, 169
- Dom 164, 169, 293
- Fachwerkhäuser 170
- Gildehaus 170
- Grabplatten für Heinrich d. Löwen und Herzogin Mathilde 169
- Imervard-Kreuz 169
- Herzog Anton Ulrich-Museum 122, 128, 136, 166, 169 f.
- Katharinenkirche 169
- Martinikirche 169
- Mummehaus 169
- Schloß 175
- Schloß Richmond 158
- Vaterländ. Museum = Landesmuseum 166
- Vieweghaus 170
Breslau, Stadtbibliothek 40
Brissac, Schloß 22
British School at Rome 150
Brügge, Kathedrale 36, 75
Brueghel, Pieter d. Ä., Blindenzug 33
Bückeburg, Schloß 156
Burlington Magazine 100, 148

Callenberg, Schloß 40
Cardiff, National Museum of Wales 147
Caserta, Separatfrieden von 70
Celle, Bomann-Museum 130
Celle, Schloß 122, 129, 131, 136
Celle, Schloßtheater 131 f.
Central Fine Arts Collecting Point, München 73, 77
Chambord, Schloß 22
Chéverny, Schloß 22
Cobra (dt. Künstlergruppe) 133
Colantonio, Hieronymus in der Klause 33
Collecting Points 73 f., 77 ff., 102, 104, 110, 114, 130, 135, 140, 313
College Art Journal 110
Consolidated Interrogation Report 59
Coques, Die Jäger 159
Counter Intelligence Corps (C. I. C) 82 f., 90, 93, 95
Country Units 52, 56 f.
Courtauld Institute of Fine Arts 143, 147, 310

Cranach, Adam 34
Cranach, Eva 34

Danzig, Reichsarchiv 128
Daumier, Don Quixotte 108
Depot Dora 41
Detailed Interrogation Report 59
Deutsche Wehrmacht 23
Deutsches Glockenarchiv 316
Donatello, Hl. Georg 35
Dresden, Gemäldegalerie 38
Dresden, Zwinger 19, 27, 70

Ebenisten 19
Einsatzstab Reichsleiter Rosenberg (E. R. R.) 18f., 21, 24, 26ff., 56, 58f., 61, 63, 71, 73, 75, 77, 105, 156
Elbing, Stadtarchiv 128
Essen, Villa Hügel 157
European Advisory Commission (EAC) 67

Fischbach, Schloß 40
Fine Arts Repository 99, 130, 135f., 140
Florentiner Museen und Monumente 34
Florenz, Bargello 35
- Kunsthistorisches Institut 38
- Palazzo Pitti 34
- Uffizien 31, 34
Frankfurt, Reichsbankgebäude 79, 90
Frankfurt, Städel 38
Freimaurer 22
Frick Art Reference Library 48
Frick Maps 49, 58

Geheimes Staatsarchiv 70
Genter Altar 16, 20, 41, 75
Gesamtdeutscher Glockenatlas 316
Gestapo 24
Göttingen, Universitätsbibliothek 39, 100
GOLDCUP 69, 83, 90, 93, 98, 124
Goldene Horde 19
Goldfund von Eberswalde 101
Goldraub von Celle 99, 137, 139, 156, 298
Goslar, Kaiserpfalz - Kaiserhaus 128, 139, 314
Goya, Porträt des Herzogs von Wellington 159
Grande Armée 15
Gruppe „Kunstschutz" 21f.
Gruppe „Justiz" 21

Haager Landkriegsordnung 18
Hamann-Quartett 312
Hamburg, Hafen 301, 306f., 312, 314
- Getreidehafen 303
- Holzhafen 303
- Kunsthalle 157, 161, 301
- Nikolaikirche 301
- Norddeutsche Affinerie 301, 303, 313f.
- Völkerkundemuseum 139
- Zinnwerke Wilhelmsburg 301, 303, 313
Hannover, Landesmuseum 38, 114
- Niedersächsisches Hauptstaatsarchiv 133
Harvard, Fogg Art Museum 45
Hastings, Schlacht von 36
Herrenhausen, Orangerie 130
- Schloß 131
Hildesheimer Silberfund 99, 101, 137, 140
Hohe Schule der NSDAP 22ff.
Hohenzollernsilber 115
Holbein, Bildnis des Kaufmanns Kale 174
- Madonna des Bürgermeisters Meyer 40

Internal Affairs and Communications 142
Interzonal Exchange 115

Juden 22f., 46

Kaiserkrone, abessinische 34
Karlsruhe, Kunsthalle 38
Kassel, Wilhelmshöhe 38
Kloster Buxheim bei Memmingen 28, 56, 58, 71
- Hohenfurth 28, 71, 74
- Montecassino 33
Koblenz, Staatsarchiv 38, 128

Königsberg, Staatsarchiv 128
Kosciuszko-Denkmal 313
Krakau, Marienaltar 18, 77
- Staatsbibliothek 18
- Tuchhallen 313
- Wawel 18, 40, 75
Kressendorf, Schloß 40
Krieg, Dreißigjähriger 16
Kriege, Napoleonische 16
Kunstchronik 138
Kunstschutzabteilungen 17
Kurland, Ritterschaftsarchiv 124

Leonardo da Vinci, Dame mit dem Hermelin 27
Linz, Reichsmuseum 18, 26, 28, 32, 35, 41, 59, 72 f.
List of Monuments in Germany 47
Livland, Ritterschaftsarchiv 124
Löwener Altar 16, 41
London, House of Lords 99
- National Gallery 104, 147 f., 157, 310
- Tate Gallery 84
Lübben, Niederlausitzer Landesarchiv 124

Mainz, Dom 49
Manet, Wintergarten 108
Mannheim, Kunsthalle 38
Marburg, Universitätsbibliothek 100
Marienburg, Schloß 69, 122 f.
Menzel, Huldigung der Schlesischen Stände 40
Michelangelo, Bacchus 35
- Brügger Madonna 36, 41, 75
Ministerial Collecting Center 70, 124
Monuments, Fine Arts and Archives (MFA & A) 52, 55, 57, 92, 106, 152 f., 163
München, Alte Pinakothek 16, 74
- Königsplatz 28, 77

Neapel, Museo Capodimonte 33
- Museo Nazionale 33, 52
- Museo San Martino 33
Nero-Befehl 43
Neumelans, Schloß bei Bozen 35
New York, Cooper-Hewitt-Museum 52
- Metropolitan Museum 26, 44, 48, 108, 112
New York Times 110
Nofretete 81, 110
Nowgorod, Sophienkirche 19
Nürnberg, Germanisches Nationalmuseum 38, 316
Nürnberger Prozeß 61

Oberkommando des Heeres (OKH) 22
Oberquell, Schloß 40
Office of Strategy Services (OSS) 43, 56, 102
Operation Plunder 62
Ostenwalde, Schloß 142, 156 ff., 161
Oxford, Ashmolean Museum 163

Paris, Bibliothèque Nationale 15
- Jeu de Paume 23 f., 27, 56, 74
- Louvre 15, 22 ff., 26, 36
- Musée Napoléon 15
- Sorbonne 56
Pawlowsk, Palast von 19
Pelican Kunstgeschichte = Pelican History of Arts 147
Pentagon 116
Peterhof, Palast 19 f.
Pin Point Bombing 49
Polesdan Lacy, Schloß 148
Posen, Kaiser Friedrich-Museum 90
- Michaeliskirche 18
- Museum für Vor- und Frühgeschichte 90
- Stadtarchiv 128
Potsdam, Garnisonkirche 39
Potsdamer Konferenz 70
Prenzlau, Stadt- und Kirchenarchiv 124
Preußisches Staatsarchiv 128
Public Record Office 57
Puschkin, Schloß 19

Raffael, Bildnis eines jungen Mannes 27
- Sixtinische Madonna 39
Rear Headquarters 56
Reichsarchiv 70
Reichsfilmarchiv 82, 90, 99
Reichsgerichtsarchiv 70

Reichskanzlei 27, 42
Reichsrundfunkgesellschaft 84, 90
Reichsschallarchiv 82, 99
Rembrandt, Der Hl. Samariter 27
- Familienbild 15
Replacement-in-Kind 68, 70, 81, 104, 113, 139
Restitution, Deliveries and Reparations (R. D. R.) 67, 142
Reval, Archiv 128
Roberts Commission 46, 48, 56, 81, 108
Rockefeller-Stiftung 48
Royal Academy 150
Royal Commission for Historical Monuments 147
Russische Besatzungszone 125, 314

Salzdahlum, Schloß 164
Sammlung Finaly 34
- der Grafen von Bourbon-Parma 34
- Czartoryski 27
- Gans 99, 147
- Alphonse Kann 26
- Paul Rosenberg 26
- der Rothschilds 26
- Seligman 26
- David Weill 26
Schatz des Priamos 101
Schwerin, Mecklenburgisches Landesarchiv 124
Sicherheitsverwahrung 29
Siemens-Schuckert-Werke, Firmenarchiv 124
Soldatenkönig 19
Sowjet. Besatzungszone = SBZ 129
Speyer, Landesarchiv 124
State Department 112
Sterzinger Marienaltar 32
Stettin, Staatsarchiv 128
Stiftung Preußischer Kulturbesitz 101, 139, 140, 298
Straßburger Münster 36, 38, 75
Stuttgart, Staatsgalerie 38
- Weltkriegsbücherei 38
Supreme Headquarters Allied Expeditionary Forces (SHAEF) 53 f., 57, 112, 141
Tedder Maps 49, 148
Thorn, Stadtarchiv 128
Tizian, Danae 33

Vanbrugh-Briefe 144
Verband westdeutscher Denkmalpfleger 294
Vereinigung der Landesdenkmalpfleger 294
Vermeer, Der Maler und sein Modell 27
- Jesus und die Ehebrecherin 25
Versailles, Frieden von 16
- Schmack von 16, 20
Vinsebeck, Schloß 156

Warburg-Library 143 f.
Warschau, Altstadt 19
- Königsschloß 19, 40, 75
- Nationalmuseum 18
Washington, Library of Congress 90
- Nationalarchiv 28, 57
- National Gallery 27, 46, 73, 108, 116
Welfenschatz 81
Weltkrieg, Erster 17, 20, 68, 303
- Zweiter 17, 116
Wiesbaden, Landesmuseum 78 f.
Wiesbadener Manifest 106, 110
Wien, Museen der Stadt 38
Wiener Kongreß 15
Windsor, Königl. Sammlungen 123
Wolfenbüttel, Herzog August Bibliothek 15, 84, 164

York, Archäologisches Museum 309

Register Teil III

Personenregister/Tagebuch

Alexander, Lt. Col. (Legal Division) 230, 232, 243

Bach, Johann Christian (dt. Komponist) 269
Bach, Philipp Emanuel (dt. Komponist) 218
Bain, David (Transport Office) 192, 265
Bartlett, Col. 257
Bastam, Carl (Metallgießer in Goslar) 219
Beethoven, Ludwig van (dt. Komponist) 262, 271, 282
Bell (198er Regiment) 192, 287
Bergmann, Dr. Alfred (Bibliothekar der Lippischen Landesbibliothek Detmold) 237
Bill (Mil. Gov.) 192, 282
Bohland, Josef (Restaurator in Hildesheim) 281, 284, 289 ff.
Bonington 206
Brahms, Johannes (dt. Komponist) 262
Brooks, Jack (R. A., 198er Regiment) 192, 243, 250
Brown, Arthur (Paddy) (Mil. Gov. Verwalter der Offiziersmesse vor RLC) 246, 271
Bruce, Sg. (R. A., 198er Regiment) 265
Buchler, Dr. Walter (Braunschweiger Industrieller, Kunstsammler und Mäzen) 228 f.
Busch, Dr. Friedrich (Direktor der Stadtbibliothek Hannover) 256, 272

Cain 283
Canova, Antonio (italien. Bildhauer) 288
Colchester 238
Cooper, Douglas 267
Corinth, Lovis (dt. Maler) 265
Cramm, Burkhard Freiherr von 266

Dahmen, Dr. Jost (erster Nachkriegsdirektor des Staatstheaters Braunschweig) 273 ff.
Davenport 215
Deakin, Major 269
Deckert, Dr. Hermann (Provinzialkonservator der Provinz Hannover) 291
Denis (R. A., 198er Regiment) 214, 223, 247
Dicky = Bertrand Richards (R. A., 198er Regiment) 289
Dohrn, Dr. Ellinor (Organistin in Braunschweig) 282
Dvorak, Antonin (tsch. Komponist) 264

Eardley, Sg. (R. A., 198er Regiment) 265
Eden, Peter (MFA & A Hannover, Major) 270 f., 274 ff., 290 f.
Elliot 290
Ellis, Roger (MFA & A Archives Branch) 259

Eumophopoulos, Georges (griech. Reeder, verkaufte 1935 seine berühmte Sammlung chines. Porzellans teils ans British, teils ans V. & A. Mus.) 267
Evers, Gerhard (Ägyptologe, Leiter des Deutschen Kunstschutzes in Italien nach der Besetzung durch die Wehrmacht ab Nov. 1943) 210

Fink, Dr. Georg (Direktor des Stadtarchivs Lübeck) 247 f., 256, 289
Fischer 282
Flesche, Prof. (Maler) 252
Foss, Kendall (amerik. Kriegsberichterstatter) 269
Frank F. 192
Franz (Steward in der Offiziersmesse „Deutsches Haus" am Burgplatz) 257, 259, 261, 276, 278
Friedrich, Caspar David (dt. Maler) 206
Friedrich II., der Große 269
Funnings, Major 289

Garstang, Capt. (Reporter) 263, 266
Gaskell, Col. 291
Gluck, Christoph Willibald (dt. Komponist) 262
Goethe, Johann Wolfgang v. (dt. Dichter) 262
Gomley 234
Gould, Cecil, Sg./Ldr. (MFA & A) 187, 264
Gourley (Royal Engineers) 202
Grone (Hofmarschall in Braunschweig) 175
Guericke, Walrad (Organist am Bs. Dom) 269, 282
Gunn (zuständiger Offizier für „Housing", Hildesheim) 290 f.

Händel, Georg Friedrich (dt. Komponist) 262
Hall (RLC's batman = servant) 192
Halliday (Intelligence) 249, 256
Harbord, Felix (MFA & A Hannover) 188, 242, 252, 254, 262, 264, 268 f., 272 ff., 281
Haydn, Joseph (dt. Komponist) 262, 264
Herse, Prof. Wilhelm (Direktor der Herzog August Bibliothek in Wolfenbüttel) 204 f., 232
Hogarth (Mil. Gov.) 282, 284

Inglis, Bdr. (aus Neuseeland) 273
Irwin, Major 273

Jesse, Prof. Wilhelm (Direktor des Städt. Museums Braunschweig) 238
Jonah (R. A., 198er Regiment) 192

Kissler, Walter (Bergwerksdirektor in Grasleben) 194
Klages (Braunschweiger Ministerpräsident) 228
Kluge-Kahn, Herta (Pianistin) 293
Korn, Dr. Otto (Archivrat am Düsseldorfer Staatsarchiv) 263
Krämer, Friedrich Wilhelm (Leiter des städt. Planungsamtes in Braunschweig) 237
Krüger, Friedrich (Grubeninspektor in Grasleben) 192
Krull (Hamburger Regierungsrat) 256

Kump, Werner (Metallbildbauer und Restaurator) 219, 222, 244, 279, 281, 283

Lessing, Gotthold Ephraim (dt. Dichter) 225
Lothar III., (dt. Kaiser) 234
Lübbing, Dr. Hermann (Direktor des Staatsarchivs Oldenburg) 206, 209

MacDarnell, Major 245
Marigold (Liaison Officer to GC Hicks) 189, 207 f.
Markham, Sidney Frank (MFA & A) 252, 254, 259, 264, 270 f.
Mathilde, Herzogin von Braunschweig 199, 215, 219, 222, 260
McDonnell, Aeneas (Australian Forces, MFA & A, Felton Bequest, Melbourne) 223, 256, 259, 261 ff., 274
McInnes 284, 290
McNicoll, Major (2nd in Command to GC Hicks) 204
Medd, Peter (Cousin von Joy Stevenson) 289
Meyer, Karl (Stellv. Leiter des Landeshauptarchivs Wolfenbüttel) 204 ff., 239, 263
M'Guise, Dick 289
Migliorina, Irene (Sekretärin von Theaterintendant Dahmen) 274, 276
Miller 247
Mohr, Kurt (Direktor der Kunstgewerbeschule in Braunschweig, Maler) 243 f.
Morgan, Edward (amerik. Kriegsberichterstatter) 269
Mozart, Wolfgang Amadeus (dt. Komponist) 262
Mühlenpfordt, Anna Draeger- (Malerin, Witwe des Rektors der Braunschweiger TU C. Mühlenpfordt) 225 f.

Nicol, Johannes (Magazinverwalter im Preuß. Staatsarchiv) 218, 241, 255 f., 265
Nolde, Emil (dt. Maler) 265
Nordhof (holl. Verbindungsoffizier) 250
Norris, Christopher (MFA & A Berlin, Bünde) 183, 188, 208, 214, 254, 277 f., 283

Otto, Ernst-Jürgen (Unternehmer, Mitbegründer und Leiter des Kunstgutlagers Celle) 276

Parker, Karl T. (Direktor des Ashmolean Museums Oxford) 186
Parker (Personalchef) 215, 244
Parker 283, 291
Praetorius 282
Proudfoot (Pionier Offizier) 252
Purcell, Henry (engl. Komponist) 271, 282

Reddecker (Restaurator in Blankenburg) 238
Reidemeister, Leopold (Kunsthistoriker) 210, 267
Rindall 283
Robertson, Brian (Gouv. der Brit. Zone) 187, 287

Schmidt, Dr. Aloys (Direktor des Staatsarchivs Koblenz) 287
Schmidt, Hans Werner (Leiter der graph. Abteilung des Anton Ulrich-Museums) 210
Seeleke, Kurt 188 ff., 192 ff., 198, 201 f., 205 ff., 210 f., 213, 215, 218 f., 223 ff., 227, 229 ff., 237 ff., 241, 244, 247 f., 250, 255 f., 260 f., 265, 267 f., 271 ff., 277 ff., 289 ff.
Smith 227

Smithhard (Public Health) 239
Somerset, Cecily (Sekretärin, Bünde) 264
Southey, Mahor (Finance Div.) 189, 215, 252
Spettigue, David, Major (Royal Engineers) 231, 240
Spiess, Werner (Direktor des Braunschweiger Stadtarchivs) 257, 267
Stäcker (Städt. Verwaltungsrat) 256
Stedemann, Dr. (Bibliothekar in Hannover) 249
Stenger, Hanna (Stellenbewerberin) 211, 215
Stephenson, Joy (P. A. von Brig. Gaffney, Leiterin des Edn. Br., später Ehe mit RLD) 176, 183, 229, 254, 260 f., 264, 284, 289
Stevens, Capt. 198, 214
Stuart, Crighton 257
Stuke, Johannes (Propst der katholischen Kirche in Braunschweig) 242, 244, 250 f.

Thulesius, Daniel (Prof. für Architektur in Braunschweig) 207, 211
Tischner, Herbert (Völkerkundemuseum Hamburg) 252
Tode, Alfred (Direktor des Museums für Vor- und Frühgeschichte) 226
Truly, Capt. 257
Tschaikowskij, Peter (russ. Komponist) 282
Twinberrow (Verpflegung) 259, 272

Wale, Major 190
Waterhouse, Ellis (MFA & A) 183, 185 ff., 230, 238 f., 245
Webb, Geoffrey (engl. Kunsthistoriker) 182, 185, 187 f., 196, 204, 207 f., 210, 230, 257, 259 ff., 274, 283, 287
Weitz (Oberregierungs-Rat) 231, 280
Whistler, James McNeill (amerik. Maler) 206
Wilhelm II. (dt. Kaiser) 218
Wrede, Günther (Archivdirektor Osnabrück) 272

Ortsregister/Tagebuch

Alexandria 188
Athen 209

Bad Harzburg 22, 231, 256
Bad Oeynhausen 183, 186, 284
Bayern (Land) 281
Berlin 193, 214, 251, 254, 262, 268 f., 271, 283, 288
Blankenburg 206, 208, 238
Börneke 175
Braunschweig 185 f., 188, 190, 193, 195 f., 206, 209, 222 f., 228 f., 231 f., 241, 244, 248 f., 251 f., 254, 257, 259, 261, 267, 268, 270 f., 273 ff., 279 ff., 287, 290
Bremen 193, 209, 283, 288
Brescia 210
Brüssel 289
Bückeburg 182
Bünde 245, 257, 264, 284
Bündheim 227, 232

Cardiff 295
Celle 268 f., 271 ff., 279, 281, 285, 288

Dänemark 192
Danzig 193
Detmold 249, 255
Deutschland 199, 206, 233
Düsseldorf 193, 263

Elbing 193
England 270

Fallersleben 289
Frankfurt 270

Gandersheim 218, 262, 265 f., 283
Göttingen 259
Goslar 207, 214 f., 218 f., 223 f., 226 f., 233 f., 238, 242 f., 256, 261 f., 264 f., 269, 273, 279
Grasleben 185 f., 190, 192, 195, 204 ff., 209, 223, 234, 237, 240, 242, 245, 248 f., 251 f., 256, 263, 267 ff., 276 f., 279, 281, 284, 287 f.
Griechenland 209

Hamburg 188, 252, 255 f., 267, 283, 288
Hameln 284
Hannover 183, 188, 193, 209, 212, 233, 242, 249 f., 252, 255 ff., 259, 264, 267, 270, 272, 274, 276, 284, 288 ff.
Harz 223
Helmstedt 249, 251, 269, 287
Hessen (Dorf) 277 f., 283
Hildesheim 254, 259, 270, 276, 281, 284, 287, 289 ff.
Holland 181

Indien 277
Italien 196, 210

Kent 181
Kirchberg 265 f.
Koblenz 287
Königsberg 193
Königslutter 205, 234, 239, 276
Kopenhagen 192

Lautenthal 252
Lippe-Detmold 237
London 181
Lübbecke 183, 207 f., 210, 256, 264
Lübeck 247, 249

Magdeburg 187
Marienburg b. Hildesheim 290
Minden 182
München 241

Neuseeland 273
Norddeutschland 193
Nordeuropa 281
Normandie 196, 266
Northolt 181

Oldenburg 183, 185, 187, 206 f., 209, 255
Osnabrück 187, 255, 272
Ostdeutschland 193
Oxford 183

Peine 268 ff.
Porta Westfalica 182

Reval 193
Ringelheim (SZ) 247

Salzdetfurth 284, 287
Schönebeck 218
Schöppenstedt 278
Seesen 262
Südsee 227
Süpplingenburg 205, 263

Teutoburger Wald 182

Utrecht 185

Venedig 188
Vienenburg 218, 223 f., 227 ff., 240 ff., 247
Völksheim 282
Voldagsen 265
Volpriehausen 289

Weddehagen 265
Wolfenbüttel 193, 205, 225, 232 ff., 238, 240, 248, 255, 261 f., 282

Zuider Zee 182

Sachregister/Tagebuch

Alton Towers 199

Berlin, Altes Museum 218, 229, 232
- Nationalgalerie 194
- Preußisches Staatsarchiv 218
- Völkerkundemuseum 193, 196, 218, 224, 229

Boccaccios Leben 232
Braunschweig, Ägidienkirche 211, 242, 244, 250f., 256, 260
- Altstadtmarkt 202
- Altstadtmarktbrunnen 170
- Altstadtrathaus 237
- Adreaskirche 190
- Brüdernkirche = St. Ulrici, Franziskanerkirche 190, 212f.
- Burgplatz 176, 198, 248, 251, 280f.
- Burg Dankwarderode 198
- Hotel „Deutsches Haus" = Messe 176, 226f., 230, 239, 242f., 245ff., 252, 254, 279, 281, 285, 290f.
- Burglöwe 199, 215, 219, 260, 279ff., 283
- Dom 190, 196, 198f., 201, 204, 208, 210, 214, 222, 237, 239f., 255, 260, 272, 277, 279, 283ff., 289f.
- Grabplatten Heinrichs des Löwen und der Herzogin Mathilde 199, 201, 215, 219, 222, 261
- Imervard-Kreuz 215, 219
- Bronzeleuchter 215, 219, 285, 287
- Fachwerkhäuser 170, 198
- Gewandhaus 237
- Gildehaus 198, 266, 278
- Herzog Anton Ulrich-Museum 174, 176, 188ff., 196, 204, 206ff., 212, 214, 223ff., 227, 229ff., 237, 239, 241f., 245f., 248, 250, 252, 259ff., 264ff., 271ff., 283, 288, 290
- Kanthochschule 261
- Katharinenkirche 189, 202
- Magnikirche 198, 282
- Martinikirche 202
- Naturkundemuseum 226
- Rathaus 208, 280
- Riddagshausen 240, 268
- Schloß 198
- Schloß Richmond 228, 230f., 238f., 241, 256f., 260f., 268, 273, 279, 284
- Städtisches Museum 238, 278
- Stadtarchiv 267
- Till Eulenspiegelbrunnen 202
- Vaterländisches Museum = Landesmuseum 211, 226
- Vieweghaus 170

Cardiff, National Museum of Wales 295
Celle, Schloß 271, 277
- Schloßtheater 274, 285

Fuechtorf, Schloß 187

Gandersheim, Dom 266
Goslar, Kaiserpfalz=Kaiserhaus 218, 223f., 229, 239, 242, 247, 255, 261, 264
- Städtisches Museum 218

Griechische Vasen 218
Grüne Grenze 270

Hamburg, Völkerkundemuseum 252
Hannover, Bibliothek 249, 255, 272
- Kestner-Museum 251f., 256
- Oper 272

Herrenhausen, Orangerie 252f.
Hildesheim, Dom 281
- Domschatz 287
- Michaeliskirche 281, 284, 290

Kloster Montecassino 173
Königslutter, Dom 234, 237
Kopernikus-Briefe 186

London, Tate Gallery 194
Lucklum, Schloß 230, 278

Mantuaner Onyxgefäß 174
Marienberg, Kloster bei Helmstedt 248, 263
Marienberger Teppiche 287
Marienburg, Schloß 290

Monuments, Fine Arts and Archives (MFA & A) 183, 189, 190, 196, 259

Ölber am Weißen Wege, Burg 266

Rammelsberg, Bergwerk 215, 278
Reichenau, Officium 232
Reichsrundfunkgesellschaft 194
Rembrandt von Watenstedt/Salzgitter 243, 250, 283

Sammlung, Wallraf-Richartz- 187
Sampleben, Schloß und Kirche 269
Schliestedt, Gutshaus 268
Skizzenbuch von Canova 288
Supreme Headquarters Allied Expeditionary Forces (SHAEF) 192, 196, 263, 273

Wiedah, Schloß 241
Wolfenbüttel, Archiv 239, 255
- Herzog August Bibliothek 193, 232, 255, 262
- Lessinghaus 225, 262
- Marienkirche (Hauptkirche) 261, 282

Bildquellennachweis:
Willi Birker: 129, 167, 176, 177, 197, 200, 201, 203, 216/217, 220, 221, 236, 258, 286; Hilde Brinckmann-Schröder: 168, 173; The British Academy, London: 145; Walter Farmer: 88, 111; Cay Friemuth: 30, 105, 117, 131; Rainer Fröbe, Hannover: 87 (unten); William Gear, Birmingham: 132, 134; Geheimes Staatsarchiv Preußischer Kulturbesitz: 96, 97; Joy Griffiths; Warkworth: 162, 184, 191, 235, 246, 253; Walker Hancock: 78; Susan Hunting, London: 146; Kali und Salz AG, Grasleben: 88; National Archives, Washington: 50, 51, 71, 91, 93, 109; National Gallery, Washington: 108; Norddeutsche Affinerie, Hamburg: 302, 304/305, 306, 313, 315; Gräfin Sabine Perpancher: 157, 160; James Rorimer: 75, 76; Privatbesitz: 121, 132, 146, 149, 154, 155; Ingeborg Sauermann, Kronberg: 307; Kurt Seeleke: 55, 85, 86, 87 (oben), 88, 89, 108, 123, 124, 126/127, 158, 159, 168, 169, 171 (2), 172, 211, 213, 222, 249, 280, 292.